多维视角下的幼儿发展与教育的实践研究

DUO WEI SHIJIAO XIA DE YOU'ER FAZHAN
YU JIAOYU DE SHIJIAN YANJIU

辉进宇　李秀芳　著

吉林出版集团股份有限公司
全国百佳图书出版单位

图书在版编目（CIP）数据

多维视角下的幼儿发展与教育的实践研究 / 辉进宇，李秀芳著 . -- 长春：吉林出版集团股份有限公司，2024. 8. -- ISBN 978-7-5731-5555-9

Ⅰ . G612

中国国家版本馆 CIP 数据核字第 2024DS1048 号

DUO WEI SHIJIAO XIA DE YOU'ER FAZHAN YU JIAOYU DE SHIJIAN YANJIU

多维视角下的幼儿发展与教育的实践研究

著　　者	辉进宇　李秀芳
责任编辑	杨　爽
装帧设计	寒　露

出　　版	吉林出版集团股份有限公司
发　　行	吉林出版集团社科图书有限公司
地　　址	吉林省长春市南关区福祉大路 5788 号　邮编：130118
印　　刷	河北万卷印刷有限公司
电　　话	0431-81629711（总编办）
抖 音 号	吉林出版集团社科图书有限公司　37009026326

开　　本	710 mm×1000 mm　1 / 16
印　　张	16
字　　数	260 千字
版　　次	2024 年 8 月第 1 版
印　　次	2024 年 8 月第 1 次印刷

| 书　　号 | ISBN 978-7-5731-5555-9 |
| 定　　价 | 78.00 元 |

如有印装质量问题，请与市场营销中心联系调换。0431-81629729

　　《多维视角下的幼儿发展与教育的实践研究》是大理大学教师教育学院学前教育专业师生近年来有关早期儿童发展和教育实践研究成果的阶段总结。学前教育专业的师生在教学和学习过程中，广泛吸收国内外幼儿发展与教育研究的经典和前沿信息，深入滇西地区幼儿教育一线，依据滇西少数民族地区学前教育发展的现实和当地幼儿教育发展的实际需要，从多个角度开展了幼儿发展与教育的实践研究。本书以实践反思理论、唤醒理论、生成性课程理念、深度学习理论等为理论视角，依据不同的主题，应用马赛克方法、学习故事、戏剧教学法、体验式学习法、探究式学习法等，重点阐述如何将这些理论和方法应用于幼儿园教育实践中，以促进学前儿童身心全面发展。本书以专题研究的形式呈现，大多以滇西地区作为研究样本。希望这些研究能为解决滇西地区幼儿发展与教育实践中的具体问题建言献策，也能为滇西地区乃至全国的幼儿园教师和早期教育研究者提供一些鲜活的研究范例。

　　《多维视角下的幼儿发展与教育的实践研究》是由大理大学学前教育专业硕士生导师辉进宇教授和李秀芳博士撰写的。其中，辉进宇教授负责全书的撰写和修改指导，李秀芳负责全书的提纲设计和总稿的修改定稿。

在本书的编写和出版过程中，大理大学教师教育学院培养的硕士研究生王晓煊、张乔昱、成琳、王静、冀璇、李卓、刘亚七位同学为我们提供了丰富的素材，为本书的完成贡献了自己的智慧和力量，特此致谢！

本书的出版还得到了保山学院褚远辉教授的大力支持。褚教授在本书撰写过程中给予我们全方位的指导。特此致谢！

本书是我们研究团队在研究、教学过程中的一个阶段成果，但也只是在学前教育研究上的一个小小探索，定有不少不足之处，希望能得到同行及各位读者的批评指正，以砥砺我们继续前行。

2024 年 7 月

于大理大学

目 录

第一章 游戏故事促进大班幼儿语言表达能力发展的实践研究

一、样本班幼儿语言表达能力发展现状

（一）测评对象

研究者将大理市某公立幼儿园 X 园作为研究地点，将该幼儿园中的某大班作为主要测评对象，根据测评结果选取最终个案干预的对象。研究者经过前期的调查发现，选取的班总共有 39 名幼儿，其中男生有 15 人，占该班幼儿总数的38%，女生有 24 人，占该班幼儿总数的 62%。研究者通过观察以及与教师交流，了解到该班的幼儿在各方面的表现具体如下：

首先，在身体发展方面，该班幼儿的发育和动作的发展较好。大部分幼儿能根据自己的感知和周围环境的变化主动增减衣服，积极参加体育活动，并且在活动过程中敢于挑战自己，因此幼儿的身体素质普遍较好。其次，在认知发展方面，该班幼儿倾听习惯相对之前有所改善，少部分幼儿不爱主动表达自己的想法，需要在教师的提醒下才会表达，大部分幼儿能够自然、大方地当众表达想法，并且具有较强的求知欲，学习习惯良好，注意力持续增强。并且，大部分幼儿喜欢探索和思考，动手操作能力较强。最后，随着年龄的不断增长，该班大部分幼儿学会了分享、谦让，能够很好地控制情绪和行为，主动帮助他人并为班级服务，具有较强的服务意识和能力。

了解了该班幼儿各方面的发展情况后，研究者运用《多彩光谱测评表》对该班幼儿进行测评，先根据测评结果将 39 名幼儿分为 3 组，再从 3 组幼儿中随机选取 6 名幼儿，其中各组中女生和男生各 1 名。

（二）测评内容

研究者通过调查了解到，该班每天放学之前都会进行分享活动。研究者利用

分享活动环节，根据《多彩光谱测评表》中的各项标准，对该班幼儿的语言表达能力进行测评。在本次测评中，研究者经过一周的观察，对每个幼儿在分享活动中的语言表达情况进行记录。

《多彩光谱测评表》强调每个幼儿都是与众不同的，他们的能力偏向有所不同。该表涉及语言、数学、运动、科学、音乐、社会理解、机械构建、视觉艺术等领域，是主要针对学前和小学低年级阶段的幼儿设计、开发的一套与传统标准化评估工具不同的幼儿智能评估工具。研究者主要运用该表中语言能力方面的评估标准。该表主要从幼儿参与活动需要提示的情况，讲述的连贯性，对主要事件的扩展性叙述情况，词汇的复杂性、详细程度，对连词的使用和句子结构这几个方面对幼儿的语言表达能力进行测评。

（三）测评结果

图1-1为研究者利用《多彩光谱测评表》对39名幼儿进行测评后得到的全班幼儿的语言表达能力分数分布图。由图1-1可知，该班幼儿的语言表达能力差异不是特别明显，基本处于10～12分，只有极少的幼儿语言表达能力相差较大，由此可以发现该班幼儿在启蒙阶段的语言表达能力没有显著差异。

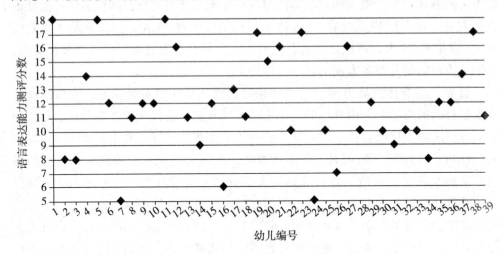

图1-1 全班幼儿的语言表达能力分数分布图

研究者通过对数据进行分析，得出该班的测评分数的平均值为12分，其中有51%的幼儿达到或超过了平均分值，并且该班幼儿的分数的标准差为3.63。由此可见，幼儿之间的差距并不是特别明显，基本趋于同一水平线。

研究者对其他各个方面的数据的结果进行分析、归纳后，发现有59%的幼儿在分享过程中对事件之间的关系认识不清，对连词的使用不是特别熟练，只会使用简单的连词。只有33%的幼儿可以在不需要提醒的情况下主动进行分享、交流，有54%的幼儿参加活动不是特别积极，需要在教师的提醒下才会分享、交流自己的想法，还有13%的幼儿在教师或者同学的提示下仍然不愿意分享、交流，大部分时候以"我不记得了"或"我不知道"等为由不参与分享、交流活动。由于幼儿在其他方面的分值差异不是特别明显，所以研究者需要重点关注幼儿参与互动的积极性、主动性和叙述事件的逻辑性这两个方面。

二、所选个案的语言表达能力基本情况及干预方案设计

（一）个案的基本情况

1. 语言表达能力较弱的两名幼儿的基本情况

（1）幼儿小清的基本情况：

小清，男，5岁半。研究者通过观察和与教师交流后发现，小清是一名比较害羞的男生，性格有点儿内向。在班上，他有一个相处得比较好的小伙伴，在平时活动中基本和这个比较熟悉的朋友一起玩，很少和其他小伙伴交流或者玩游戏。在平时的游戏活动和分享、交流活动中，他基本不会主动发言，需要老师点名才会回答问题，并且答案经常不在点上，会出现前后句子没有任何联系的情况。不过，他分享的内容比较丰富，他会用很多有表现力的词来修饰自己描述的事物。比如，他在描述绘本中的月亮时说道："那个月亮特别圆，就像一个大大的月饼。"可以看出，他会将自己感兴趣的事情描述得特别详细。

①语言评定情况。为了深入了解小清语言表达能力各维度的表现，研究者采用《多彩光谱测评表》对幼儿的分享活动进行评定①，并对带班教师和家长进行访谈，从而进一步了解、分析小清的语言发展存在的问题。表1-1为2020年10月14日对小清分享活动内容的测评情况。从测评总分来看，小清在多彩光谱语言测评中得分为7分，全班幼儿的平均分为12分。由此可以发现，他的分数远低于本班幼儿的平均水平。

---

① 《多彩光谱测评表》总评满分为18分，共分为六个语言技能类别，每个语言技能类别满分为3分，评分分为四等，3分为优，2分为良，1分为中，0分为差。

表1-1　小清2020年10月14日分享活动语言分析

技能类别	语言分析	得分/分
参与活动需要提示的情况	研究者通过观察发现，小清在分享活动中没有出现主动分享的行为。当老师询问时，他会回答老师的问题，但基本上是老师问一句他答一句，或沉默不语	0
讲述的连贯性	在分享过程中，句子之间的联系较少，段落之间的过渡并不清晰	1
对主要事件的扩展性叙述情况	在分享活动中，他用了少部分修饰性语句，对分享的内容有部分细节描述："今天非常开心，因为吃到了棒棒糖"	2
词汇的复杂性、详细程度	在分享时，他用了一些比较有表现力的词语，如"甜甜的""圆圆的"	2
对连词的使用	在分享过程中，他主要运用了一些简单的连词，如"因为"	1
句子结构	句子结构简单	1

对分享活动中小清的语言表达能力进行分析可以看出，小清能够用一些简单的词语和句子有序、连贯、清楚地讲述故事，也会对故事内容进行简单的细节描述。另外，从小清分享故事时所需提示的状况来看，小清在语言表达上缺乏主动性，不愿意与人交谈。

综上所述，小清语言表达能力最欠缺的地方是语言表达的主动性。因此，教师可利用游戏故事，引导幼儿进行语言表达，让幼儿在不断表达、交流的过程中想说、敢说、喜欢说，并能在分享活动中积极回应他人的询问，从而使幼儿的语言表达能力不断提高。

②教师访谈。大4班共有3名教师：Y老师、G老师和L老师。其中，Y老师是本班的主班教师，毕业于学前教育专业，具有较丰富的专业知识和较强的问题意识、科研能力。G老师和L老师是本班的带班老师，从小班开始就一直陪伴幼儿成长，因此对班里孩子的生活习惯、学习能力和发展情况比较了解。这两位老师都有较长的教龄，具有相当丰富的教学经验与实践知识。研究者对L老师进行了访谈，以下是本次访谈记录：

2020年10月20日研究者对L老师的访谈片段：

研究者：L老师，您认为您所带班级的孩子语言发展情况如何？

L老师：我们班的孩子整体语言表达能力基本处于正常水平，但班里也有少部分孩子语言发展较慢或者到现在还像小班的孩子一样。比如，点点的语言发展能力就比较弱，虽然平时也和老师、同伴进行交流，但是在回答问题时，仍会出现答非所问的情况。

研究者：您在平时组织活动时，对班上孩子进行提问，他们的参与程度如何？

L老师：大部分孩子回答问题比较积极，但是也有几个孩子不爱回答问题。时间长了，我发现每次都是那几个孩子不爱回答问题。

研究者：让孩子回答问题时，您是如何选择请哪个孩子回答问题的？

L老师：一般会先选择比较积极的孩子，偶尔会选择不怎么爱回答问题的孩子，但是很多时候还是会偏向于选择语言表达能力强点儿的。

研究者：一般在游戏过后，班上孩子能够对自己的游戏过程进行复述并表达自己对游戏的感受吗？

L老师：他们基本能够进行复述，能简单地对自己的游戏过程进行复述。比如，今天小清在三楼平台玩完游戏之后，回到教室，我问他今天玩了什么，他就很高兴地和我说他和小霖一起玩了滚筒，并向我简单地描述了玩游戏的细节，说他玩得很开心，并且出了很多汗。但是小睿就不会复述。我问他今天玩了什么，他支支吾吾说了半天也没说出什么内容。

研究者：班里有没有受个体的主观能动性的影响，语言表达能力发展较慢的孩子？

L老师：有，比如小清。他的语言表达能力还可以，但他不是一个爱表达自己想法的孩子。如果老师不提到他，他就不会主动与老师交流。但是他一旦开始交流后，就能够将自己想表达的内容表达清楚。你和他多接触一下，他和你熟悉以后，就会和你有更多的交流。

从对L老师的访谈记录中可以看出，L老师并不认为小清的语言表达能力受客观因素的影响。她认为，小清的语言表达能力是处于正常水平的。只是在平时交流、回答问题时，他缺乏主动性，不愿意与他人进行交流，在平时活动中比较喜欢和自己熟悉的伙伴进行交流。在和熟悉的人交流过程中，他经常是主动的那一方。结合对本班教师的访谈，可以了解到小清在本次分享活动中的表现。由于小清对研究者不是特别熟悉，在回答问题时就不是特别敢将自己想表达的内容说出来，所以他在测评中的语言表达的主动性以及讲述的连贯性这两方面的表现不是特别好，在测评的其他方面处于中等水平。

③家长访谈情况。研究者和教师交谈之后得知，小清的妈妈不在本地工作，小清平时和爸爸在一起。以下是研究者对小清爸爸的访谈记录：

2020年10月20日研究者对小清爸爸的访谈片段：

研究者：小清爸爸，小清在家中经常与家人进行交流、沟通吗？

小清爸爸：他基本不会主动说话。只有我问了之后，他才会交流。

研究者：平时放学回家后，他会与你们说在幼儿园发生了什么事吗？

小清爸爸：偶尔会。他挺喜欢说在幼儿园发生的事情的，有时说到有趣的事情时就说得停不下来。

研究者：在交流过程中，小清是否会出现表述不清的情况？

小清爸爸：还是会有这种情况的。有些时候，他表达半天都说不到点上。有时候，我都为他着急。

研究者：您认为对孩子进行家庭语言教育重要吗？

小清爸爸：我认为很重要。毕竟家庭环境是孩子最熟悉的环境，更容易激发他说话的欲望。

研究者：您在家中会开展怎样的家庭语言教育？

小清爸爸：也不能说是语言教育，我只是会多和孩子进行交流，毕竟小清不是一个爱主动说话的孩子，特别是在不熟悉的人面前，他会一句话都不说。

从上述对小清爸爸的访谈中可以发现，首先，在语言表达能力方面，小清平时在家基本不会主动和家人聊天。家人问他问题或在交流中出现他比较感兴趣的话题时，他就会侃侃而谈。不过在交流过程中，他偶尔会有词不达意的情况，虽然表达了很多，但是周围的人并不能从他想要表达的内容中提取出有用的信息。其次，在家庭语言教育方面，小清爸爸比较注重对孩子的家庭教育，虽然并不会非常正式地进行语言教育，但是会经常和小清进行交流，让他能够多表达、多交流。

（2）幼儿小汐的基本情况：

小汐，女，5岁。研究者通过观察发现，她是一个特别安静的女生，总是安安静静地在一旁玩耍，和老师的交流并不多，但是喜欢和小朋友进行交流。小汐在平时分享活动中，基本不会主动回答问题或者分享自己的想法。当老师提问时，问一句，她回答一句，甚至沉默不语。在回答问题时，她很少对自己所讲的内容进行细节描述。

①语言评定情况。小沙在多彩光谱测评中的得分为 8 分，低于本班幼儿的平均水平。虽然小沙平时的讲述具有连贯性，并且语句之间具有联系，会用一些简单的复合句，但是她在其他方面表现得不是特别好。了解了小沙语言表达能力各维度的表现后，研究者对带班教师和家长进行了访谈，从而进一步了解、分析小沙的语言发展存在的问题。

2020 年 10 月 14 日分享活动后，研究者根据幼儿的分享活动内容对幼儿的语言表达能力进行了测评，并对小沙的语言表达能力进行了分析，分析结果如表1–2 所示。

表1–2 小沙2020年10月14日分享活动语言分析

技能类别	语言分析	得分 / 分
参与活动需要提示的情况	研究者通过观察发现，小沙在分享活动中没有出现主动分享的行为。当老师询问时，她会回答老师的问题，老师问一句，她答一句或沉默不语	0
讲述的连贯性	在分享过程中，句子之间有一定的联系，但联系并不紧密	2
对主要事件的扩展性叙述情况	在分享活动中，语句略显单薄，并且描述不具体	1
词汇的复杂性、详细程度	在分享时，她用了一些比较有表现力的词语，如"高高的"	2
对连词的使用	在分享过程中，她主要运用了一些简单的连词，如"可是"	1
句子结构	句子结构简单。她会使用介词词组、复合句	2

从小沙分享活动语言分析中可以看出，小沙能够用一些简单的、富有表现力的词语和句子有序、连贯、清楚地讲述故事，并且句子之间具有逻辑性，各句是有联系的。另外，小沙在分享故事时，不会主动向老师、同学说出自己的想法和看绘本后的感想。在交流中，老师问一句，她答一句。

综上所述，小沙语言表达能力最欠缺的地方是语言表达的主动性和对主要事件的具体描述。教师可利用游戏故事，引导幼儿主动表达，为幼儿创设良好环境，让幼儿较快地融入环境中，从而提高幼儿的语言表达能力。游戏故事是幼儿游戏过程中发生的故事，因此可以进一步增强幼儿对细节的描述能力，使幼儿敢说、愿意说。

②教师访谈。根据调查的结果，研究者向 L 老师详细了解了幼儿平时在园的基本情况。以下是本次访谈片段：

2020 年 10 月 20 日研究者对 L 老师的访谈片段：

研究者：L 老师，您认为小汐的语言发展情况如何？

L 老师：小汐的语言能力其实还可以。虽然她平时并不喜欢主动回答问题，但是如果老师提问到她，她会回答，只是不会展开回答问题。

研究者：L 老师，在平时的分享活动中，小汐会对自己描述的主要内容有所扩展或者有详细描述吗？

L 老师：小汐在这一方面表现得不是特别好，一般只会用一些简单的句子进行大概的描述，并不会扩展描述或详细描述。

研究者：其实小汐并不是特别爱表现自我。只有老师提问到她，她才会去分享自己的观点，并且只是简单地说一说，不会说更多的话。

L 老师：是的。不过虽然小汐并不爱表达，但是当她表达时，她可以将自己想要说的话说清楚。

研究者从对 L 老师的访谈中进一步了解了小汐平时在园表现以及老师对小汐的评价。L 老师认为，一方面，小汐在平时交流、回答问题时缺乏主动性，不愿意多说话；另一方面，在讲述的内容上，由于自身词汇量不足，她很少会对讲述进行扩展，或很少进行详细描述，每次都用一些简单的句子来回答问题。不过在其他的方面，小汐的语言发展处于中等水平。从与教师的谈话内容可知，小汐在分享活动中最明显的不足之处在于缺乏主动性，并且不爱多说话。

③家长访谈情况。研究者从老师那里了解到，小汐的爸爸是一名医生，工作比较忙，小汐的妈妈下班也比较晚。因此，小汐大部分时间由奶奶接送。以下是研究者对小汐奶奶的访谈记录：

2020 年 10 月 21 日研究者对小汐奶奶的访谈片段：

研究者：小汐奶奶，小汐平时是和爸爸妈妈一起住还是和您住得比较多？

小汐奶奶：我只是帮着接送孩子。一般吃完晚饭后，小汐就会跟着爸爸妈妈回家了。

研究者：小汐会经常和您聊天，说一说幼儿园发生的事情吗？

小汐奶奶：偶尔会说一说。

研究者：您会和她对一件具体的事情进行交流吗？比如，在幼儿园发生了什么有趣的事情，她学到了什么。

小汐奶奶：不会。一般就只是随便聊聊，或者问她今天在幼儿园学到了什么、午餐吃了什么之类的简单问题。

从上述对小汐奶奶的访谈中可以发现，小汐的爸爸妈妈平时工作比较忙，大部分时间她都和爷爷奶奶在一起。爷爷奶奶文化水平有限，基本不会对小汐进行语言教育，平时和小汐聊天仅限于在幼儿园内发生的事。

2. 语言表达能力中等的两名幼儿的基本情况

（1）幼儿阿轩的基本情况：

阿轩，男，5岁。研究者通过观察发现，阿轩是个比较羞涩的男生，基本不会主动和老师交流。只有老师提到他，他才会表达自己的观点。但是他和小朋友交流特别多，懂得倾听别人说话和表达自己的观点。

①语言评定情况。阿轩在多彩光谱测评中的得分为10分，接近全班的平均分，处于中等水平。阿轩平时的讲述具有连贯性。他还会适当地对自己想要讲清楚的内容做进一步说明。不过他平时基本在老师提问时才会说，不会主动站起来回答问题。他的语言表达能力在整个班级中处于中等水平。研究者通过《多彩光谱测评表》对幼儿语言表达能力进行测评，并对带班教师和家长进行访谈，进一步了解、分析阿轩语言发展各方面的具体情况以及存在的问题。

2020年10月16日分享活动后，研究者根据幼儿的分享活动内容对幼儿的语言表达能力进行了测评，并对阿轩的语言表达能力进行了分析，分析结果如表1-3所示。

表1-3　阿轩2020年10月16日分享活动语言分析

技能类别	语言分析	得分／分
参与活动需要提示的情况	根据阿轩在分享活动中的表现，研究者发现阿轩只有在老师的提示下才会分享	1
讲述的连贯性	在分享过程中，句子之间有一定的联系，但联系并不紧密	2

技能类别	语言分析	得分 / 分
对主要事件的扩展性叙述情况	在分享时，阿轩对事件有简单的细节描述	2
词汇的复杂性、详细程度	在分享时，他用了一些比较有表现力的词语，会使用形容词，如"开心"	2
对连词的使用	在分享过程中，他主要运用了一些简单的连词，如"因此"	1
句子结构	句子结构简单。他会使用介词词组、复合句	2

从阿轩的测评表中对他的语言表达能力进行分析可知，阿轩能够用一些简单的富有表现力的词语和句子有序、连贯、清楚地讲述故事，句子之间具有逻辑性。阿轩基本不会主动向老师表达自己的想法和看到了什么，但是当老师提问到他时，他会将自己的想法表达出来。平时和其他小朋友交流时，他会主动地进行表达，表达的内容比在集体中表达时更加丰富。

综上所述，阿轩语言表达能力的不足之处在于缺乏在集体中语言表达的主动性。教师可利用游戏故事，引导幼儿大胆、主动地在集体分享活动过程中表达自己的观点，从而提高幼儿的语言表达能力，让幼儿能够在集体中做到敢说、愿意说。

②教师访谈。根据调查的结果，研究者向 G 老师详细了解了幼儿平时在园的基本情况。以下是本次访谈记录：

2020 年 10 月 21 日研究者对 G 老师的访谈片段：

研究者：G 老师，您在组织活动时，对幼儿进行提问后，阿轩的参与程度如何？

G 老师：阿轩平时不会主动参与讨论。我平时在活动中进行提问时，他基本不会举手回答问题。

研究者：对于您提出的问题，阿轩能否理解？是否会出现答非所问的情况？

G 老师：阿轩的理解能力还是不错的。对于平时老师提出的问题，他会仔细地听并记在脑子里。他回答的问题都在点上，不会出现答非所问的情况。

研究者：在阿轩被老师提问以后，您认为他的语言表达能力怎么样？

G 老师：他的语言表达能力还是不错的。除了在表达主动性上有所缺乏，他平时基本可以将自己想表达的内容表达清楚。

　　研究者从对 G 老师的访谈中进一步了解了阿轩平时在园表现以及老师对阿轩的评价。G 老师认为，阿轩在平时交流、回答问题时缺乏主动性，不愿意多说话，但是在别的方面，阿轩的语言发展还是不错的。

　　③家长访谈情况。研究者从老师那里了解到，平时阿轩的爸爸妈妈负责照顾他，对他的平时生活、在园表现比较关心。以下是研究者对阿轩妈妈的访谈记录：

　　2020 年 10 月 22 日研究者对阿轩妈妈的访谈片段：

　　研究者：阿轩妈妈，阿轩平时会主动和你们聊天吗？

　　阿轩妈妈：阿轩平时挺喜欢和我和他爸爸聊天，可能和我聊得会比和他爸爸聊得更多一些。

　　研究者：阿轩一般会和您聊些什么内容呢？

　　阿轩妈妈：什么都会聊一些。当然聊得最多的就是平时幼儿园里发生的事情。

　　研究者：在阿轩和你们聊天时，您认为他的语句之间的逻辑性如何？

　　阿轩妈妈：他的语句之间有一定的逻辑性，但是逻辑性不强。他一般会用一些简单的句子进行表达。

　　研究者：您认为对孩子进行家庭语言教育重要吗？

　　阿轩妈妈：还是挺重要的。

　　研究者：您在家中会开展怎样的家庭语言教育？

　　阿轩妈妈：我平时会让他多看绘本，也会让他给我和他爸爸讲故事。我也会经常和他聊天，会多带他与小伙伴一起玩。他在和小伙伴一起玩的过程中也会锻炼语言表达能力。

　　研究者从对阿轩妈妈的访谈中了解到，阿轩的爸爸妈妈比较注重家庭语言教育。平时在家中，父母经常和他聊天，并且经常让他看绘本，然后分享他看到的内容，也经常带他出去和伙伴玩耍，让他和同龄人交流，锻炼他的语言表达能力。不过他的语言逻辑性还有待加强，语句之间的逻辑性不强。他经常会使用一些简单的句子来表达自己的想法。

（2）幼儿樱桃的基本情况：

樱桃，女，5岁。研究者通过观察发现，樱桃是个比较内向的女生，不喜欢主动找老师和同学聊天。但是老师对她进行提问时，她可以清楚地表达自己的想法。在参加活动时，她偶尔也会主动与其他小朋友或者老师进行交流。

①语言评定情况。樱桃在多彩光谱测评中的得分为11分，在本班处于中等水平。樱桃在平时偶尔会主动进行交流，交流时的语句具有连贯性。她能够对所描述的事件进行细节描述，在描述过程中会使用具有表现力的词语。研究者通过《多彩光谱测评表》对幼儿的语言表达能力进行测评，并对带班教师和家长进行访谈，进一步了解、分析樱桃语言发展各方面的具体情况以及存在的问题。

2020年10月14日分享活动后，研究者根据幼儿的分享活动内容对幼儿的语言表达能力进行了测评，并对樱桃的语言表达能力进行了分析，分析结果如表1-4所示。

表1-4　樱桃2020年10月14日分享活动语言分析

技能类别	语言分析	得分/分
参与活动需要提示的情况	大多数时候，她需要提示才会有分享行为，偶尔会有自我分享行为	2
讲述的连贯性	在分享过程中，句子之间有一定的联系，但联系并不紧密	2
对主要事件的扩展性叙述情况	在分享时，她对事件有简单的细节描述	2
词汇的复杂性、详细程度	在分享时，她用了一些比较有表现力的词语，会使用形容词	2
对连词的使用	在分享过程中，她主要运用了一些简单的连词	1
句子结构	句子结构简单。她会使用介词词组、复合句	2

从樱桃的测评表中对她的语言表达能力进行分析可知，樱桃能够用一些简单的富有表现力的词语和句子有序、连贯、清楚地讲述故事，句子之间是有联系的。樱桃偶尔会主动与其他小朋友、老师交流，但是大多数时候还是需要其他人提示以后才会交流。她虽然性格有点儿内向，但却是一个懂得倾听他人的意见和要求的孩子。

综上所述，樱桃的语言表达能力的欠缺之处在于对连词的使用、句子的逻辑性、句子的前后关系。教师可利用游戏故事，引导幼儿更多地在集体分享活动过程中表达自己的观点，在平时分享活动中引导幼儿注意自己所表达内容的逻辑性，并让幼儿不断练习表达，从而提高幼儿的语言表达能力，让幼儿的表达具有逻辑性。

②教师访谈。根据调查的结果，研究者向 G 老师详细了解了幼儿平时在园的基本情况。以下是本次访谈记录：

2020 年 10 月 21 日研究者对 G 老师的访谈片段：

研究者：G 老师，在平时和樱桃进行交流时，您有没有注意到樱桃的语言表达存在哪些方面的问题？

G 老师：樱桃的语言表达能力在班里还是不错的。她能够将自己想表达的内容说清楚，虽然平时不是特别主动地表达自己的想法，但是偶尔会主动回答问题。

研究者：樱桃在叙述一件事情时，会使用大量连词来串联表达的内容吗？

G 老师：会是会，不过她只用一些简单的连词对句子进行连接，对于比较复杂的连词基本不会使用。她的逻辑思维发展得还不是特别好。

研究者：当您进行提问时，樱桃会出现答非所问或者不能理解您的问题的情况吗？

G 老师：不会出现这样的情况。樱桃的理解能力和倾听能力都不错。她每次都会听清楚问题，不像有些小朋友那样不会认真听老师提问题。老师才说完问题，有些小朋友就忘记老师说了什么。

研究者从对 G 老师的访谈中进一步了解了樱桃平时在园表现以及老师对她的评价。G 老师认为，樱桃语言表达的各方面表现还是不错的，她在平时偶尔会主动回答问题，而且懂得倾听，但是她在语言逻辑性方面发展得不是特别好。

③家长访谈情况。研究者从老师那里了解到，樱桃的爸爸妈妈平时工作不是特别忙，有时间照顾她，对她的发展比较关心。以下是研究者对樱桃爸爸的访谈记录：

2020 年 10 月 23 日研究者对樱桃爸爸的访谈片段：

研究者：樱桃爸爸，樱桃平时会主动和你们聊天吗？

樱桃爸爸：大多数时候，我们会主动问她在幼儿园有没有发生什么事情、今天和谁一起玩游戏之类的问题。偶尔有什么特别的事情，她会兴致勃勃地和我们说。

研究者：您认为对孩子进行家庭语言教育重要吗？

樱桃爸爸：我认为挺重要的。家长的行为和说话都会对孩子产生一定的影响。

研究者：平时在家里，您会开展什么样的语言教育？

樱桃爸爸：多和孩子进行交流，多给孩子进行语言表达的机会，多带她出去走一走、看一看，增加她的生活经验。不知道这些算不算家庭语言教育？

研究者：这些当然算了。我发现您有一点做得比较好，那就是给她充分表达的机会。现在有些家长很少会认真倾听孩子的想法。

樱桃爸爸：我认为仔细倾听孩子内心的想法很重要，因为孩子也是有自己想法的独立个体。

研究者通过对樱桃爸爸的访谈发现，樱桃比较愿意和家里人交流。她的爸爸妈妈比较重视家庭语言教育，会给孩子表达的机会，并且尊重孩子的内心想法，懂得倾听，在周末有空的时候，还会带着孩子出去旅游，增加孩子的生活经验，注重在平时的一点一滴中不断锻炼孩子的各方面能力。

3.语言表达能力较强的两名幼儿的基本情况

（1）幼儿小郭的基本情况：

小郭，男，5岁。研究者通过观察发现，小郭性格比较外向，喜欢主动找老师和同学聊天，但是上课回答问题时又会表现得相对腼腆，大多数时候需要别人提问后，才会表达自己的想法。

①语言评定情况。小郭在多彩光谱测评中的得分为13分，在本班处于较高水平。小郭在平时偶尔会主动进行交流，他的逻辑思维能力比较不错。研究者通过《多彩光谱测评表》对幼儿的语言表达能力进行测评，并对带班教师和家长进行访谈，进一步了解、分析小郭语言发展各方面的具体情况以及存在的问题。

2020年10月15日分享活动后，研究者根据幼儿的分享活动内容对幼儿的语言表达能力进行了测评，并对小郭的语言表达能力进行了分析，分析结果如表1-5所示。

表1-5　小郭2020年10月15日分享活动语言分析

技能类别	语言分析	得分／分
参与活动需要提示的情况	大多数时候，他需要提示才会有分享行为，偶尔会有自我分享行为	2
讲述的连贯性	在分享过程中，句子之间有一定的联系，但联系并不紧密	2
对主要事件的扩展性叙述情况	在分享时，他对事件有简单的细节描述	2
词汇的复杂性、详细程度	在分享时，他用了一些比较有表现力的词语，会使用形容词	2
对连词的使用	在分享过程中，他用了多个连词	3
句子结构	句子结构简单。他会使用介词词组、复合句	2

从小郭的测评表中对他的语言表达能力进行分析可知，小郭能够用一些简单的富有表现力的词语和句子有序、连贯、清楚地讲述故事，句子之间具有逻辑性。小郭在平时经常主动与其他小朋友、老师交流。但是在集体活动中，老师提问时，他很少会主动回答问题，需要其他人提示以后，才会分享自己的观点。

综上所述，小郭的语言表达能力的欠缺之处在于表达的主动性。教师可利用游戏故事，引导幼儿在集体活动中主动交流，让幼儿在集体活动中主动大胆地表达。

②教师访谈：根据调查的结果，研究者向 Y 老师详细了解了幼儿平时在园的基本情况。以下是本次访谈记录：

2020 年 10 月 22 日研究者对 Y 老师的访谈片段：

研究者：Y 老师，您在组织活动提问时，小郭的参与程度如何？

Y 老师：小郭基本只有在我主动问他时，才会回答问题。不过他回答问题的逻辑性不错，能够有条理地表达清楚内容。

研究者：在提问时，您选择参与者的标准是什么？

Y 老师：看小朋友的举手情况。当然我会选择先举手的小朋友回答问题，还会关注到那些偶尔站起来回答问题的小朋友。

研究者：在您提问后，小郭是否会出现答非所问的情况？

Y老师：很少出现答非所问的情况，但是偶尔会有这种情况出现。比如，他和旁边的小朋友聊天，不认真听老师的问题。

研究者：在游戏过后，小郭能否复述游戏过程，并且表达自己对游戏的感受？

Y老师：他基本能够复述游戏的过程，虽然对游戏的细节描述得不是特别清晰，但能够清楚地表达自己对游戏的感受。

研究者从对Y老师的访谈中进一步了解了小郭平时在园表现以及老师对他的评价。Y老师认为，小郭的逻辑思维能力不错，他能够有条理地、细致地将想表达的内容表达清楚。但是他的倾听能力较弱，偶尔会注意力不集中，不仔细听别人的分享、交流内容。

③家长访谈情况。研究者从老师那里了解到，小郭的爸爸妈妈都是老师，对小郭的各方面发展都特别关注。以下是研究者对小郭妈妈的访谈记录：

2020年10月26日研究者对小郭妈妈的访谈片段：

研究者：小郭妈妈，您平时在家里会经常和小郭聊天吗？

小郭妈妈：会经常聊天。

研究者：小郭会向您描述当天在幼儿园中发生的事吗？

小郭妈妈：会的。他经常和我说在幼儿园中参加了什么活动、老师今天带小朋友做了什么手工之类的事情，有时还会回家教我们他在幼儿园里学会的手工。

研究者：您认为对孩子进行家庭语言教育重要吗？

小郭妈妈：我认为挺重要的。与孩子对话的语言是他们学习的第一种语言，是孩子与其他家庭成员以及文化、社会的一种联结。毕竟父母是孩子的第一任老师。

研究者：您在家中会开展什么样的语言方面的训练呢？

小郭妈妈：专门的训练就是多让他读书，让他向我们讲述他看的书中的内容，让他多和小朋友进行交流。在不断的交流过程中，他也会不断学习和模仿家长的表达。

研究者通过上述访谈发现，小郭的家长比较注重对孩子语言能力的培养，平时会对孩子进行专门的训练。小郭的家长和其他家长的相同之处在于，会让孩子看书之后向自己讲述所看的内容，并且让孩子多与同龄小朋友一起玩，在游戏的过程中不断交流，从而提高孩子的语言表达能力。

（2）幼儿萱萱的基本情况：

萱萱，女，5岁。研究者通过观察发现，萱萱是一个比较外向的女生，各方面的能力都很不错，而且能够听老师的话，因此老师和其他小朋友都比较喜欢和她一起玩。她在集体活动中回答问题比较积极。老师喜欢让她回答问题，有事情需要帮忙时，也喜欢让她帮忙。

①语言评定情况。萱萱在多彩光谱测评中的得分为16分，在本班处于较高水平。萱萱在平时会主动和老师、小朋友进行交流，并且能够清楚地表达自己的感想和意愿。研究者通过《多彩光谱测评表》对幼儿语言表达能力进行测评，并对带班教师和家长进行访谈，进一步了解、分析萱萱语言发展各方面的具体情况以及存在的问题。

2020年10月14日分享活动后，研究者根据幼儿的分享活动内容对幼儿的语言表达能力进行了测评，并对萱萱的语言表达能力进行了分析，分析结果如表1-6所示。

表1-6　萱萱2020年10月14日分享活动语言分析

技能类别	语言分析	得分／分
参与活动需要提示的情况	能够主动进行分享	3
讲述的连贯性	在分享过程中，句子比较连贯，句子之间联系紧密	3
对主要事件的扩展性叙述情况	在分享时，她会对细节有详细的描述，并对重要事件进行重点阐述	3
词汇的复杂性、详细程度	在分享时，她经常使用富有表现力的词语	3
对连词的使用	在分享过程中，她熟练使用连词，偶尔会用一些不一样的连词	2
句子结构	句子结构简单。她会使用介词词组、复合句	2

从萱萱的测评表中对她的语言表达能力进行分析可知，萱萱能够积极主动地分享、交流自己的想法，并且在讲述的连贯性、对主要事件的扩展性叙述、词汇的复杂性和详细程度等方面都是非常优秀的。

综上所述，萱萱语言表达的各方面比较优异。教师可利用游戏故事，引导萱萱多关注自己表达时语句的结构以及逻辑关系，并且让她带动不爱主动表达的几个幼儿在集体活动中主动大胆地表达。

②教师访谈。根据调查的结果，研究者向 Y 老师详细了解了幼儿平时在园的基本情况。以下是本次访谈记录：

2020 年 10 月 22 日研究者对 Y 老师的访谈片段：

研究者：通过观察萱萱在平时活动中的表现，发现萱萱应该是比较爱表达自己想法的孩子。

Y 老师：是的。萱萱在平时活动中的表现是非常不错的，她应该属于各方面的能力发展都特别不错的孩子。

研究者：Y 老师，萱萱平时喜欢和谁一起玩？当别的小朋友有困难时，她会主动去帮助其他小朋友吗？

Y 老师：萱萱平时和安旗一起玩的时间比较多。很少看到她和男生一起玩。不过她还是会和男生一起聊天的。在平时，其他小朋友有困难时，如果老师和她说，她就会去帮忙，而且很有耐心地一遍一遍地教他们。

研究者从对 Y 老师的访谈中进一步了解了萱萱平时在园表现以及老师对她的评价。Y 老师认为，萱萱的语言表达能力发展得比较好，其他各方面能力都发展得不错。有什么事情时，老师喜欢请萱萱帮忙。萱萱与其他小朋友相处得比较融洽，愿意帮助身边有困难的小朋友。

③家长访谈情况。研究者从老师那里了解到，萱萱的爸爸妈妈平时工作比较忙，一般是她的爷爷奶奶接她回家。她的爸爸妈妈虽然工作多，但是比较关心她的身心发展，平时经常带她参加各种兴趣班。她的爷爷奶奶文化素养较高，在家中没有溺爱萱萱。以下是研究者对萱萱爷爷的访谈记录。

2020 年 10 月 27 日研究者对萱萱爷爷的访谈片段：

研究者：萱萱爷爷，平时都是您接萱萱上下学吗？

萱萱爷爷：是的。萱萱的爸爸妈妈工作忙。一般萱萱放学时，他们还没下班，所以基本都是我来接萱萱。偶尔萱萱的妈妈会来接她回家。

研究者：您平时在接萱萱回家的路上会经常和萱萱聊天吗？

萱萱爷爷：会聊的。比如，聊今天晚上吃什么、今天在幼儿园有没有什么有趣的事情之类的。

研究者：萱萱平时是和爸爸妈妈一起住还是和您住得比较多？

萱萱爷爷：她平时基本上和她爸爸妈妈住。她爸妈都有事出差了，她才会和我们两个老人住，毕竟孩子还是和爸妈一起住更好。

研究者从上述访谈中发现，虽然萱萱平时由爷爷接送的时间更多，但是爷爷会经常和她交流，聊一聊幼儿园中发生的有趣的事情。

（二）个案干预方案

1. 对语言表达能力较弱的两名幼儿的干预方案

从语言表达能力测评结果中可以发现，小清与小汐各方面的表现有一致性。这两名幼儿在参加活动时都不是特别积极，不会主动回答老师的问题。研究者根据这两名幼儿的语言发展特点，设计了具有针对性的干预方案。

（1）营造轻松、愉快、自由的氛围，激发幼儿自由表达的兴趣。根据测评结果可以发现，小清和小汐在参与活动时都不积极。这两名幼儿都要在老师或者同伴的提醒下才会参与活动。当老师提问时，他们大多数时候选择沉默不语或者用"不知道""忘记了"等答案进行回答。但是研究者发现，这两名幼儿在自主活动中的主动性挺高。在自主活动中，他们会主动与其他幼儿进行交流。《3～6岁儿童学习与发展指南》指出："幼儿的语言能力是在交流和运用的过程中发展起来的。应为幼儿创设自由、宽松的语言交往环境，鼓励和支持幼儿与成人、同伴交流，让幼儿想说、敢说、喜欢说并能得到积极回应。"研究者希望通过营造轻松、愉快、自由的氛围，免除让幼儿必须与教师交流的压力，引导这两名幼儿积极参与游戏活动。在幼儿做游戏的过程中，研究者在充分了解幼儿心理需求的基础上，适时地介入幼儿的游戏中，以参与者的身份与幼儿进行交流。研究者引导幼儿自由叙述自己的游戏过程、表达自己对游戏的感受，仔细倾听幼儿说话，了解幼儿的各种想法并理解他们的感受，接纳、尊重幼儿的各种想法。

（2）抓住区角活动时间，保护幼儿说的权利。研究者观察发现，该班在开展区角活动时经常会开展角色游戏活动。角色游戏有利于幼儿想象力、创造力的发展。在角色游戏活动中，幼儿可以充分发挥其主动性，能够发现自我，建立自己与他人和世界之间的联系。幼儿由于融入角色游戏活动中，会愿意表达想法并和他人交流，从而可以增强思维能力和语言表达的逻辑性。《3～6岁儿童学习与发展指南》指出："为幼儿创造说话的机会并体验语言交往的乐趣。"研究者应为幼儿创建自由、轻松的交流环境，做好观察，充分了解幼儿的游戏计划、游戏意愿，避免幼儿迫于教师的权威而被动做游戏。在此基础上，研究者充当引导者，对幼儿的游戏进行适当的、科学的引导，使幼儿积极参与游戏活动，促使幼儿在游戏过程中联系自己的实际生活去感知游戏角色，培养幼儿的语言表达能力。

（3）利用游戏故事，开展家园合作，为幼儿创设良好的语言环境。研究者通过与幼儿父母交谈，发现小清和小沙在家中与家人的交谈不是特别多。当研究者问到家庭语言教育是否重要时，家长都表示肯定。由此可以发现，家长都认为，家庭语言教育非常重要。但是当研究者问到在家中如何对幼儿开展语言教育时，大部分家长回答与孩子进行一些简单的问答、聊天等，在交流中不断增强孩子的语言表达能力。对于幼儿来说，家庭和幼儿园是他们受教育的主要场所。不同于有目的、有计划的幼儿园教育，家庭教育在生活中自然而然地影响幼儿，家长对教育的态度也会潜移默化地对幼儿产生影响。《幼儿园教育指导纲要（试行）》指出："家庭是幼儿园重要的合作伙伴。应本着尊重、平等、合作的原则，争取家长的理解、支持和主动参与，并积极支持、帮助家长提高教育能力。"营造良好的家庭教育环境，是家长应该做到的。幼儿园也应该积极主动地和家长进行沟通、合作，为家长提供科学、有用的教育指导，让家长能够营造出良好的学习环境和家庭氛围，以促进幼儿更好地发展。研究者利用游戏故事，与家长一起为幼儿创设良好的语言教育环境。幼儿向父母讲述自己的游戏过程和游戏体验，与父母交流，能够与父母形成良好的相处模式，让父母更了解幼儿在园的生活、学习、感受。幼儿也可以在与父母的不断交流中，学习与他人友好相处的方式。

2.对语言表达能力中等的两名幼儿的干预方案

从语言表达能力测评结果中可以发现，阿轩和樱桃各方面的测评结果有相同的地方。虽然这两名幼儿都比较内向、容易害羞，但是相对于小清和小沙，他们在参与活动、回答问题时更主动一些，并且懂得倾听。研究者根据这两名幼儿的语言发展特点，设计了具有针对性的干预方案。

（1）在绘本阅读分享中，促进幼儿语言思维发展。利用绘本提高幼儿语言表达能力，是大多数幼儿教师首选的提高幼儿语言表达能力的方式。不过大部分学者只从语言这单一方面对提高幼儿语言表达能力进行了探索。其实，语言和思维是密不可分的，思维的发展是语言能力提升的基础，语言以一种特殊形式保存了人类的经验，间接经验与直接经验是人类思维发展的基础。学前期的幼儿开始慢慢出现形象思维。在这一阶段，幼儿的思维会随着语言能力的发展而发展，幼儿能够用语言符号指代一些具体事物。幼儿的语言能力也会随着思维的发展而迅速发展。绘本是幼儿园语言活动开展的主要素材。研究者可以引导幼儿在阅读绘本和分享阅读内容的过程中认识新事物、新词语、新句子，使幼儿在不断增加词汇量的同时构建自己的知识网络，并在引导过程中有意识地促进幼儿语言与思维的共同发展。

（2）引导幼儿用绘画叙述游戏故事，增强幼儿语言逻辑性。阿轩和樱桃的语言表达能力处于平稳上升的阶段。教师可利用游戏故事教学，将幼儿的自主游戏作为语言教学的出发点。幼儿能够在自主游戏中去经历、探索、积累经验，并在游戏中去发现问题、解决问题，学会与同伴交往。同时，幼儿能够在游戏过程中体验到快乐，能够将自己的游戏经历和他人分享。教师还可以让幼儿用绘画叙述游戏故事。绘画有利于培养幼儿的前书写能力。幼儿运用绘画，能够表达自己内心的想法，记录自己的游戏活动，并在绘画过程中提高想象力和创造力。在分享、交流环节，老师为幼儿提供倾听和表达的机会。幼儿在叙述自己的游戏故事的过程中，能够充分调动和利用自我经验。

3. 对语言表达能力较强的两名幼儿的干预方案

从语言表达能力测评结果中可以发现，小郭和萱萱在班里都属于上课回答问题比较积极的学生，语言表达各方面表现都比较好。具体来说，小郭的倾听有待加强；萱萱各方面能力都不错，可在语言表达能力稳步发展的基础上，帮助语言表达能力较弱的幼儿。研究者根据这两名幼儿的语言发展特点，设计了具有针对性的干预方案。

（1）利用游戏故事，培养幼儿良好的倾听习惯，增强幼儿倾听的专注性。幼儿的良好习惯是在不断地模仿、强化中养成的。在其他幼儿分享自己的游戏故事内容时，研究者根据幼儿的表现，抓好教育时机，让幼儿明白当他人说话的时候，要学会集中注意力倾听他人说的内容，不轻易打断别人说话。特别是幼儿想要补充自己的观点时，研究者可以提醒他先仔细听别人说完以后，再进行补充。在他人分享完自己的游戏故事内容后，研究者可以对幼儿进行提问，对回答正确的幼儿给予表扬，从而强化幼儿认真倾听的行为，培养幼儿良好的倾听习惯。

（2）提供分组交流机会，兼顾幼儿倾听与表达两方面的发展。在分组交流环节，研究者应尽量将语言表达能力各层次的幼儿安排在一起，让幼儿在不断交流的过程中能够相互影响、相互促进、共同成长，并根据幼儿的讨论内容，抓住时机，对幼儿表达的内容进行梳理，培养幼儿的逻辑思维能力。在研究者的不断引导下，幼儿在浓厚的讨论、交流氛围中，能够做到愿意说、主动说。研究者引导幼儿在讨论、交流的环节中仔细倾听和理解他人的想法、表达自己的想法，让幼儿懂得倾听他人的想法，让他们养成良好的倾听习惯。

三、基于游戏故事的个案干预过程及效果分析

（一）基于游戏故事培养幼儿的语言表达能力的个案干预过程

游戏故事是近几年被提出来的概念。游戏故事在传统游戏的基础上增强了游戏的情景性，突出了幼儿在游戏中的主体性和幼儿做游戏的自主性。教师在幼儿游戏过程中的角色发生了改变，现在的教师不仅是幼儿游戏的监督者和引导者，还是幼儿游戏的评价者。教师利用游戏故事，让幼儿在娱乐的过程中，获得身心全面发展。游戏精神贯穿整个游戏过程。教师让幼儿将游戏过程中的真听、真看、真感受在自己的游戏故事中表现出来，让幼儿能够更加积极主动地参与游戏活动，在潜移默化中提高幼儿的倾听能力与语言表达能力。

1. 激发幼儿运用游戏故事记录游戏活动的兴趣

研究者发现，几名被选取的幼儿绘制的游戏故事内容比较单调，没有情节性。这几名幼儿没有连续性、整体性的思维，不会将整个游戏故事用绘画的方式记录下来，只会画出单一的画面内容。幼儿在叙述自己的游戏故事内容时，基本用一两句简单的话进行概括。比如，在第一次分享活动中，幼儿主要分享晨练内容。被选取的几名幼儿在分享时都比较兴奋。但是由于绘画内容比较简单，没有具体情节，所以这几名幼儿只用一两句话就把自己的游戏内容讲完了。以下为第一次分享活动中的一次观察记录：

2020 年 11 月 4 日小清和萱萱的游戏故事分享：

研究者：小清面向小朋友，向大家介绍一下你的游戏故事内容。

小清：这是小玥，后面这个是我。我们两个在投火球的那个圈圈。这个是太阳公公，上面还有一个字母 R（见图 1-2）。

图 1-2　小清画的游戏故事

研究者：好的。老师发现你的游戏故事中是不是还画了一个小音符？

小清：是的。

研究者：那么，你能向小朋友解释一下你为什么要将这个小音符画在你的旁边吗？

小清：因为我们两个在唱歌。

研究者：你们唱了什么歌，还记得吗？

小清：嗯……那个，那个……那个叫，那个叫《下山》。（研究者后来了解后知道，当天小清根本没有唱歌，这个小音符只是他认为好看随意加上去的，因此他在回答这个问题时吞吞吐吐）

研究者：你现在能唱给其他小朋友听吗？

（小清丝毫不怯场，马上就给其他小朋友唱了这首歌。班里的很多小朋友听到他唱时，也跟着他一起唱起来）

以下是萱萱的游戏故事分享：

研究者：萱萱，把你的游戏故事向小朋友介绍一下。你画的游戏故事中有什么？

萱萱：我画了今天早上晨练。我晨练的时候玩了跳汽油桶。我站在汽油桶的上面。在我后面排队的是小涵。她前面是小阳。安旗在我前面跳到了垫子上（见图1-3）。

图1-3　萱萱画的游戏故事

从上述观察记录中可以发现，小清对歌词记得非常清楚，从头到尾都能够唱出来；小清在集体中毫不怯场。但是小清在分享时，只用了一些简单的句子进行介绍，如"这是……这是……"。他的句子之间没有紧密的联系，他只是简单地对游戏故事画面进行介绍，并没有介绍晨练的具体细节。小清这个时期容易将想象与现实混淆，常常不清楚事情是现实生活中发生的事还是自己想象出来的。因此，研究者问他为什么画音符时，他吞吞吐吐地说不出来。萱萱的介绍虽然比较简单，但是几句话就将整个游戏故事内容介绍清楚了。她分享的时候，把绘画中游戏故事的内容都描述了出来，但是没有过多的阐述，基本用一些简单句，语句之间的逻辑性不是特别强。不过她能够大胆地在集体中分享自己的游戏故事内容。

　　研究者多次干预后发现，组织幼儿绘制游戏故事时，几名幼儿都出现了绘制内容比较单一、情节简单的情况。研究者通过了解发现，该班孩子从来没有运用游戏故事来记录自己的游戏过程的经历，因此当老师要求他们画游戏故事时，好多幼儿不知道应该画什么，也不知道应该怎么画。他们画的都是一些简单画面，导致他们在讲述自己的游戏故事时，只是通过画面进行简单地回忆，用一两句话就讲完了。有几个幼儿在分享时，甚至不知道自己画了什么，当老师询问时，就随便编了一个理由。根据幼儿的身心发展特点可知，这个时期幼儿的记忆以无意注意为主，他们更容易记住自己感兴趣的内容，对于自己不感兴趣的内容会选择性地遗忘，因此他们在绘画时不会将自己不感兴趣的或者自己认为不重要的内容画出来。研究者应该激发幼儿游戏故事绘画的欲望，为之后的活动开展奠定基础。

　　干预过程：

　　在某次大型建构游戏活动中，小清和他的好朋友一起用积木搭建了一个大型城堡之后，就开始玩保护城堡的游戏，一个人扮演"敌人"，另一个人扮演城堡主人。他们将小积木当作"导弹"。"敌人"用"导弹"攻占城堡、抢夺地盘，城堡主人全力保护自己的城堡，使城堡不被摧毁且不被"敌人"占领。在游戏结束之后，研究者让小清用游戏故事来记录这个游戏过程时发现，小清虽然在进行游戏时非常投入，但是当他通过绘画将这些立体的事物转变为画面时，却无从下笔。于是研究者开始引导他进行绘画：

　　研究者：小清今天在操场上搭了什么建筑呢？

　　小清：我今天搭了一个大大的城堡。我是那个城堡的主人。

　　研究者：你还记得你搭的城堡是什么样子的吗？

　　小清：记得。它有高高的城墙，是四四方方的。

　　研究者：城墙上还有什么呢？比如，小旗子之类的。

小清：哦！有小红旗，还有一个"导弹发射器"，里面有很多的"导弹"。我要用"导弹"阻止"敌人"的攻打。

在研究者的引导下，小清的思路变得清晰，他知道应该怎么画游戏故事了（见图1-4）。虽然小清画的城堡和实际搭建的城堡有差别，但是小清在之后的分享活动中，能够根据画面内容清楚陈述出游戏的主要内容。其他小朋友看到他画的游戏故事时，也记起了游戏的细节，并与小清一起讨论了游戏的细节和当时玩游戏的感受。

图1-4 小清在建构游戏后画的游戏故事

2.在区角活动中开展角色游戏，增进幼儿之间的交流

该班在开展区角活动时，经常会开展角色游戏活动。在区角环境布置中，老师总共布置了医院、商店、银行这三个场景。这三个角色游戏场景是相互联系的，幼儿需要去银行取钱后，才能到商店买东西、到医院看病。老师为幼儿创设了想说、敢说、有机会说的良好环境，引导幼儿进行角色扮演，让幼儿创造性地反映生活经验，有效促进幼儿自由交谈，发展幼儿的思维，提高幼儿的语言表达能力。

以下为某次区角活动中开展角色游戏活动时研究者的观察记录：

2020年11月17日小汐在银行的交流片段：

小汐和另一个女生在今天扮演了银行柜员。银行内没有可以记账的工具，因此她们自己做了记账本，以记录来取钱和存钱的人的交易。

幼儿1：你好，我要取钱，要怎么取呢？

幼儿 2：你要有银行卡，有了卡才能取钱。

幼儿 1：那么，我要办卡。

小汐：在我这里办卡。这是你的卡（小汐从旁边拿出一张自己做的"银行卡"）。你需要把卡放在这里，然后设置密码。

幼儿 1：好的。（输入密码）那么，我现在可以取钱了吗？

幼儿 2：可以了。你要取多少钱？

幼儿 1：我要取 10 元。

小汐：好的。你把卡放到取款机上，输入密码就可以取钱了。

从上述观察记录的这个角色游戏中可以发现，几名幼儿都进入了自己的游戏角色中。幼儿玩角色游戏，其实需要利用自己的已有认知、生活经验，去完成自己的角色扮演。幼儿会将自己生活中的所见所闻表现到自己的游戏中。比如，小汐将去银行取钱需要用到银行卡、刷卡需要密码等细节运用到自己的游戏中，并在之后画游戏故事时将这一场景画了出来。另外，角色游戏为幼儿提供了语言交流的机会。在扮演角色的过程中，幼儿会模仿成人的语言。模仿是幼儿学习语言的主要方式。在不断地模仿中，幼儿会不断丰富自己的语言知识，提高自己的语言表达能力。一方面，角色游戏促进了幼儿大胆与他人交流，发展了幼儿的语言表达能力；另一方面，幼儿通过学习、模仿他人的语言，掌握了一定的词汇，语言逻辑性也不断增强。

研究者对幼儿进行多次干预后发现，幼儿比较喜欢玩角色游戏。在游戏过程中，幼儿沉浸于自己扮演的角色，仿佛自己就是所扮演的角色，利用自己的生活经验，积极参与游戏。他们将在生活中看到的、听到的在游戏中展现出来，努力完成自己在游戏中的任务。因此，他们认真完成游戏之后，在画游戏故事时，有很多能够画的内容。在分享游戏故事的过程中，幼儿看到画面就仿佛回到了游戏中，能够将游戏细节、对游戏的感受用语言表达出来。幼儿在不断进行语言表达的过程中也锻炼了思维能力，增强了语言逻辑性。

干预过程：

在一次角色游戏活动中，萱萱和小汐变身成了公主，穿上漂亮的衣服去参加舞会。在游戏结束后，研究者让幼儿画了游戏故事。萱萱用游戏故事记录了她们玩的角色游戏，并且在之后的分享、交流活动中，和小汐一起不断补充故事内容，谈自己的感受。

研究者：萱萱穿得这么漂亮，打算去哪里？

萱萱：我要和小沙一起去参加舞会。

小沙：对。我们穿上了很漂亮的公主裙，还戴了皇冠。

研究者：你们化妆了吗？

萱萱：我们涂了睫毛，画了眼影，还涂了口红。

小沙：还画了腮红。我们是在这里化妆的。这里有化妆台。我们还在这里换了衣服。我穿的是公主裙，这条裙子有很多层。

研究者：化妆的地方我们可以叫它化妆间，换衣服的地方叫更衣室。我看到房间里面还有一个小女孩儿。你们是在和谁一起玩？

萱萱：安旗。她也去参加舞会。但是她动作太慢了。我们已经全部弄好了，她还没出来。

研究者：你们在舞会上玩了什么？

小沙：吃了很多漂亮的蛋糕，喝了饮料，还跳了舞。

　　在这次角色游戏中，虽然幼儿的角色是假装出来的，但是幼儿都非常投入地进行游戏，仿佛假装的所有游戏角色都真实存在。幼儿全身心投入游戏中，在之后的游戏故事分享活动中有话可说，并且能够做到讨论、补充故事内容，这有利于促进幼儿思维能力的发展（见图1-5）。

图1-5　萱萱开展角色游戏后画的游戏故事

　　3. 开展绘本阅读活动，促进幼儿语言、思维发展

　　绘本是以绘画为主并附有少量文字的图书。绘本不仅是讲故事、学知识的工具，还是帮助孩子构建精神世界、培养孩子多元智能的媒介。绘本以图画为主，

且图画内容丰富、有情节性，符合幼儿需要借助具体形象来进行语言学习的特点。另外，绘本能够促进幼儿想象力、逻辑思维能力以及记忆力的发展。比如，幼儿对绘本中留白、省略的内容会展开联想和想象，再通过语言表达出来。在这一过程中，幼儿锻炼了自己的思维能力和语言能力。语言依赖思维的不断发展而变得丰富，思维通过语言的不断丰富而得到发展。

以下是 2020 年 12 月 2 日绘本阅读活动中阿轩向伙伴分享自己阅读内容的片段：

阿轩：你看这里有一个小女生，还有一个小男生。

幼儿 1：这个可能是他的爸爸。（翻了一页）

阿轩：他是一个树叶人。这么多树叶组成了一个人的样子。

幼儿 1：我觉得他是一个小树妖。

阿轩：不是不是。他和他们一起玩，就是小树人，不是树妖。树妖不和人一起玩。这是在森林里面。你看，有鸟、有松鼠，有这么多动物。

幼儿 1：好吧。咦？这是什么？

阿轩：是这个小女生发现小男生了。他们在玩躲猫猫呢！他们躲进树洞了。

研究者从上述绘本分享活动中发现，两名幼儿在不断交流中进行绘本内容分享。阿轩在本次绘本分享活动中一直处于兴奋状态。由此可以看出，他选的绘本是他比较喜爱的绘本。另外，阿轩是在不断思考中进行分享的。他能仔细聆听伙伴的想法，并能在思考过后提出自己的不同看法，而不是一味地同意他人的想法。这说明他的思维一直处于活跃状态，他能够将自己语言系统中的不同词句重新组织成具有逻辑性的语言输出。在幼儿绘本阅读中，教师应有意识地促进幼儿的语言与思维的协同发展。教师在锻炼幼儿语言能力的同时应不断发展其思维，以帮助幼儿提高对事物的理解能力和语言能力。

4. 利用游戏故事，提升幼儿的语言能力

在游戏故事绘画叙述过程中，幼儿的语言表达与他们绘制的游戏故事内容有关。游戏故事内容反映了幼儿的游戏过程。因此，幼儿的语言表达与游戏过程息息相关。另外，不同幼儿在游戏中拥有不同的情境。幼儿可以通过不同的游戏情境去感受语言的变化。游戏丰富了幼儿的语言环境。少部分语言表达能力较弱的幼儿在这样的语言环境中也会受到积极的影响，慢慢主动与周围伙伴、老师进行交流，从而克服恐惧、焦虑的心理，增强自我效能感，积极参与游戏并学会积极表达。

（1）通过游戏故事增强幼儿语言的逻辑性。幼儿具有较强的模仿能力，并且学习新东西的能力也特别强。教师注重对幼儿逻辑思维能力的培养，有利于在培养幼儿思维能力的同时，增强幼儿语言的逻辑性，提高幼儿的语言表达能力。教师可先让幼儿做游戏，然后让他们叙述自己的游戏故事。由于游戏是幼儿经历过的，所以幼儿对要叙述的游戏故事内容是清楚的。教师需要帮助幼儿厘清叙述的逻辑，让幼儿能够有序地叙述自己的游戏故事。

以下是某次游戏故事绘画过程中研究者的观察记录：

2020 年 12 月 29 日幼儿画自己的游戏故事活动片段：

研究者：樱桃今天都画了什么？

樱桃：我今天想画老师教我们做灯笼、早上晨练，还有早上户外活动时我们玩的那个爬梯（见图 1-6）。

图 1-6　樱桃的游戏故事

研究者：你还记得老师的灯笼是怎么做的吗？

樱桃：先准备两张纸，一张大一点儿，一张小一点儿。然后把大点儿的那张纸对折，从不张嘴巴的那边剪，不能剪断，剪成一条一条的，把剪好的这张纸长的那边对齐贴到小一点儿的那张纸上。然后把贴好的这张纸短的一边贴在一起，再贴上自己喜欢的长条作为灯笼的提手就行了。

研究者：樱桃好棒，记得这么清楚。

从上述观察记录中可以看出，樱桃的逻辑思维能力有所发展。她能有逻辑地将自己想要表达的内容表达清楚。只是在叙述过程中，樱桃对连词的使用不是特别熟练。她在叙述过程中只用"然后"这些简单的连词来连接自己的语句。因此，教师需要抓住教育机会，在平时的游戏活动中丰富幼儿的词汇，增强幼儿的语感。比如，在绘本阅读活动中，教师可以给幼儿讲述绘本内容，或者让幼儿自己讲述绘本内容。这一方面可以丰富幼儿的词汇，增强幼儿的语感，另一方面可以增强幼儿的自信心和勇气。

研究者对幼儿进行干预，有目的地引导幼儿先梳理清楚自己想要表达的内容，然后让幼儿在脑海中对想说的话进行顺序排列，再让幼儿将内容表达出来之后，发现在不断训练的过程中，幼儿的语言逻辑性不断增强。幼儿知道了并不是想到什么就立刻表达出来，而应该先组织好语言，再进行表达。这样，听者才能明白说话者表达的内容具体是什么。

干预过程：

在某次游戏故事分享活动中，小汐向他人分享了扎染课的内容。

小汐：今天上午和下午我们都去扎染了。

研究者：那么，上午和下午你们都学到了什么？

小汐：今天早上老师给我们每人发了一块布。我们先将布捆起来，把布捆成自己想要的形状之后，就把捆好的布放到了颜料里面。下午，老师将我们上午放到颜料里的布全部拿了出来，然后让我们把捆在布上的绳子全取了下来，最后让我们把做好的扎染布挂在架子上（见图 1-7）。

图 1-7　小汐的游戏故事

研究者引导幼儿按照时间顺序将上午和下午自己的学习内容说出来。幼儿需要回忆那天自己做了什么，并将经历的事情用语言表达出来。幼儿需要不断思考，先在脑海里将语言排序，然后表达出来，而不是想到什么就说什么。这样，在不断训练中，幼儿的思维能力、语言能力就会得到发展。

（2）利用游戏故事分享环节，培养幼儿的倾听能力。在游戏故事分享环节，教师给予幼儿与同伴交流的机会，创设了自由、开放的环境。幼儿在分享、交流的过程中，需要注意力集中地听他人的分享内容，才能从中获取有用信息，这能锻炼幼儿的倾听能力。

以下是2020年12月29日游戏故事分享活动中研究者的观察记录片段：

当天老师教幼儿做了灯笼，因此很多幼儿画了当天老师教他们做灯笼。萱萱画完之后，和研究者分享了她的游戏故事。

萱萱：老师，快看我的游戏故事。第一张图画了今天Y老师教我们做灯笼；第二张图画了我们在吃午点，今天的午点是饺子，非常好吃，我很喜欢吃；第三张图是我们在晨练，我和安旗在跳汽油桶；第四张图是我们在玩毛毛虫（见图1-8）。

图 1-8　萱萱的游戏故事

研究者：毛毛虫怎么玩呢？

萱萱正要说，站在旁边的小郭迫不及待地要讲述毛毛虫是怎么玩的。

小郭：就是我们一起坐到一个凳子上，然后……

研究者：好的。小郭，我现在提问的是萱萱，你先听萱萱说完。如果她有什么没有说到，你再补充，好不好？

小郭：好的。

萱萱：就是我们一起坐在凳子上，要抬着凳子往前走，绕到一个汽油桶那边。

研究者：小郭，萱萱说完了，你还有要补充的吗？

小郭：没有。就是需要抬起凳子，然后往前走。凳子要所有人一起抬，不然抬不起来。

研究者通过上述分享活动发现，有很多幼儿表现欲过强，不听别人说了什么内容，就随便打断别人说话。因此，在游戏故事分享的过程中，教师应该抓住教育机会，提醒幼儿学会倾听，等别人说完以后再补充发言或者发表自己的观点。教师也要提醒幼儿，即使听到别人发言有错误，也要先听完别人的发言，再发表自己的观点。这样简单地提醒能让幼儿明白倾听和表达是同样重要的，只有仔细倾听，才能从他人的交流中获取有用信息，并提供有用信息。

研究者进行多次游戏干预后发现，由于游戏故事的内容是与幼儿息息相关的，所以一些幼儿也会参与其他幼儿的游戏故事分享。一些幼儿在听别人叙述游戏故事的过程中感同身受，也会参与分享活动。这样，他们的倾听能力也增强了。

5. 利用分组交流活动，加强幼儿之间的相互影响

在游戏过程中，教师可以将游戏能力较弱、语言表达能力较弱的幼儿和游戏能力较强、语言表达能力较强的幼儿分成一组，并引导小组内的幼儿相互交流意见、看法，让语言表达能力较弱的幼儿主动参与游戏过程。在游戏结束后，由于幼儿还处在之前的游戏氛围中，所以大部分幼儿都愿意说，并且说得很多。在后面的游戏故事分享环节，幼儿可以通过倾听他人的分享来丰富自己的游戏经验。在不分组的游戏故事分享中，教师需要一个一个地展示幼儿画的游戏故事，幼儿再一个一个地讲述游戏故事，这会占用较长的时间。这样，有些幼儿会因为轮不到自己分享游戏故事，削弱一开始的热情，注意力也慢慢分散。教师在游戏故事分享环节进行分组，可以节约很多时间，让每个幼儿都能参与其中，增强幼儿的参与感，同时发展幼儿的语言表达能力。

以下是 2021 年 1 月 5 日小组进行建构游戏时研究者的观察记录片段：

幼儿1：你们两个再去那边拿点儿这种长条形的东西过来。

（研究者通过观察发现，三名幼儿属于一个小组，其中一名幼儿负责搭建，另外两名幼儿负责搬运各种材料）

幼儿1：这边要把这个长条形的搭过去，搭一个围墙在外面，然后那边要留一个门。

（一名幼儿说完以后，另外两名幼儿按照这名幼儿的要求，开始搭外面的围墙。搭完围墙后，小汐拿了一个圆柱形的积木搭到中间搭好的"建筑物"上）

幼儿1：你干什么？为什么要把这个放到这里？

小汐：我觉得这个放在这里比较好看，可以当作一个柱子。

幼儿2：我也觉得这样好看。

幼儿1：你们负责帮我拿材料就行。你们不知道我要搭什么。

小汐：你要搭的是什么样子的，你和我们说，我们就知道了。

（小汐说完以后，幼儿1就开始向其他两名幼儿说自己的设计图）

研究者通过本次游戏活动发现，在分组进行游戏活动时，幼儿由于处在自己创设的环境中，所以能够更加投入地参与游戏活动讨论，并在讨论中提出自己的想法。由于分组进行游戏，在幼儿的互相影响下，每个幼儿都能够积极地参与游戏活动，并在之后的游戏故事绘画环节中为游戏故事添加了丰富的情节。

研究者经过多次干预发现，将一起进行游戏的幼儿分在一组，让他们分享游戏故事，有利于其他人知道分享者游戏故事中的细节。当听到分享者讲述游戏故事时，他们仿佛回到了游戏中，能够在别人的分享中感同身受，对别人的游戏故事进行补充并谈及自己的感受。在不断补充游戏故事的过程中，幼儿能够开阔思路，能够想到更多值得分享的内容。幼儿相互影响，共同得到发展。

干预过程：

在某天放学前，研究者组织幼儿画了游戏故事。小郭画的是当天参加体育活动的场景（见图1-9）。几名幼儿在分享游戏故事的过程中展开了激烈的讨论。

图1-9　小郭参加体育活动后画的游戏故事

小郭：今天L老师带我们出去活动了。我太累了，不过非常开心。

研究者：你们出去玩了什么？

小郭：L老师带我们先做了简单的运动，抬抬手，动动脚。

幼儿1：那叫作热身运动。

小郭：对，对，先做了热身运动。然后L老师带我们一起跳操。他在前面跳，我们在后面学。

研究者：你还记得老师教了哪些动作吗？

小郭：我有点儿忘记了，好像是……（小郭开始跳操。旁边听他分享的小朋友看到了之后，也跟着一起跳了起来）

研究者：小郭还是记住了跳操的内容了。你们除了跳操，还做了什么游戏吗？

小郭：没有玩游戏。

幼儿2：我们没有玩游戏。但是L老师给我们讲了一个故事。

（幼儿2将老师讲的故事重述了一遍。虽然有些内容幼儿2记不清了，但是在其他小朋友的提醒下，幼儿2顺利地将这个故事讲完了）

在小郭进行游戏故事分享的过程中，其他小朋友认真听他分享，并在他分享中发现他描述不清楚的内容，进行补充说明。在幼儿相互影响下，班中幼儿的积极性被调动起来。

（二）基于游戏故事培养幼儿的语言表达能力的个案干预效果评定

1. 对语言表达能力较弱的两名幼儿的干预效果评定

（1）小清的语言表达能力评定：

①小清的语言表达能力总体发展趋势。通过为期7周的游戏故事干预，研究者共收集了12篇游戏故事。研究者采用《多彩光谱测评表》对小清每次的游戏故事分享进行测评，对小清每次的语言技能进行记录、打分，并从6个方面进行测评，每个方面有3个等级，满分为18分。图1–10是研究者根据收集到的数据进行统计，得出的小清的游戏故事分值变化情况图。

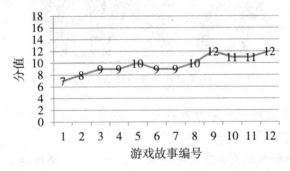

图1–10 小清的游戏故事分值变化

从图1–10中可以看出，小清的语言表达能力总体呈不断发展的趋势，到后期处于比较稳定的状态。

②小清语言表达能力各方面的变化。小清语言表达能力各方面都有变化，如小清语言表达能力在对主要事件的描述和扩展、词汇量的增加、词语复杂性和详细程度等方面都有了发展，但是发展得不是特别明显，并且有一定的不稳定性。以下是小清语言表达能力变化最为明显的几个方面：

a. 参与活动的主动性、积极性。在接受干预之前，小清不是特别爱参与集体交流活动。基本上老师点到他的名字，他也不会去交流。老师问一句，他回答一句。研究者对小清进行一段时间的干预后，小清参与活动的积极性在不断增强。图 1-11 是研究者根据小清的游戏故事分享活动，得出的小清参与活动积极性的分值变化图。从图 1-11 中可以看出，小清在接受游戏故事干预后，参与活动的积极性、主动性有所提升。到了后期，他虽然大多数时候需要老师提醒才会参与活动，但是偶尔会主动回答问题，进行分享、交流。在干预期间，研究者为小清提供自由表达的环境，在小清进行区域活动时，与小清进行交谈，了解小清的兴趣。研究者与小清一起游戏，拉近与小清的距离，消除小清与研究者交流的压力。研究者和小清拉近距离之后发现，小清和熟悉的人会主动交流，但是在集体活动中还是会害羞，不会特别主动地进行分享。总体来说，小清在参与活动主动性、积极性这方面的变化是比较明显的。

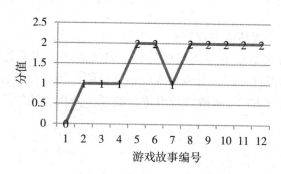

图 1-11　小清参与活动的主动性、积极性的分值变化

b. 讲述的连贯性。研究者对小清的游戏故事语言样本进行分析，如 2020 年 12 月 8 日的游戏故事语言样本："马上要举行运动会了。最近我们每天都在练习运动会的项目。我在运动会上要参加拍球项目，每天下午都要去练习拍球，每天拍完球都特别累。"从小清的叙述中可以看出，虽然他对事件没有进行细节描述，在句子之间没有使用连词进行连接，但是他已经能够用简单的语言将自己想要表达的内容表达清楚，并且所表达的每个句子之间都有一定的关联性，不像干预前期在讲述过程中出现断断续续的情况，有时候甚至讲述不下去，用"嗯……嗯"

来继续说，或把前一句重复很多遍。在干预期间，研究者在幼儿进行游戏故事分享时，多让幼儿进行分享，并引导幼儿在平时的活动中多积累词汇。词语是语言的建筑材料。幼儿扩大了词汇量，就可以提高语言表达能力。另外，学前幼儿喜欢模仿。教师是幼儿经常接触的群体，教师的一言一行深受幼儿的关注，因此教师的语言表达也会对幼儿的语言表达产生很大的影响。所以，教师需要注意使用规范的语言，在平时说话的时候，需要做到恰当地使用词语，使语句、语法正确，做幼儿的表率。

c.小清的情绪、情感表达增加。通过一段时间的游戏故事干预，研究者发现，小清在进行游戏故事分享时，不再局限于对游戏故事过程的叙述，而会把自己做游戏时的心情以及游戏过后的感受用语言表达出来。比如，在"运动使我快乐"活动中，小清在游戏故事分享环节是这么讲述的："我有很多喜欢的运动，有跳弹簧，跨栏，还有在垫子上爬。其中，我最喜欢的运动是跨栏，因为跨栏需要一边跑一边将脚抬高，我在进行这个运动时非常开心。特别是和别人一起比赛跨栏时，我赢了之后更开心。"从小清的这段分享中可以发现，他在交流中，语言表达的各个方面都有所提升，能够将自己在游戏中的感受用语言表达出来。这也体现了游戏故事在绘画、分享、交流的过程中，有利于促进幼儿进行情感表达。

（2）小汐的语言表达能力评定：

①小汐的语言表达能力总体发展趋势。研究者用《多彩光谱测评表》对小汐的语言表达能力进行测评，共测评6项语言技能，每项技能分3个等级，满分18分。研究者对小汐的12篇游戏故事进行测评、分析，她的游戏故事分值变化如图1-12所示。

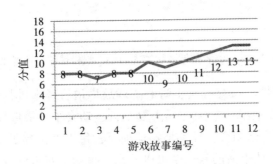

图1-12 小汐的游戏故事分值变化

从图1-12中可以看出，小汐的语言表达能力在前期变化不是特别明显，到了中后期开始发生明显变化。

②小汐语言表达能力各方面的变化。小汐的语言表达能力在前期的测评中最为明显的不足是她并不愿意在别人面前表达自己的想法，参加活动也不积极。研究者对小汐进行一段时间的游戏故事干预后，发现小汐逐渐在活动中表现得积极。以下是小汐接受一段时间的干预后，语言表达能力变化最明显的两个方面：

a.参与活动的主动性、积极性。图1-13为小汐参与12次游戏故事分享活动的主动性、积极性的分值变化图。从图1-13中可以发现，小汐在前几次游戏故事干预中，在分享环节中并不是特别积极，大部分时候即使教师提醒，她也不会分享游戏故事，或者随便用简单的一两句话进行游戏故事介绍。但是通过角色游戏中的交流、多次游戏故事活动的训练，小汐参与活动的积极性有所提升。在后期，即使教师不提醒，小汐也会主动参与分享活动。结合小汐游戏故事的分值变化可以发现，随着小汐参与活动的积极性的提升，她的语言表达能力得到了提高。

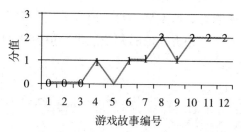

图1-13　小汐参与活动的主动性、积极性的分值变化

b.词汇量有所增加。小汐接受一段时间的游戏故事干预并参加绘本分享活动后，她的词汇量不断增加。比如，在一次活动中，教师让幼儿画出自己想象中的月球（见图1-14）。小汐在分享中说："我画的是一个宇航员坐着火箭到了月球上面。他手里拿了一面中国国旗。月球上面有很多像小火山一样的山。他在月球上可以看到地球。"从小汐的分享中，研究者发现小汐的语言比之前好了很多。随着生活经验和词汇量的增加，小汐在描述自己的绘画作品时比之前描述得更加细致，能对细节展开详细描述。在干预期间，研究者注意让幼儿积累词汇，每天幼儿都会阅读绘本。研究者让小汐分享自己的绘本内容，一方面有利于提高小汐的口头表达能力，另一方面能增加小汐表达的机会，让她不再害怕在集体中表达自己的想法。

图 1-14　小汐想象中的月球的绘画作品

2.对语言表达能力中等的两名幼儿的干预效果评定

（1）阿轩的语言表达能力评定：

①阿轩的语言表达能力总体发展趋势。研究者用《多彩光谱测评表》对阿轩的语言表达能力进行测评、分析，他的游戏故事分值变化如图 1-15 所示。

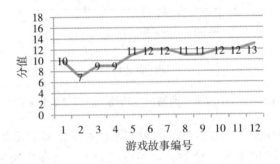

图 1-15　阿轩的游戏故事分值变化

从图 1-15 中可以看出，阿轩的语言表达能力在前期有明显的变化，到了中后期基本稳定。

②阿轩语言表达能力各方面的变化。阿轩接受干预之前，语言表达能力各方面都处于中等水平。他是一个比较害羞的孩子，在接受干预之前基本不会主动进行分享、交流，除非老师点到他的名字。接受一段时间的干预后，他的语言表达能力的各方面都有变化。以下是阿轩的语言表达能力变化最为明显的两个方面：

a.参与活动的主动性、积极性。研究者对幼儿进行一段时间的干预后，发现几名幼儿都在参与活动的积极性这一方面有明显的变化。图 1-16 是阿轩参与活动的主动性、积极性的分值变化图。从图 1-16 中可以发现，到了中后期，阿轩偶尔会积极参与分享、交流活动。

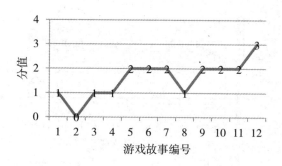

图 1-16　阿轩参与活动的主动性、积极性的分值变化

b. 口头叙事能力提高。研究者对阿轩的游戏故事分享文本进行分析。比如，在某次建构游戏之后，阿轩将自己搭建的成品画了出来（见图 1-17），并对自己的游戏故事进行了分享："这是我搭的一个五彩的城堡。城堡里有很多宝藏。这个人准备去城堡里寻宝。你看他还开了一辆小汽车来。"从阿轩的游戏故事文本中可以发现，阿轩能够将自己的游戏成果表达出来，并将自己想象中的事情用语言表达出来。虽然阿轩描述得不够细致，并且语句的逻辑关系不够清晰，但是他能够将自己脑海中的内容用语言表达出来。

图 1-17　阿轩的游戏故事

（2）樱桃的语言表达能力评定：

①樱桃的语言表达能力总体发展趋势。研究者用《多彩光谱测评表》对樱桃的语言表达能力进行测评、分析。图 1-18 是樱桃在游戏故事干预中的分值变化图。

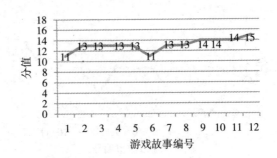

图1-18　樱桃的游戏故事分值变化

从图1-18中可以看出，樱桃的语言表达能力总体处于稳定状态。

②樱桃语言表达能力各方面的变化。总体来说，樱桃的语言表达能力通过一段时间的游戏干预之后，变化不是特别明显，各方面都处于稳定状态，到了中后期才开始有了一定变化，如参与活动的积极性、对主要事件的细节描述等到了中后期才开始有所发展。以下是研究者对幼儿进行干预一段时间之后，樱桃语言表达能力变化最为突出的两个方面：

a.语言的逻辑性。接受一段时间的干预后，樱桃叙述事件时的语言的逻辑性有明显提升。比如，在某次语言活动中，教师问幼儿为什么认为烟花爆竹是危险的，樱桃给出的答案是"烟花爆竹可能会炸到我们，可能会伤到小朋友的手或者头"。从樱桃给出的答案可以发现，樱桃在回答问题时，对语句的因果关系有了思考，虽然没有用连词连接前后句子，但是能够将句子有序地说出来。在干预期间，研究者利用游戏故事来增强樱桃的思维逻辑性。幼儿可以将自己的整个游戏过程按照时间顺序表现在画面上。在幼儿绘画的过程中，研究者让幼儿厘清事件发生的前后顺序。在之后的语言表达中，幼儿根据游戏故事绘画内容来叙述游戏故事，能够使语言具有逻辑性。

b.对事件的描述越来越详细。接受一段时间的游戏故事干预后，樱桃对主要事件的描述越来越多。图1-19为樱桃对游戏故事细节描述的分值变化图。从图1-19中可以看出，接受游戏故事干预一段时间后，樱桃可以对事件进行详细描述，并且能对重要事件进行重点阐述。比如，在某次游戏故事分享中，樱桃是这样说的："冬天到了，树叶全部掉光了。今年冬天如果下雪了，我想要堆一个大大的、高高的雪人，然后给它戴上一顶帽子。"从樱桃的分享中可以发现，她不仅能够将自己的游戏故事画面内容描述出来，还能对画面中的内容进行扩展，对游戏故事进行详细描述。她在描述自己想象中的雪人时，能够用一些常见的形容词来修饰雪人，如"大大的""高高的"。

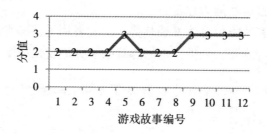

图 1-19　樱桃对游戏故事细节描述的分值变化

3.对语言表达能力较强的两名幼儿的干预效果评定

（1）小郭的语言表达能力评定：

①小郭的语言表达能力总体发展趋势。研究者用《多彩光谱测评表》对小郭的语言表达能力进行测评、分析，他的游戏故事分值变化如图 1-20 所示。

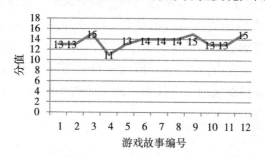

图 1-20　小郭的游戏故事分值变化

从图 1-20 中可以发现，小郭的游戏故事分值总体较高，但是研究者对他进行几次游戏故事干预后，他的游戏故事分值波动比较明显。

②小郭的语言表达能力各方面的变化。小郭在接受干预前，语言表达能力各方面都处于中等偏上的水平，语言表达能力各方面的变化都不是特别明显。但是在干预之前，研究者发现小郭倾听能力较弱，很多时候没听清问题或者不等别人说完就急着给答案，表达不在点上。经过一段时间的干预，研究者发现小郭的倾听能力有所提升。倾听能力是幼儿语言表达的基础。幼儿通过仔细倾听，能够从别人的对话中提取有用信息，也可以在倾听中学习他人的语言。在游戏故事分享过程中，研究者有意识地引导幼儿注意倾听别人的分享，并请小郭在别人分享的基础上阐述自己的观点。从小郭的游戏故事分值变化图中可以发现，随着倾听能力的提高，他的语言表达能力也有所提高，他回答问题、分享游戏故事内容也更具有针对性。

（2）萱萱的语言表达能力评定：

①萱萱的语言表达能力总体发展趋势。研究者用《多彩光谱测评表》对萱萱的语言表达能力进行测评、分析，她的游戏故事分值变化如图 1-21 所示。

图 1-21　萱萱的游戏故事分值变化

从图 1-21 中可以发现，萱萱的语言表达能力基本保持稳定状态。

②萱萱的语言表达能力各方面的变化。萱萱的语言表达能力在班中一直是比较高的。平时她能够积极主动地回答老师的问题，在分享活动中能主动进行分享。在她的影响下，研究者选取的另外几名幼儿，特别是平时不特别积极主动的那几名幼儿，渐渐变得积极起来。接受一段时间的干预后，萱萱在表达自己的想法时，语句之间的逻辑性有所增强。

四、研究结论和建议

（一）研究结论

1. 游戏故事促进幼儿语言发展的优势

（1）游戏故事为幼儿提供了语言表达的环境，能调动幼儿的积极性。幼儿的语言表达能力十分重要，其对幼儿之后的学习、发展起到至关重要的作用。在幼儿语言学习的过程中，环境是影响幼儿语言能力提升的重要因素。良好的交流环境能够真正使幼儿进行听与说。[①] 游戏故事体现的是幼儿游戏的各个环节。幼儿在分享游戏故事的过程中能够结合自己的游戏经历，表达自己的游戏感受。因此，幼儿语言表达能力就与游戏环节紧密联系在一起。教师可利用游戏故事，为幼儿提供良好的语言表达环境，让幼儿在做游戏、画游戏故事、分享游戏故事等环节进行语言表达。在这样的环境中，幼儿能够消除内心的焦虑感和恐惧感，自

---

① 刘揾建：《论幼儿语言环境对幼儿语言发展的影响》，《语文建设》2013 年第 15 期。

然而然地进行语言表达。另外，受到周围伙伴的影响，不爱表达或者不爱回答问题的幼儿也能够参与游戏活动，表达自己的感受。

（2）游戏故事能够促进幼儿逻辑思维能力的发展。逻辑思维的基本规律是人们在不断实践过程中概括出来又在实践中得以证明的，对思维和语言表达起到制约和指导的作用。[①] 思维对一个人来说是非常重要的，体现了一个人对客观事物的理解。语言是思维表达的一种途径，思维的发展决定了语言能力的发展。学前期是幼儿语言能力发展的关键期，思维的发展能够有效地促进幼儿语言能力的发展。游戏故事体现了幼儿的游戏过程。幼儿画游戏故事时，需要回忆自己的游戏过程。在回忆、画游戏故事的过程中，幼儿能够厘清自己的思路，厘清事件发生的先后顺序。这样，在之后的游戏故事分享环节，幼儿就能够清楚、有序地将自己想要表达的内容表达出来，减少前言不搭后语的情况。

（3）游戏故事能够为幼儿提供丰富的交流内容。研究者对幼儿进行一段时间的干预、观察之后发现，幼儿会随着时间的推移而逐渐遗忘游戏过程中的细节，对游戏的感受也不会像刚结束游戏时那样清晰。在增加画游戏故事环节后，幼儿能够及时将自己游戏中的各个环节记录下来，增强对游戏的感受。在之后的游戏故事分享中，幼儿向他人分享自己的游戏内容，表达自己的游戏感受。同伴可以在幼儿的分享中获取有用的信息。这些信息可以让幼儿在讨论的过程中发现问题，并针对问题进行思考。游戏故事为幼儿分享、交流提供了很多素材。在整个游戏故事绘画、分享过程中，幼儿用游戏故事来记录自己的游戏内容和游戏感受。

2. 在语言活动中运用游戏故事的难点

游戏故事在学前教育领域的运用越来越广泛。很多教师将它作为观察幼儿的一种工具，很少将它运用到幼儿语言活动中。教师要将游戏故事运用到幼儿语言活动中，需要花费大量时间和精力去了解每个幼儿的发展需求，根据幼儿的需求去制订不同的教学计划。在游戏故事活动开展期间，教师需要花费大量的精力去仔细观察幼儿，并根据幼儿的发展变化随时调整自己的教学计划，以促进幼儿更好地发展。在游戏故事分享环节中，每个幼儿都要对自己的游戏故事内容展开讲述，这一环节需要大量的时间才能完成。在分享游戏故事的过程中，有些幼儿会因为一直没有轮到自己而注意力分散。因此，教师需要仔细观察，适时对幼儿做出提醒，让幼儿能够集中注意力，仔细倾听。研究者让幼儿画游戏故事时发现，一部分幼儿由于绘画水平不高，无法用画游戏故事的方式呈现自己想要画的内

---

① 李恩江：《思维和语言表达的逻辑性刍议》，《编辑学报》1991年第2期。

容，于是选择模仿身边伙伴的绘画内容，把伙伴画的游戏故事当成自己的游戏故事，因此出现了重复的画作。面对这样的幼儿，教师需要给予他们尊重与鼓励，让他们能够大胆地将自己想要画的内容在纸上进行呈现，帮助他们学会把游戏故事画出来。

（二）建议

1.在幼儿参与游戏活动时，应增强幼儿的游戏体验

《3～6岁儿童学习与发展指南》指出："幼儿的学习是以直接经验为基础，在游戏和日常生活中进行的。要珍视游戏和生活的独特价值，创设丰富的教育环境，合理安排一日生活，最大限度地支持和满足幼儿通过直接感知、实际操作和亲身体验获取经验的需要。"每个幼儿的游戏故事都是根据自己的游戏内容画的。幼儿需要全身心投入游戏中，才能画出自己的游戏故事。在之后的游戏故事分享过程中，幼儿根据看到的画面就能想起当时玩游戏的感受，能够将游戏故事讲述出来，并超越游戏故事本身，进行扩展性描述。这有利于锻炼幼儿的语言表达能力。

画游戏故事和讲述游戏故事是符号化和去符号化的过程。幼儿将游戏故事画到纸上，最后用语言将游戏故事表达出来。首先，幼儿对游戏中的材料、环境、人进行符号化。比如，将几块木板搭起来，就建成了一座美丽的城堡。又如，幼儿把几个纸盒当作抽奖池，做一些抽奖并赢大奖的游戏。幼儿做这些游戏的过程其实就是将事物符号化的过程。幼儿在做游戏时，可以将周围的事物作为游戏材料，根据游戏情节的需要，对不同的材料进行运用。其次，幼儿将自己的游戏内容画在纸上，也是一种符号化的过程。最后，幼儿根据绘画内容讲述游戏故事，是一种去符号化的过程。他们将绘画符号转化为回忆和语言，在此过程中需要思考怎样才能有逻辑地将游戏故事讲述出来。教师要为幼儿提供丰富的游戏材料、开放的环境和充足的时间，让幼儿能够全身心投入游戏中，增强他们的游戏体验，让他们感受游戏的快乐，使他们在之后符号化与去符号化的过程中能够有内容去转化。教师这样做能够使整个游戏顺利进行，并让幼儿在游戏中得到满足，帮助幼儿运用游戏故事增强自己对游戏的感受。

2.在分享、交流环节中，充分发挥榜样示范的作用

分享、交流环节是运用游戏故事提高幼儿语言表达能力的重要一步。从幼儿的心理发展特点可以发现，3～6岁幼儿喜欢观察周围的人、事、物，并喜欢模仿。尤其是大班的幼儿，他们通过不断模仿获得发展，不断将模仿的内容内化为自身的行为。因此，在分享、交流环节中，同伴的示范作用是非常显著的。幼儿通过观察他人的分享、交流，敞开自己的心扉，不再拘泥于自己的内心世界，不再惧怕在集体中交流。比如，萱萱的各方面能力都比较强，她在分享、交流环节中往往表现得比较积极。在她的带动下，其他幼儿的积极性也在不断提升。一些幼儿能够在其他幼儿分享游戏故事后，发表自己的观点，补充其他幼儿没有发现的精彩瞬间。由此可以发现，榜样的作用是非常大的。教师可以运用榜样的力量来不断激励幼儿向更好的方向发展。教师在分享、交流的环节中应该充分发挥同伴的榜样作用，激励幼儿向表现优秀的幼儿学习，让他们发现这些幼儿身上的闪光点，从而使他们在不断学习、模仿的过程中增强自身的能力。

3.仔细观察幼儿做游戏，将游戏中的问题抛给幼儿

对于每一位幼儿教师来说，观察是基本的技能，是了解幼儿的基础。在游戏开始前，教师需要观察幼儿，了解他们的游戏初衷。在幼儿做游戏时，教师要观察他们游戏过程中的各种"小插曲"。在之后的游戏故事分享环节，教师应将观察到的"小插曲"抛给幼儿，让幼儿回想游戏故事中的情景、回想自己当时是如何解决这些问题的。如果幼儿当时没有解决这些问题，那么在教师提醒后，他们应能通过画的游戏故事回想当时的情景，找到解决问题的办法。在幼儿做游戏、分享游戏故事的过程中，教师起到了重要的作用，通过观察幼儿的游戏行为，能够将幼儿的游戏故事与分享活动相结合，让幼儿有话可说，从而更好地促进幼儿语言表达能力的发展。

一方面，教师的观察应该具有目的性。教师不能盲目地看幼儿玩游戏。教师应该观察幼儿游戏活动的细节，聚焦幼儿学习品质的培养，引导幼儿深入思考问题并解决问题，通过观察促进幼儿更好地成长。另一方面，教师的观察应该具有延伸性。教师不应局限于观察幼儿做游戏、画游戏故事的表面情况，而应该深入挖掘其中存在的问题，和幼儿一起解决这些问题，引导幼儿实现实践、反思、改进、实践的良性循环，从而促进幼儿更好地发展。

第二章　增强幼儿科学探究自主性的项目教学行动研究

一、行动研究的过程

行动研究的正式实施始于 2021 年 10 月，结束于 2022 年 1 月，历时 3 个月。研究者在 A 幼儿园预观察一周以及与 T_1、T_2、T_3 老师交流后，根据 A 幼儿园的实际情况，调整行动计划，再进行为期 3 周的观察，并与 T_1、T_2、T_3 老师在先前设计活动方案的基础上进一步商榷、修改、探索适合 A 幼儿园的活动方案。本次行动研究计划主要由研究者制定、编写，由研究者在幼儿园教师的协助下完成。

（一）第一轮行动研究

考虑到研究的需要，研究者对合作教师开展了访谈，根据访谈的内容整理了访谈过程中具有代表性的访谈记录。本次访谈的目的是了解教师在教学中如何组织幼儿开展科学探究活动以及在科学探究活动中如何增强幼儿的自主性，从而更好地设计并开展教学活动。

访谈记录：

研究者：您关注的幼儿科学探究自主性主要表现在哪几个方面？为什么？

教师 1：我最关注的是幼儿的自主探究兴趣。兴趣是幼儿主动学习的前提和强大动力。幼儿身边的、熟悉的事物容易引起幼儿的兴趣，让幼儿对这些事物进行探究，能激发幼儿探究的欲望。不过幼儿的注意力容易分散和转移，幼儿的兴趣往往是短暂且不稳定的。所以，我更关注如何保护和维持幼儿的好奇心和兴趣，如何延长幼儿的探究时间，从而为他们提供丰富、有趣的探究工具和材料，等等。

教师3：我比较关心幼儿的实际需求。幼儿产生兴趣是以幼儿自身的需要为基础的。幼儿有什么需求，就会产生什么样的兴趣。比如，幼儿在风扇前说话，发现了声音的不同，就会重复发声，验证自己的发现。

研究者：针对幼儿科学探究自主性，您认为教师应如何更好地设计、开展项目教学？

教师2：我认为要关注项目教学的主题。有一些项目本身就能够激发幼儿的兴趣，有一些项目需要教师引导来激发幼儿的兴趣。比如，向幼儿介绍新项目时，可以将新项目和幼儿原有的经验相联系，结合幼儿的回忆和相似经历，激发幼儿的兴趣。

1.行动计划

在项目教学初期，教师的一项重要任务是发现幼儿的兴趣，思考幼儿在项目中会产生哪些新的兴趣。教师应当鼓励幼儿发展新兴趣。幼儿是教学活动的主体，幼儿对活动的兴趣非常重要。教师应在激发幼儿兴趣的基础上，引导幼儿与环境接触，使幼儿获得新经验。《3～6岁儿童学习与发展指南》指出，5～6岁幼儿在成人的帮助下能制订简单的调查计划并执行。研究者在与合作教师进行探讨的基础上，在第一次行动中制订以下计划：一是以幼儿的自主探究兴趣为基点，引导幼儿自主参与项目教学活动；二是关注幼儿学习、探究的过程，促使幼儿获得知识、经验；三是引导幼儿主动参与探究活动。一次偶然的发现引起了幼儿的兴趣和关注，于是研究者以"神秘的洞"为主题组织幼儿开展探究活动，激发幼儿的兴趣，帮助幼儿了解自己周围的环境，并且为幼儿提供应用知识和经验的机会（见图2-1）。

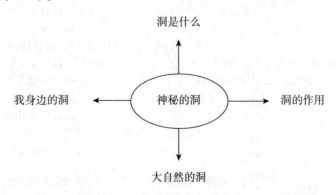

图2-1 教师预设的主题网络图

2.行动计划实施

以"神秘的洞"为主题实际开展的活动如表2-1所示。

表2-1　以"神秘的洞"为主题实际开展的活动

阶段	活动名称	活动目标	活动内容
项目启动	洞洞大调查	了解幼儿关于洞的原有经验和感兴趣的问题	（1）教师组织全班幼儿围绕"神秘的洞"展开小组讨论、全班讨论。父母与幼儿一起参与洞洞大调查 （2）教师记录幼儿讨论、感兴趣的问题及内容，以便于教师和幼儿共同构建新的主题网络图
项目实施	洞是什么	以小组的方式介绍自己发现的洞	（1）教师组织幼儿进行实地调查活动 （2）幼儿对自己的调查结果进行分享、交流
	大自然的洞：蚂蚁的洞	（1）了解住在洞里的动物 （2）了解蚂蚁巢穴的特点及各个室的作用 （3）学习观察与记录的方法	（1）教师利用绘本、图片、视频引导幼儿观察蚂蚁巢穴的特点、蚂蚁工作 （2）幼儿通过绘画记录自己对蚂蚁巢穴的认识
	我们身体的洞：牙齿的洞	（1）了解身上有洞的器官及其功能 （2）知道蛀牙产生的原因 （3）学习观察与记录的方法	（1）教师收集幼儿想要知道的关于牙齿的问题 （2）教师利用绘本、多媒体引导幼儿了解牙齿结构 （3）教师和幼儿共同探讨牙齿结构及作用 （4）通过图片让幼儿回忆、巩固新旧知识、经验
项目结束	主题墙	（1）完善已有经验 （2）回顾活动内容	教师和幼儿基于感兴趣的问题共同设计、装饰主题墙

（1）以幼儿的兴趣为起点，启动项目。

在幼儿园的户外自主游戏活动中，幼儿正在玩沙子。几个幼儿蹲在地上，正在讨论着什么。研究者走过去发现，幼儿都在观察地上的洞。

幼儿：老师，这是什么洞？

幼儿：老师，这个洞是谁的？

幼儿：老师，这个洞是谁的家吗？

幼儿：可能是蚂蚁的家。

幼儿：可能是老鼠的家。因为老鼠会打洞。

根据幼儿以上的讨论，研究者并没有以介绍性讨论的方式来引导幼儿，在与合作教师协商后，决定让幼儿父母参与项目并进行前期的调查工作。研究者在项目教学中鼓励幼儿父母参与项目的原因有以下三点：一是项目的主题可能是幼儿父母熟悉的，他们能够跟孩子进行知识、经验的讨论；二是父母可以询问孩子项目的进展，了解他们项目的主题，了解他们在进行什么样的活动、活动的结果如何；三是父母可以为幼儿提供图片、信息、实物等，从而帮助全班的幼儿获取与主题相关的知识、经验。

经过前期与父母一起进行洞洞大调查，多数幼儿已经具备了相关的经验。以下是幼儿介绍大调查时的讨论。

幼儿：超市里有很多洞。

幼儿：我们的玩具上也有很多洞。

幼儿：捞水饺的勺子上面有洞，啤酒箱上也有洞。

幼儿：家里面的洗手池里也有洞。

幼儿：有的洞可以发出声音。

幼儿：我发现有的洞是圆的，有的洞是长方形的。

幼儿：我在幼儿园的沙池发现了一个洞。

研究者尝试让幼儿参与主题网络图的构建，根据幼儿讨论的实际情况，结合幼儿原有的经验、兴趣，针对大班幼儿的特点，在幼儿的参与下，绘制了新的主题网络图（见图2-2）。

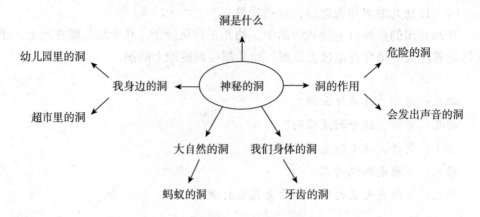

图2-2 教师和幼儿共建的主题网络图

（2）实施项目：让幼儿围绕"神秘的洞"进行自由探索。

①洞是什么。前期幼儿已经对洞具备了相关的经验。研究者决定在幼儿探究的过程中帮助幼儿充分了解自身的经验及周围环境，利用幼儿园的实际环境，增强幼儿仔细观察周围值得关注的现象的能力。

教师：洞是什么呢？

幼儿：能让水流进去，又能让水流出来的是洞。

幼儿：我发现了豆子的洞，这是最小的洞了吧。这只小虫子在打洞，在给自己造房子吗？它可以住在这个房子里面。

幼儿：洞就是像吸管一样可以吹气，然后气又可以从另一边吹出来。

幼儿：我们可以用洞去看到其他的东西，望远镜和万花筒就有洞。

幼儿：能穿东西的是洞，就像我妈妈的耳洞能戴上漂亮的耳环。

幼儿：我们的袖子也是洞，它能让手臂穿过去。

教师：生活中有很多洞。你觉得这些洞是安全的还是危险的呢？

幼儿：生活中有很多洞，流水的洞、门把手上面的洞、地上的洞。

幼儿：厕所里也有洞。

幼儿：这些洞对我们的生活很有帮助。

幼儿：乐器上的洞可以发出声音。

幼儿：可以把衣服塞进洗衣机里面的洞。

幼儿：洞有大有小。

教师：那么，不同形状的洞有什么作用呢？

幼儿：大洞能让手掌穿过去。

幼儿：小洞可以让我最小的小拇指穿过去。

在这一阶段的探究过程中，幼儿根据相关经验，初步了解了洞是什么、洞的不同形状、洞的不同作用。为了进一步引导幼儿观察、探索周围的环境，发现与洞相关的事物之间的联系，研究者与合作教师讨论得知，幼儿已经进行过对蚂蚁的探究，已经了解了蚂蚁的特征、蚂蚁的生活习性等，但是对蚂蚁的巢穴还没有进行过深入探究。于是研究者与合作教师决定将"蚂蚁的洞"作为下一阶段的探究主题。

②大自然的洞：蚂蚁的洞。研究者了解到幼儿已经阅读过绘本《蚂蚁和西瓜》，但是对蚂蚁的巢穴没有展开深入了解。结合幼儿的相关经验，研究者展示了蚂蚁巢穴的图片，播放了关于蚂蚁巢穴的视频，与幼儿进行了一次介绍性讨论，帮助幼儿在原有经验的基础上获得新经验，增加幼儿的认知。以下是讨论片段：

幼儿：蚂蚁的洞弯弯曲曲的。

幼儿：蚂蚁的洞口很小，有一堆土。

幼儿：有很多的小洞，还有很多连在一起的路。

幼儿：蚂蚁的洞里面有很多不同的洞，里面还有好多蚂蚁。

幼儿：每一个小洞的功能是不一样的，有放食物的，还有一只大蚂蚁……

幼儿：还有生小蚂蚁的地方。

幼儿：蚁后最厉害，它是老大。

活动完成后，幼儿了解了蚂蚁巢穴的基本特点、巢穴中各个室（如育儿室、食物贮藏室等）的功能，也感受到了蚂蚁分工合作、团结的精神。幼儿的想象具有形象性和新颖性。为了进一步强化幼儿对蚂蚁的洞的认识，研究者与合作教师决定让幼儿通过想象画出蚂蚁的巢穴，让他们根据自己的绘画内容进行重点讲述。幼儿对画画这一环节特别感兴趣，都尝试画出地底下蚂蚁的巢穴以及蚂蚁在洞里忙碌的场景（见图2-3）。以下是幼儿自主讨论"我的蚂蚁在干什么"的片段：

幼儿：我的蚂蚁洞像一个迷宫。

幼儿：看，我的蚂蚁在打洞。

幼儿：它们正在吃好吃的。

幼儿：我的蚂蚁正在做客。

图 2-3　以"蚂蚁的洞"为主题的幼儿绘画作品

③我们身体的洞：牙齿的洞。大班幼儿已经进入换牙期，对牙齿的保护很重要。研究者在与合作教师的交流中发现，有的幼儿在饭后不喜欢漱口，在睡觉前不喜欢刷牙，经常需要教师和家长提醒。恰巧医院的医生来到幼儿园，为幼儿进行口腔疾病筛查和氟化泡沫保护牙齿治疗，为项目的开展营造了良好的心理环境和外界环境。利用这一教育契机，在合作教师的建议下，研究者把"我们身体的洞"的重点放在了牙齿方面。

第一，问题的收集：

教师：关于牙齿，大家还想了解哪些事情呢？

幼儿：我想知道我们有几颗牙齿。

幼儿：我想知道我们的牙齿是什么样子的。

幼儿：为什么有的牙很大，有的牙很小？

幼儿：为什么我的一颗牙变黑了？

第二，牙齿小调查。在项目教学中，幼儿父母参与了调查。在父母的帮助下，幼儿顺利完成了调查，并针对自己的调查内容进行了自主交流：

幼儿：我和爸爸、妈妈一起数了，我有20颗牙齿。

幼儿：我妈妈是医生。她告诉我，我有20颗牙齿。

幼儿：我在绘本上看到过，小朋友一共有20颗牙齿。

研究者经过观察发现，幼儿最感兴趣的是"为什么牙齿有大有小""牙齿的颜色为什么不一样"。为了解答幼儿的疑惑，找寻问题的答案，研究者在合作教师的协助下，利用《牙齿大街的新鲜事》《我们身体里的"洞"》等绘本，结合图片、视频，让幼儿了解牙齿的结构及作用。

幼儿：有的牙齿好小，有的牙齿好大。

幼儿：我感觉每个人的牙齿长得都不一样。

幼儿：这些牙齿有的长，有的短，有的大，有的小。

幼儿通过绘本了解了牙齿的结构及作用。门牙：平平的，像刀子一样，可以切断食物。尖牙：尖尖的，像锯一样，可以撕裂食物。磨牙：像研磨棒，功能强大，能够磨碎食物。活动结束以后，幼儿用教师提供的纸和笔把自己的经验记录下来。幼儿自主记下了牙齿的名称、牙齿的结构。在此基础上，研究者决定进一步引导幼儿保护牙齿，鼓励幼儿进行小组讨论。幼儿讨论围绕两个方面展开：一是牙齿喜欢的食物和牙齿不喜欢的食物；二是保护牙齿的好方法。幼儿的兴趣和探究的欲望远远不止于此，他们还想了解动物的牙齿是什么样子的、植物是不是也有牙齿等。

第三，对本次活动的小结与反思：

从幼儿参与的角度看，幼儿基于自身的探究兴趣、想要探究的问题，在教师营造的问题情境中，敢于表达，提出问题，借助原有的对蚂蚁的认识，进一步深入探究，了解蚂蚁的洞穴，做到了将新旧知识融会贯通。

从教师教学的角度看，学前儿童的学习以实践、行动为主，教师及时抓住了教育的契机，利用牙齿检查这一事件，组织幼儿对牙齿进行讨论，对幼儿想知道的问题进行整理、归类，挖掘有价值的探究内容。但是，教师没有给幼儿足够的时间，让幼儿根据主题进行自发性学习，教师的目的性过强。

（3）创设墙面环境，项目结束。为了巩固幼儿的认识，让幼儿总结在项目中的收获，研究者与合作教师一致认为，可利用墙面来展示幼儿的作品，尽量让每一名幼儿都有机会参与展示、乐于表达（见图2-4）。在参与展示的过程中，幼儿不仅能够大胆表达自己的想法，还对"神秘的洞"有了更深刻的认识。

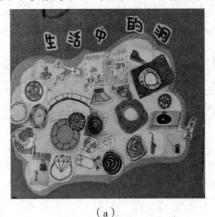 

（a） （b）

图 2-4 "神秘的洞"主题墙

3. 结果分析

第一轮行动研究的观察结果如表 2-2 所示。

表2-2 第一轮行动研究的观察结果

单位：人

一级指标	水平 1	水平 2	水平 3
兴趣	4	6	10
专注度	5	6	9
自主参与	5	6	9
自选材料	6	5	9
自主观察	5	6	9
猜想、假设	4	5	11
记录、交流	5	6	9

注：第一轮行动研究观察的幼儿总人数为20。

研究者通过对幼儿第一次在活动中自主性的表现进行观察，了解了幼儿的自主探究兴趣。

（1）自主探究兴趣维度：

"兴趣"：4名幼儿处于水平1，对活动兴趣较弱；6名幼儿达到水平2，对活动兴趣一般；10名幼儿达到水平3，对活动兴趣浓厚。

"专注度"：5名幼儿处于水平1，在短时间内可以持续进行已选定的活动；6名幼儿达到水平2，偶尔受外界的干扰，但仍然可以持续进行已选定的活动；9名幼儿达到水平3，可以不受外界干扰，长时间持续进行已选定的活动。

（2）自主选择维度：

"自主参与"：在本次探究活动中，幼儿需要基于真实的环境参与洞洞大调查，寻找洞，发现洞。5名幼儿处于水平1，参与活动的意愿较弱，不能在整个活动中都主动参与；6名幼儿达到水平2，能够在教师的引导或提示下参与整个活动过程；9名幼儿达到水平3，能够主动参与整个活动。

"自选材料"：6名幼儿处于水平1，没有根据自己的兴趣和活动的需要选择探究、观察的工具；5名幼儿达到水平2，能选择符合自己的兴趣和活动需求的部分材料；9名幼儿达到水平3，能够根据探究的内容、观察的目的、自己的需要选择合适的工具、材料。

（3）自主操作维度：

"自主观察"：5名幼儿处于水平1，既不知道观察的方式，也缺乏正确运用观察手段的意识；6名幼儿达到水平2，能够使用简单的方法、工具进行观察；9名幼儿达到水平3，能够有目的地对探究的内容进行观察。

"猜想、假设"：4名幼儿处于水平1，能够基于问题进行猜想、假设；5名幼儿达到水平2，针对提出的问题，能够进行猜想，但猜想与实际结果差距较大；11名幼儿达到水平3，能进行相对准确的预测。这11名幼儿在此次活动中，能够根据自己的经验对洞的作用进行预判，结合自己对蚂蚁的观察、对绘本的阅读，推断出蚂蚁巢穴的作用与蚂蚁分工等。

"记录、交流"：5名幼儿处于水平1，在洞洞大调查、探究蚂蚁的洞、探究牙齿的洞等环节不能很好地进行记录并与同伴合作、交流；6名幼儿达到水平2，能够参与同伴的讨论，简单地表述自己利用不同的材料进行观察、对探究过程进行记录时的想法；9名幼儿达到水平3，可以围绕蚂蚁的巢穴、牙齿的洞以自己喜欢的方式进行观察、记录，还可以在探究活动前、探究活动中、探究活动后积极参与同伴讨论，积极主动地表达自己的想法。

4.评价

评价项目教学可以从幼儿在项目教学中的参与、投入程度，幼儿在项目教学中获得的知识、经验等方面来展开。

幼儿的学习以实践、行动为主。幼儿进行学习活动，应以真实的经历和真实的事件为基础。研究者根据幼儿的兴趣，基于真实的情境，确定了探究的主题为"神秘的洞"，以此启动项目。幼儿在父母的帮助下进行了前期调查，寻找有关洞的信息。这样，幼儿在原有经验的基础上，获得了新的经验，丰富了关于洞的知识。在调查过程中，幼儿参与活动的兴趣浓厚。根据幼儿的兴趣和提出的问题，教师与幼儿共同构建了新的项目主题网络图。主题网络图的构建基于幼儿的兴趣，能够激发幼儿的探究兴趣，使幼儿积极进行探究活动。教师在活动进行的过程中，能够根据幼儿想要探究的问题，对活动内容进行适时调整。

在整个项目中，收集幼儿关于同一主题的绘画作品是衡量幼儿进步的重要方法。比如，幼儿在了解洞的基础上，进一步探究蚂蚁的洞。研究者收集了幼儿关于蚂蚁的洞的绘画作品（见图2-5）。

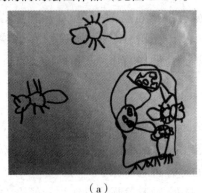 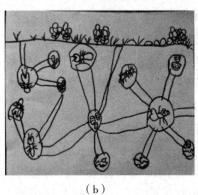

（a）　　　　　　　　　　　（b）

图2-5　幼儿绘画作品

在第一次绘画中，幼儿在认识蚂蚁外形特征的基础上，了解了蚂蚁的身体分为三部分，蚂蚁的头上长了一对触角、一双眼睛和嘴巴，蚂蚁有六条腿，等等。幼儿对蚂蚁的巢穴、蚂蚁的分工还没有进一步的认识。在第二次绘画中，幼儿对蚂蚁的洞有了较为全面的认识。幼儿的绘画作品展示出了幼儿在项目教学活动中收获的知识、经验。

在项目实施过程中，研究者对幼儿的自主性表现进行观察发现，主要存在以下几方面的问题：

一是基于探究兴趣和真实的环境，绝大多数幼儿能够自主参与探究活动，但是在探究过程中主要靠视觉来进行观察，而观察不是依靠某一感觉器官的活动，而是依靠多种感官综合活动的过程。幼儿应该运用多种感官进行感知活动，从不同的角度了解事物的多种特性，如利用眼睛、鼻子、耳朵等多种感官对事物进行直接观察、感知，或者利用多种工具、材料对事物进行间接观察、感知，获取相关信息。

二是部分幼儿不能够明确观察的目的。幼儿只有在明确观察目的的前提下，才能使观察活动朝着一定的方向进行，才能集中注意力进行具体观察。研究者通过观察发现，部分幼儿缺少观察目的，游离于探究活动之外。

三是教师应扩展、深化幼儿的猜想、假设。幼儿探究了牙齿的洞之后，对动物的牙齿、植物的牙齿也产生了探究兴趣，开始关注动物的牙齿是什么样子的、植物也有牙齿。针对幼儿在探究中的猜想与假设，教师需要仔细思考，从而适时引导幼儿扩展、深化猜想和假设。

四是幼儿记录方式单一。幼儿在对牙齿的相关知识进行记录时，只用了纸和笔。幼儿如果能够尝试利用多元方式来进行记录，就能够对自己的认识有更清晰的思考和表达。教师需要了解幼儿的需求，征求幼儿的意见，并在此基础上为幼儿提供适宜的、多种类型的活动材料。比如，幼儿在观察完牙齿以后，可以自由选择用绘画作品、太空泥、积塑等记录自己的发现。

（二）第二轮行动研究

1.行动计划

《幼儿园教育指导纲要（试行）》指出，在教育活动内容的选择方面，应"既贴近幼儿的生活来选择幼儿感兴趣的事物和问题，又有助于拓展幼儿的经验和视野"。第二轮行动研究正值冬季，研究者利用雪这一幼儿比较感兴趣的事物，通过一些实验小游戏先让幼儿在探究的过程中感受摩擦力，让幼儿知道摩擦力的存在，然后将理论与幼儿的日常生活相联系，让幼儿在日常生活中认识摩擦力，激发幼儿对摩擦力探究的兴趣。针对上一轮行动中出现的幼儿观察目的不明确、活动材料不全面等问题，研究者通过与合作教师进行探讨，细化了本次行动计划，即在幼儿自主探究兴趣的基础上，帮助幼儿明确观察目的，提供开放式的、多种类型的、低结构的材料，让幼儿自主选用。研究者根据幼儿自主探究兴趣和实际需求开展第二轮行动研究。图2-6为教师预设的主题网络图。

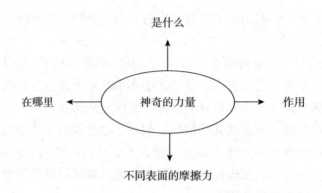

图2-6 教师预设的主题网络图

2.行动计划实施

以"神奇的力量"为主题实际开展的活动如表2-3所示。

表2-3 以"神奇的力量"为主题实际开展的活动

阶段	活动名称	活动目标	活动内容
项目启动	滑溜溜摔倒了	教师以故事情境激发幼儿自主探究的兴趣	（1）教师组织幼儿围绕"神奇的力量"进行小组讨论、全班讨论 （2）教师记录幼儿的讨论内容，与幼儿共同构建新的主题网络图
项目实施	不同表面的摩擦力	幼儿初步感知摩擦力，知道摩擦力的存在	幼儿自主操作，感知木块在不同表面的下滑状态
	摩擦力是什么	幼儿在动手操作中感受摩擦力的大小受物体材质的影响	幼儿操作，得出实验结论
	摩擦力变变变	幼儿能够自主参与探究活动，积极动手，善于思考	（1）猜想哪种材料最合适 （2）自主选择材料进行操作，并记录实验结果
项目结束	制作防滑鞋	幼儿学会在生活中运用摩擦力	幼儿在制作防滑的鞋过程中进一步感受摩擦力

（1）激发幼儿自主探究兴趣，启动项目。对于幼儿而言，下雪能带给他们

无限的欢乐与遐想。南方的孩子对雪的向往更是难以言表。幼儿看到雪的时候，会表现得异常兴奋与激动。在闲暇之时，他们会在家长的带领下爬山去看雪。因此，部分幼儿对雪已经有所了解。另外，在活动开始之前，部分幼儿已经阅读过绘本故事，对摩擦力已有初步了解。为了解幼儿对雪的兴趣与已有经验，教师组织幼儿进行了小组交流和讨论：

　　教师：冬天来了，下雪了。你们去山上看雪、玩雪的时候，有什么感受呢？下雪天，小朋友喜欢玩哪些游戏呢？

　　幼儿：堆雪人。

　　幼儿：喜欢在雪地里玩，把自己盖住。

　　幼儿：我喜欢滑雪。

　　教师：小朋友们，你们喜欢玩的这些游戏，妞妞和她的小伙伴也喜欢玩。那么，我们看一看妞妞发生了什么事情。

　　幼儿：雪地上太滑了。

　　幼儿：滑下去了，摔跤了。

　　教师：为什么他们会摔跤？

　　幼儿：因为雪太滑了。

　　教师：是的，大雪下了一夜，地面都结冰了，雪地变得很光滑。小朋友们在雪地上站不稳，所以摔跤了。

　　教师：不一会儿，他们在雪地里发现了一条神奇的路，走上去以后，稳稳当当的，没有再滑倒。妞妞低头一看，原来雪地上铺了一层细细的沙子。

　　教师：为什么雪地上铺了沙子，人就不会摔跤呢？

　　幼儿：因为它很硬。

　　幼儿：因为地面上很干。

　　幼儿：有摩擦力。

　　教师：雪地上铺了一层细细的沙子后，雪地就拥有了一种神奇的力量。那么，这种神奇的力量是什么呢？在哪里呢？

　　幼儿：它是摩擦力。

　　幼儿：我滑雪的时候也在光滑的雪地上摔倒了。

　　研究者针对幼儿的实际情况以及幼儿与教师之间的讨论与交流，总结了幼儿对摩擦力的兴趣和原有的经验：

①教师创设的情境激发了幼儿对摩擦力的兴趣。从以上的讨论可以看出，教师提到关于雪的话题，幼儿的兴趣是很浓厚的。教师结合幼儿看雪、玩雪的实际经历，出示了图片，进一步激发了幼儿的讨论兴趣。另外，部分幼儿阅读过相关的绘本，对摩擦力有浅层的了解。教师将教学活动与幼儿的实际生活和已有经验相联系，有利于活动进一步开展。

②幼儿对摩擦力的认识不完善，难以将摩擦力与实际生活相联系。幼儿的年龄特征和认识事物的特点决定了他们难以对科学知识有深入的理解。部分幼儿虽然已经阅读过相关绘本，但是无法客观地解释摩擦力这一概念，无法将摩擦力与自己的实际生活相联系。摩擦力作为一种物理现象，对于幼儿来讲是抽象且陌生的，因为摩擦力并不是一种可视的事物。并且，幼儿的思维具有形象性，这决定了在探究活动中，幼儿要在实际操作过程中对摩擦力进行感知、理解。

基于幼儿已有的经验与感兴趣的问题，研究者对预设的项目主题网络图进行了修改。图2-7是修改后的项目主题网络图。

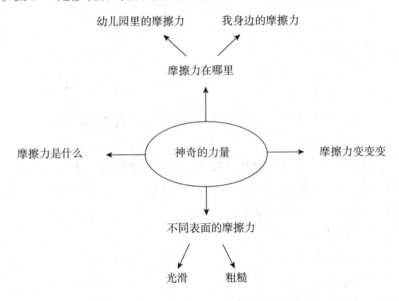

图2-7　教师和幼儿共建的主题网络图

（2）实施项目，让幼儿围绕摩擦力展开自主探究。在活动开始之前，研究者与合作教师讨论，了解到幼儿在日常生活中经常对身边的现象感兴趣。比如，在路上飞速行驶的汽车为什么突然就可以停下，在冬天和小伙伴不小心接触时，会被突然"电"到，等等。《幼儿园教育指导纲要（试行）》指出："引导幼儿对身边常见事物和现象的特点、变化规律产生兴趣和探究的欲望。"根据大班幼儿的特点，研究者决定以幼儿的兴趣和原有经验为基础启动项目。

①不同表面的摩擦力。为激发幼儿对摩擦力的探究兴趣和探究欲望，研究者创设了问题情境，引发幼儿的操作行为，向幼儿介绍操作规则，出示实验材料。实验材料有"雪地"小坡、铺了沙子的小坡、两块相同的积木。操作规则是把两块积木同时放在起始线上，数1、2、3后同时松手，仔细观察两块积木下滑的状态有什么不同。以下是幼儿在科学区的猜想与讨论：

幼儿：我觉得积木在"雪地"小坡滑得快。

幼儿：我们也这么认为。

幼儿分组操作，感知木块在光滑表面与粗糙表面下滑状态的不同，验证猜想（见图2-8）。教师进行个别指导。

图 2-8 不同表面的摩擦力

教师：木块在不同坡地下滑的状态一样吗？它们有什么不同？为什么？

幼儿：积木在白色小坡滑的时候滑得快，在黑色小坡滑的时候滑得慢。

幼儿：黑色的那一面有很多凸出来的小颗粒的，木块在上面滑动得很慢。

教师：白色雪坡摸上去是光滑的，黑色沙地坡摸起来是粗糙的。木块在光滑的雪地上不但会下滑，而且下滑的速度很快，在粗糙的沙地上下滑得很慢甚至不动。你们刚刚的想法都正确。铺了沙子的冰面变得粗糙了，人行走在上面就会比较稳。

对本次活动的小结与反思：

在科学区中，幼儿通过自主操作与探索，发现了同一物体不同表面的摩擦力的差异，知道了物体在光滑的表面滑动速度快，在粗糙的表面滑动速度慢，知道了自己的猜想与实验结果相同，在自主探究中获得了成就感。这激发了幼儿对神奇的力量到底是什么的探究欲望，为下一环节的活动开展打下了基础。

②摩擦力是什么。幼儿在科学区进行实验操作以后，通过观察实验现象，对神奇的力量有了较为浅显的认识，对摩擦力是什么有了强烈的探究欲望。基于幼儿的兴趣，研究者利用提问引导幼儿进行探究和思考：

教师：为什么粗糙的表面会让木块下滑得慢或者不动呢？

幼儿：因为粗糙的那一面我刚才摸上去有起伏不平的感觉。

教师：我们用手指感受一下，两根手指的确有不一样的感受。谁来试一试？

教师：手指有什么样的感受？

幼儿：我也感受到"沙坡"上有一股神奇的力量在阻止我的手指往下滑动。

（在问题的驱动下，幼儿动手操作，感受到神奇的力量）

教师：这股神奇的力量就叫作摩擦力。在刚刚的实验中，当木块从"沙坡"上滑下来的时候，粗糙的"沙坡"和木块之间就会产生一种阻碍木块下滑的力量，这种力量就是刚刚我们手指感受到的神奇的力量——摩擦力。

对本次活动的小结与反思：

在项目教学中，提问是教师引导幼儿积极探索、自主探究必须具备的技能。提问的重要性不仅体现在幼儿的探究活动中，还体现在探究活动开始前和结束后。教师恰当地提问，能使幼儿更多地关注问题，提高幼儿对探究活动的专注力。教师在探究活动中问幼儿为什么粗糙的表面会让木块下滑得慢或者不动，使幼儿注意到物体表面和操作材料之间的关系，从而使幼儿在探究中利用不同的感官进行体验、探索，推动幼儿利用手指等去感知摩擦力的存在。幼儿进行实验操作、体验，观察实验现象，了解了什么是摩擦力，获得了直接经验，这是幼儿对自己想法的直接验证。在活动结束后，研究者与合作教师进行交流、讨论。T_1教师表示，基于前一次活动的铺垫，在本次活动中，幼儿进一步了解了摩擦力，幼儿的自主性在操作中有一定的体现，但是受新手教师经验的限制，探究活动中存在一些不足：首先，在探究活动中，教师讲得较多，幼儿讨论较少，教师的引导作用更为突出；其次，本次活动是多感官参与型探究活动，教师可以引导幼儿独立感受摩擦力，不一定局限于用一只手或者两根手指进行操作、感知，应该尽可能让幼儿自主决定如何操作、如何探究。

③摩擦力变变变。

a. 无敌防滑鞋。

教师：虽然走在沙子路上很稳，但是妞妞还是想稳稳地、自由地走在雪地上。可是她又害怕摔跤。你们有什么好的办法吗？

幼儿：滑冰鞋。

教师：我们不是找到一种神奇的力量吗？可不可以用摩擦力帮助她？那么，我们要把摩擦力放在哪里，才可以帮助她自由地在雪地上行走？

幼儿：可以。把摩擦力放在雪地上。

教师：雪地那么大，我们可不可以把摩擦力放在妞妞鞋子的哪个地方？

幼儿：鞋底。

教师：那是让妞妞的鞋底变得粗糙还是光滑？

幼儿：粗糙。

教师：把摩擦力放到鞋底以后，鞋底的摩擦力会变大吗？

幼儿：摩擦力会变大。

教师：那么该用什么样的材料做一双防滑鞋呢？这里有很多材料，哪些材料适合做防滑鞋？为什么？

幼儿：我觉得是粗糙的材料。

幼儿：我觉得是摸起来很硬的材料。

b. 教师介绍记录单和材料。教师分别介绍几种材料（橡皮筋、无纺布、即时贴、砂纸、瓦楞纸、橡胶片、毛巾），将所有的材料呈现在记录单上，引导幼儿找一找哪些材料在雪坡上稳而不滑或者下滑得缓慢，让幼儿在适合的材料下面打"√"、在不适合的材料下面打"×"，让他们在实验的过程中把材料固定在小木块上（见图2-9）。

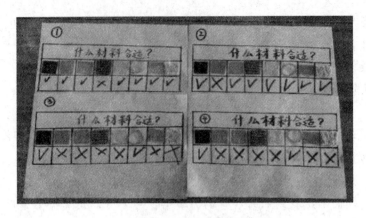

图 2-9　幼儿记录单

　　c.幼儿共同验证猜想、假设，找出最合适的材料。幼儿分小组操作，利用教师准备的材料，验证哪一种材料最适合制作防滑鞋。以下是幼儿进行实验操作时的讨论：

　　幼儿：我觉得橡胶片的摩擦力大。

　　幼儿：把毛巾固定在木块上，小木块滑动的速度变慢了。

　　幼儿：木块粘上即时贴。木块很快就滑下来了。

　　幼儿：你们觉得哪种材料最防滑呢？

　　幼儿：我觉得橡皮筋比砂纸防滑。

　　教师准备的材料中，最防滑的是橡皮筋和橡胶片。虽然它们的形态不一样，但是它们是用同一种材质——橡胶做成的。

　　对本次活动的小结与反思：

　　首先，教师以妞妞摔倒的情景为线索，引导幼儿开展本次活动，有利于推动幼儿进一步探索不同材料的摩擦力。其次，有意义的材料能够引发幼儿积极探究，有利于幼儿了解周围的物质世界。合作教师建议，通过开放式地呈现操作材料，能够给幼儿更多的自主选择和自主操作机会，这样，幼儿可以根据自己的想法和意愿选择适合自己的和感兴趣的操作材料，进而在操作过程中拥有更多的自由探索和发现。最后，在验证记录环节，幼儿不应局限在对探究的结果进行记录与交流，还可以对探究过程中的发现、事物之间的关系、后续想要探究的问题等进行记录与交流。在记录环节之后，教师并没有让每个小组对探究结果进行分享，这里教师需要注意让每个小组分享探究结果。

（3）幼儿探究摩擦力在哪里，项目结束。

①幼儿制作防滑鞋，进一步感受摩擦力。幼儿利用现有的材料制作防滑鞋，对比没有防滑材料的鞋子和有防滑材料的鞋子的防滑程度，感受两者摩擦力的大小。

②摩擦力无处不在。教师播放视频：其实这股神奇的摩擦力时时刻刻都存在于我们的生活中。幼儿自主寻找身边的摩擦力，拉一拉衣服拉链，拖动一下椅子，和旁边的小朋友握握手。

3.结果分析

第二轮行动研究的观察结果如表2-4所示。

表2-4 第二轮行动研究的观察结果

单位：人

一级指标	水平1	水平2	水平3
兴趣	3	5	12
专注度	3	4	13
自主参与	5	5	10
自选材料	4	6	10
自主观察	4	5	11
猜想、假设	3	5	12
记录、交流	4	6	10

注：第二轮行动研究观察的幼儿总人数为20。

（1）自主探究兴趣维度：

"兴趣"：3名幼儿处于水平1，5名幼儿达到水平2，12名幼儿达到水平3。相较于第一轮行动研究，处于水平1的人数由4人减少为3人，达到水平2的人数由6人减少到5人，达到水平3的人数由10人增加到12人。这说明第二轮行动的开展使幼儿对探究的兴趣提高，使幼儿的探究欲望增强。

"专注度"：3名幼儿处于水平1，4名幼儿达到水平2，13名幼儿达到水平3。相较于第一轮行动研究，处于水平1的幼儿减少2人，达到水平2的幼儿减少2

人，达到水平 3 的幼儿增加 4 人。在"神奇的力量"活动中，幼儿开始积极探究"这种神奇的力量到底是什么""为什么在光滑的表面小木块滑动很快"。研究者发现，幼儿针对自己观察到的事物和现象进行提问的能力得到一定程度的提升。

（2）自主选择维度：

"自主参与"：在此次活动中，幼儿需要感知相同的小木块在不同表面的摩擦力，比较处于不同表面的物体的摩擦力大小。5 名幼儿处于水平 1，参与活动的意愿较弱，不能在整个活动中都主动参与；5 名幼儿达到水平 2，能够在教师的引导或提示下参与整个活动过程；10 名幼儿达到水平 3，能够主动参与整个活动。研究者通过对幼儿观察木块下滑状态、感知摩擦力的大小、寻找增大摩擦力的办法进行观察，看出幼儿的自主参与程度大幅度提升。

"自选材料"：4 名幼儿处于水平 1，没有根据自己的兴趣和活动的需要选择增大摩擦力的材料；6 名幼儿达到水平 2，能选择符合自己的兴趣和活动需求的部分材料；10 名幼儿达到水平 3，能根据实验现象，总结经验，选取自己感兴趣的、合适的材料来制作防滑鞋。

（3）自主操作维度：

"自主观察"：4 名幼儿处于水平 1，既不知道观察的方式，也缺乏正确运用观察手段的意识；5 名幼儿达到水平 2，能够使用简单的方法、工具进行观察；11 名幼儿达到水平 3，能够利用多种感官、工具了解摩擦力，并且能够有目的地自主观察木块在不同表面的下滑状态。

"猜想、假设"：3 名幼儿处于水平 1，不能进行猜想、假设；5 名幼儿达到水平 2，针对提出的问题，能够进行猜想，但结论与实际差距较大；12 名幼儿达到水平 3，能够大胆做出猜想，并预测出较为接近实际的结果。这 12 名幼儿在此次活动中，对于哪种物体的表面摩擦力更大以及哪些材料比较防滑、适合做防滑鞋做出了自己的猜想，并通过实验证明了自己的猜想。

"记录、交流"：4 名幼儿处于水平 1，在感知摩擦力的过程中不能很好地进行记录并与同伴进行交流；6 名幼儿达到水平 2，能够与同伴展开交流，简单地表达自己利用不同的材料进行操作时的看法；10 名幼儿达到水平 3，可以围绕哪种材料最防滑完成记录，也可以针对探究的结果积极与同伴探讨，听取同伴建议，并给出自己的看法与意见。

4. 评价

（1）活动预设性过强，教师应注重活动的生成性。研究者反思整个活动的过程发现，教师在关注幼儿兴趣的基础上，注意到了自主探究活动过程的完整、有序和流畅，但活动缺少生成性的内容。首先，教师在和幼儿的讨论中，确定了项目的主题，提出了幼儿感兴趣的问题，引导幼儿进入教师创设的情境。其次，在项目实施的过程中，教师引导幼儿确定要探究的问题，鼓励小组进行预测与讨论、实验与观察、记录与交流。活动的环节是较为完整的。但是研究者通过观察幼儿的表现发现，幼儿是在教师的引导下一步一步进行活动的，幼儿活动的自主性不强。比如，教师引导幼儿触摸粗糙物体的表面，让幼儿分别用两只手的其中一根手指进行触摸，这影响了幼儿自主性的发挥。在项目实施环节，教师引导幼儿制作防滑鞋，出示鞋子的图片，忽视了生成性的内容。教师可以结合幼儿的实际，让幼儿观察自己的鞋底上的凹槽和花纹，让幼儿脱下鞋子走一走、穿上鞋子走一走，让他们感受不穿鞋和穿鞋脚底摩擦力的不同。这样，幼儿就能够感受到不穿鞋和穿鞋时脚底摩擦力的差异，了解鞋底的凹槽和花纹为什么能够起到防滑的作用。

（2）活动缺少生活化的内容。虽然教师明确了整个活动的目的，强调让幼儿通过科学探究了解摩擦力的物理性质，但忽略了让幼儿结合日常生活，了解摩擦力对日常生活的重要意义。比如，没有摩擦力，飞驰的汽车将不能停下来；没有摩擦力，人们就容易摔倒；没有摩擦力，人们就没有办法写字。生活化的活动内容能让幼儿认识周围的事物和现象，使幼儿了解摩擦力对人们生活的意义，贴近幼儿的实际生活，能增强幼儿探究的自主性。

（三）第三轮行动研究

在第二轮行动研究结束之后，研究者针对活动中出现的问题，结合幼儿自主性表现，与合作教师进行了深入的讨论，进而调整第三轮行动研究方案。

研讨记录：

教师1：在第二次活动中，孩子在教师的指导下可以自主探索，很有干劲。但是在活动中，教师的引导过多。教师需要改进的是，应鼓励孩子大胆表达、交流、分享。

教师2：关于项目主题的选定，我们不仅要从幼儿的兴趣出发，还要关注幼儿的自主探究能力。

教师1：幼儿首次接触项目活动，可能有些不适应。我们在确定第三次活动主题时，要考虑以幼儿为主体这个问题，无论开展哪种活动，都要重视幼儿的参与性。

教师3：在本次活动设计中，我们要考虑上一阶段的活动存在的问题，选择更接近孩子生活的主题，更加关注孩子的真实生活。大自然是很好的教材。我们可以利用大自然中的材料，让孩子动手操作。这样，孩子会更有动力，更乐于参加活动。

教师1：是的，只有发现问题，才能解决问题。教师要重视让幼儿主动实践操作。这样，幼儿才能在增强自主性的同时养成良好的动手、动脑习惯。

在第三轮行动研究中，研究小组一致决定为幼儿提供充足和开放式的活动材料，鼓励幼儿进行猜想、假设，强调幼儿自主动手操作、自主交流和分享的过程，培养幼儿自主探究的能力，并制订了第三轮行动计划。

1. 行动计划

水在幼儿的日常生活中是不可缺少的。教师在幼儿园经常会说"洗完手的小朋友去喝一大杯水""吃完饭的小朋友去接一杯漱口水"。水与幼儿生活密切相关。他们在用水的过程中，发现了许多有趣的现象。

《幼儿园教育指导纲要（试行）》指出："科学教育应密切联系幼儿的实际生活进行，利用身边的事物与现象作为科学探索的对象。"在本次行动中，研究者和合作教师选择"有趣的水"作为幼儿探究活动的主题（见图2-10）。活动主题来源于幼儿的日常生活。在此次行动中，教师要做到这几点：一是利用幼儿生活中的现象进行教学，使幼儿能够在自主探究的基础上了解生活中有趣的现象，并让幼儿寻找这些现象产生的原因、探究其产生的结果，这有利于幼儿科学探究自主性的发展；二是在活动中提供符合幼儿经验的探究材料，让幼儿自主选择材料、主动探究，为幼儿创造运用各种感官和各种方式探索事物的条件；三是引导幼儿积极参与小组讨论和探究，使幼儿在小组内自主交流，从而增强幼儿集体学习意识和创新能力；四是让幼儿学习用各种方法来表现、分享探索的过程和结果。

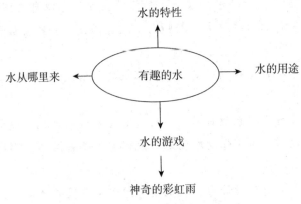

图2-10　教师预设的主题网络图

2.行动计划实施

以"有趣的水"为主题实际开展的活动如表2-5所示。

表2-5　以"有趣的水"为主题实际开展的活动

阶段	活动名称	活动目标	活动内容
项目启动	水从哪里来	教师了解幼儿关于水的知识、经验以及幼儿感兴趣的问题	（1）教师组织幼儿围绕"水从哪里来"进行集体讨论 （2）教师对幼儿讨论的内容和问题进行记录，构建新的主题网络图
项目实施	幼儿园里的水	幼儿能够对关于水的现象及问题产生探究的兴趣	教师组织幼儿寻找幼儿园中的水
	我对水的认识	（1）幼儿能够基于问题探索水的由来 （2）幼儿了解水的三态，巩固已有的经验 （3）幼儿知道水的功能	（1）幼儿根据已有经验进行猜想、假设 （2）教师基于绘本故事《水是从哪儿来的》引导幼儿进行分享、交流，使幼儿巩固已有的知识、经验
	我和水做游戏	（1）幼儿通过实验了解水的特性 （2）幼儿在探究过程中，灵活运用探究方法，自主选择材料，巩固已有的经验	（1）幼儿在实验中进行观察，理解融合与分离 （2）幼儿自主操作、感知，探究水与油互相倾倒、搅拌、静止时的三种不同的状态 （3）幼儿尝试在实验过程中进行猜想、假设、自主探究
项目结束	保护母亲湖	幼儿认识到水对生活的重要意义	教育联系生活。教师让幼儿在社会实践活动中进一步了解水的重要意义

（1）了解幼儿关于水的知识和经验，启动项目。在第三轮行动研究中，研究者与合作教师在选择项目主题时首先考虑的是幼儿的兴趣。研究者与合作教师经过观察发现，在前两轮行动的项目中，幼儿感兴趣的项目主题能够更加迅速地激发幼儿的探究兴趣。在幼儿园中，饭前便后洗手是幼儿每天都要做的。有一天，幼儿园停水了。那次偶然停水引起了幼儿激烈的讨论。为了了解幼儿对水的兴趣和已有的相关经验，教师组织幼儿进行了关于水的大讨论。

幼儿：水龙头里面怎么可能会没有水呢？

幼儿：水龙头里面的水是通向哪里的呢？为什么会没水了？

幼儿：老师，水龙头里面的水是从哪里来的呢？

幼儿：水是从水库里面流出来的。

幼儿：水是从大海来的。

幼儿：水是从河里流出来的。

幼儿：地球上本来就有水。

幼儿：水是从山上流下来的。

幼儿：因为下雨，所以产生了水。

通过幼儿的讨论能够发现，幼儿对水是非常熟悉的，并且已经具备了相关经验，能够很自然地表现出他们对停水这一事件的兴趣。幼儿通过自主讨论，提出问题，表现出对水的探究兴趣。基于幼儿对水的浓厚兴趣以及原有的经验，研究者与合作教师经过讨论、交流，共同决定把由幼儿引发的主题扩展开，让幼儿作为活动的主体，提高幼儿的参与度。于是在下午的班级生成活动时间，研究者与幼儿就"有趣的水"展开了交流、讨论。以下是研究者与幼儿讨论的过程：

研究者：小朋友们，今天上午老师听到你们在卫生间展开了关于水的大讨论。老师想根据你们的讨论组织一次科学探究活动。你们认为，活动要怎么进行？你们想要探究关于水的什么呢？

幼儿：我想知道水是从哪里来的。

幼儿：我们为什么必须每天喝那么多水？

幼儿：我看到老师杯子里面水的颜色跟别的水不一样。我想要尝一尝。

幼儿：我想知道为什么有的水是黑色的。

研究者根据幼儿的探究兴趣和需求，组织了两次主题讨论，引发幼儿对主题的相关思考，同时给予幼儿足够的支持，肯定幼儿的想法，在项目教学中体现幼儿的主体性。幼儿在活动中能够自由表达和创造。研究者与合作教师一致决定，在幼儿参与项目主题讨论的过程中，在项目网络图中增加图画和文字部分，帮助幼儿将自己的想法与文字建立联系。图2-11是研究者与对主题感兴趣的幼儿共同构建的主题网络图。

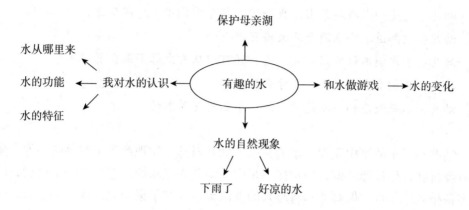

图2-11　教师和幼儿共建的主题网络图

（2）实施项目，让幼儿围绕"有趣的水"进行自由探索。

①幼儿初步探索，寻找幼儿园里的水。水对幼儿有着天然的吸引力和亲和力，幼儿每天都能够和水相遇。于是研究者让幼儿寻找幼儿园里的水。接到任务的幼儿非常活跃、兴奋。幼儿通过观察、寻找，发现在幼儿园的很多地方都可以找到水。

> 幼儿：我们教室里面就有很多水。水龙头会流水。
>
> 幼儿：还有我们喝水用的饮水机里面也有水。
>
> 幼儿：操场边上的小池塘里有水。
>
> 幼儿：美工区的小桶里面也放了水。
>
> 幼儿：昨天下雨，树叶上也有水。
>
> 幼儿：下雨了，坑坑洼洼的地上也会有水，滑梯上也会有水。

通过探究活动，幼儿产生了新的兴趣，有了新的发现，提出了对水感兴趣的问题，如"水是如何形成的""我们喝的水是不是雨水"等。幼儿在问题的驱动下确定了探讨的方向，开始运用各种方法寻找问题的答案。

②幼儿基于问题情境，探索水的由来。

研究者通过幼儿的讨论发现，幼儿对水来自哪里充满好奇和探究欲。研究者根据幼儿的兴趣点，创设有利于幼儿探究、发现答案的环境，在图书区投放了绘本《水是从哪儿来的》，让幼儿在分餐前的等待时间分享绘本内容，让幼儿通过形象、生动的绘本故事尝试自主寻求问题的答案。

幼儿：这是一本有趣的书。我知道了水非常调皮，可以变身。

幼儿：我知道了小水滴是从大海里出来的。

幼儿：小水滴不仅可以到天上去，还可以从天上落下来，真厉害。

幼儿：我们要多喝水，身体才会健康。

幼儿：水是液态的。冰是固态的。水蒸气是气态的。

幼儿在绘本故事中发现了水的三态。幼儿对这一发现产生了浓厚的兴趣。研究者经过和合作教师商榷，决定接下来引导幼儿探究水的三态。午睡结束后，幼儿准备排队吃午点。保育老师将端来的罗汉果水放在了桌子上，刚拿起锅盖，幼儿就发现了锅盖上的水珠。看到幼儿的新发现，研究者意识到，应抓住教育契机进行及时提问。于是，研究者追问道："你们观察到了锅盖上面有什么呢？"

幼儿：老师，我看到了锅盖上的小水珠。

幼儿：老师，我猜它是水蒸气（其实这是水蒸气遇冷，在锅盖上凝结成的小水滴）。我在绘本里面看到过。

教师：你们想一想，在生活中还在哪里看到过水蒸气呢？

幼儿：我在玻璃上见过（其实玻璃上的也是小水滴）。

幼儿：妈妈做饭时，透明的锅盖上有水蒸气（其实这是水蒸气遇冷，在锅盖上凝结成的小水滴）。它还会流下来呢！

在第二天区角活动时间，选择进入茶艺区的幼儿正在泡茶，在教师的引导下，将泡茶的水换成了适宜幼儿操作的热水。在保证安全的情况下，幼儿将水倒入茶杯中，他们发现茶杯里飘出了白色的"烟"。以下是幼儿的讨论：

幼儿：我看到了白色的"烟"。

幼儿：像雾。

教师：你们摸一摸，有什么感觉呢？

幼儿：我的脸感觉热热的。

幼儿：我感觉湿湿的。

对本次活动的小结与反思：

幼儿的探究活动包括观察、实践、发现问题、提出问题等。以问题为驱动，幼儿对身边的水进行寻找、观察。幼儿被活动的内容吸引，专注地开展自主探索，围绕任务积极寻求各种解决问题的方法与途径。在科学区投放绘本这一策略的效果不够理想。绘本是二手资源。部分幼儿只观察图片，对于水的形成、水的三态无法真正了解。本次活动结束以后，研究者与合作教师进行的讨论如下：

研究者：幼儿在此次活动中的自主性的情况是怎样的呢？

教师1：幼儿在此次探究活动中的自主性主要表现在两个方面。一是自主兴趣。幼儿很喜欢水，喜欢和水亲近。本次活动的主题不仅是由幼儿讨论引出的，还是幼儿感兴趣的。二是幼儿在探究的过程中能够自主参与、自主操作、自主讨论。幼儿在问题的驱动下找水—探究水的由来—了解水的三态，利用区角资源进行探究。

研究者：教师是否一定要给幼儿解释科学原理呢？

教师2：我认为，部分幼儿对绘本故事有一定的阅读能力，但是对水的由来、水的三态这种科学知识，有的幼儿无法用完整、连贯的语言进行表述。教师可以用儿童化的语言对这部分知识进行讲解。就像我们上周进行的"磁铁"活动，如果教师用成人的语言给幼儿讲解同极相斥、异极相吸的科学原理，那么幼儿难以理解。教师可以利用儿童化的语言，把这种科学原理用"同极相遇摇摇头，异极相遇握握手"表述出来。这样，我们很容易就可以看出幼儿理解了实验现象。

③幼儿和水做游戏。在一次进餐时，幼儿在喝汤的时候发现了自己的汤碗里漂着一些油花，不禁感到疑惑，这到底是为什么呢？幼儿开始低下头看自己面前的汤碗。

幼儿：我发现了。

幼儿：我也看到了，上面的油花是圆形的呢！

幼儿：我的碗里有很多个油花。

幼儿对汤碗里漂浮的油花产生了兴趣。幼儿经过上一阶段的活动，已经初步了解了水的由来、水的三态，对水的特性还有待进一步探究。研究者在与合作教师的谈论中得知，个别幼儿在科学区进行过水油分离的小实验，但是在实验结束以后，幼儿对实验现象、实验结果了解得不够明晰。于是研究者与合作教师利用幼儿对碗中油花感兴趣这个教育契机开展此次活动。

a. 幼儿自主讨论"我眼中的水"。在合作教师的协助下，研究者在科学区放置了清水、加了各种颜色的水、醋等材料。幼儿可以根据自己的意愿任意选择探究材料。有的幼儿选择了清水，有的幼儿选择了加了颜色的水。以下是幼儿的讨论：

> 幼儿：我觉得我的这杯是醋，因为它闻起来特别酸。
>
> 幼儿：我拿到的是红颜色的水。
>
> 幼儿：我的这杯是蓝颜色的水。
>
> 幼儿：我的水是黄色的。
>
> 幼儿：我的水没有颜色。
>
> 幼儿：我觉得我的水是清水。它没有颜色，没有气味。
>
> 教师：你们选择了不同的水。那么，它们混合，会产生怎样的现象呢？

b. 幼儿自主操作，进一步探究。幼儿对操作环节十分感兴趣。基于幼儿的自主探究兴趣和关注点，研究者没有对幼儿的想法和自主探究行为进行干预，而是让幼儿自主进行不同液体的融合实验，按照自己的想法开展自主操作、自主探究。于是，幼儿在积极参与状态下选择自己喜欢的方式进行操作。研究者经过观察发现，幼儿自主选择的材料不同，不同材料混合的前后顺序也是不一样的。有的幼儿将不同液体两两混合，有的幼儿将多种液体混合。以下是幼儿的讨论：

> 幼儿：我把醋加进了水里。我发现水变色了。
>
> 幼儿：我把水倒进了蓝颜色的水里。水变成了蓝色。
>
> 幼儿：我把红颜色的水和蓝颜色的水混合。水竟然变成了紫色。
>
> 幼儿：我把醋和水倒在一起。我闻到了酸酸的味道。
>
> 幼儿：我把红颜色的水和黄颜色的水混合，得到了一杯橙色的水。

从幼儿以上的讨论可以看出，基于幼儿关注的、感兴趣的问题，幼儿已经进入探究的情境，进行了初步的自主探究。漂浮的油花是幼儿的关注点，材料是引发幼儿进行自主探究的刺激物。于是研究者在科学区分别投放了油、墨水、清水。在此之前，部分幼儿在科学区进行过水油分离实验。由于缺乏教师的及时、有效引导，以及受其他因素的影响，幼儿自主操作的水油分离实验结果不尽如人意。为了让实验结果更加清晰、明了，研究者在保证幼儿自主性的前提下，对幼儿的自主操作进行了合理的引导。以下是幼儿在自主操作过程中的讨论：

教师：当墨水分别进入水中和油中，会发生什么有趣的现象呢？

幼儿：墨水进入水中就散开了。

幼儿：墨水和油在一起，没有发生变化。

幼儿：墨水进入油中，经过搅拌以后，会变成很多的小墨水。

教师：刚才我们让墨水分别和水、油在一起了。那么我们可不可以让水和油在一起呢？

在问题的驱动和幼儿的探究兴趣下，实验持续进行。每个小组成员开始预测会发生什么现象，于是展开了以下讨论：

幼儿：油在水的上面。

幼儿：我发现水上面有一层薄薄的油。

幼儿：搅拌以后，出现了好多的泡泡。

幼儿：油和水混在一起啦！

幼儿：没有。你看我的，油是在上面的。

幼儿：黄色的油在上面，因为油比较轻。

幼儿：先倒入杯子里的会先沉下去。

幼儿：重的会在下面，会慢慢沉下去。

幼儿：沉在下面的占据了杯子的底部。

将装有水和油的杯子静置一段时间后，研究者请几名幼儿对杯子进行摇晃和搅拌。幼儿观察到，无论怎么摇晃、搅拌，油和水都只是暂时混在一起，一段时间后，油和水还是会分离。

c. 梦幻彩虹雨。研究者发现，幼儿经过前期活动，已经具备了相关的经验，通过操作、感知，了解了水的特性是无色、无味、流动的，通过反复实验，了解了清水和加了颜色的水的融合、水和油的分离。为了进一步加深幼儿对水的了解，增强活动的趣味性，提高幼儿的参与度，研究者决定顺应幼儿好奇、好探究的特点，让幼儿更深层次地探究水与油的相互倾倒、搅拌、静止时的三种不同现象，让幼儿在反复实践、不断尝试中增强自主性。教师利用多媒体播放神奇的彩虹雨视频。幼儿自由选择彩色墨水、油、水，在小组内进行操作。由于幼儿的发展存在个体差异，研究者经过观察发现，一部分幼儿能够成功完成实验，观察到彩虹雨的神奇现象，一部分幼儿在不断实践中经过与小组成员合作，观察到了实验现象，有一组幼儿实验的结果不够理想。

对本次活动的小结与反思：

从幼儿参与的角度看，幼儿在活动过程中体现出好奇心和探究的意愿，在不断操作中获得了自主解决问题的能力。幼儿不仅能够自主、有目的地观察，还开始有意识地运用多种感官、运用多种工具来收集信息。

从教师教学的角度看，回顾本次活动，教师首先让幼儿观察墨水在水中和油中的不同现象，其次引导幼儿观察水油分离，最后在顺应幼儿兴趣的基础上，基于前两次实验，让幼儿自主操作，让幼儿动手制作梦幻彩虹雨。通过本次探究活动的推进可以得知，活动的环节是层层递进的。幼儿在自主探究中不仅知道自己学到了什么，还锻炼了自主探究能力。

（3）争做洱海小卫士，项目结束。为了将此次科学探究活动与多领域整合，使教育回归生活，让幼儿真正了解水资源有哪些作用，教师引导幼儿思考"假如没有了水资源，会怎样""人们如何保护水资源"等问题。

幼儿：水可以解渴。

幼儿：我们可以用水洗脸、刷牙。

幼儿：吃完饭，需要用水洗手、洗筷子和碗。

经过讨论，幼儿知道了水的重要性。教师因地制宜，挖掘幼儿园周边的资源，在洱海畔，开展了一次"保护母亲湖，争做洱海小卫士"的社会实践活动。洱海是大理宝贵的资源、靓丽的名片。在此次活动中，教师引导幼儿了解洱海，让幼儿通过实践活动真正懂得节约用水、保护洱海、珍惜水资源，让幼儿形成环保理念、养成良好的节水习惯，让幼儿、家长加入保护洱海、保护水资源的行动中来。

研究者经过观察发现，幼儿对"有趣的水"相关内容的兴趣已经减弱了。研究者意识到在确保幼儿没有厌烦活动时，应该停止项目教学了。通过前几个阶段的学习，幼儿对以"有趣的水"为项目主题的活动有了一些认识。研究者在与合作教师协商下，安排了一次汇报，这标志着项目结束。

对本次活动的小结与反思：

从幼儿参与的角度看，本次社会实践活动让幼儿产生了浓厚的兴趣。在活动中，他们讨论了自己在前几个阶段中的认识和收获，讨论了自己感兴趣的环节。但是，汇报这一环节不能针对所有幼儿开展，一部分幼儿可以回忆起前期活动中的收获与感悟，一部分幼儿已经没有办法回忆起前期进行的活动，少数幼儿游离于此环节，幼儿的参与度并不高。

从教师教学的角度看，项目教学不仅帮助幼儿了解了项目领域的知识，还让幼儿了解了社会领域的一些知识。幼儿在活动中了解了水的重要性。教师将幼儿的学习和真实的生活联系起来，利用幼儿园周边的资源，将科学领域与社会领域联系起来，使活动的目标不仅包括认知、能力方面的目标，还包括情感、态度方面的目标。

3.结果分析

第三轮行动研究的观察结果如表2-6所示。

表2-6 第三轮行动研究的观察结果

单位：人

一级指标	水平1	水平2	水平3
兴趣	1	2	17
专注度	2	2	16
自主参与	2	3	15
自选材料	2	2	16
自主观察	3	4	13
猜想、假设	2	3	15
记录、交流	2	4	14

注：第三轮行动研究观察的幼儿总人数为20。

（1）自主探究兴趣维度：

"兴趣"：1名幼儿处于水平1，2名幼儿处于水平2，17名幼儿达到水平3。相较于第二轮行动，处于水平1的人数减少2人，处于水平2的人数减少3人，达到水平3的人数增加5人。这说明经过第三轮行动的开展，幼儿对活动的兴趣提高了。

"专注度"：2名幼儿处于水平1，2名幼儿处于水平2，16名幼儿达到水平3。相较于第二轮行动，处于水平1的幼儿由3人减少到2人，处于水平2的幼儿由4人减少到2人，达到水平3的幼儿由13人增加到16人。在"有趣的水"活动中，幼儿能够不受外界影响，专注于活动。在水油分离实验中，幼儿不仅能够专注于观察水、油的特性，还能够专注于操作和探究活动。这表明幼儿基于探究兴趣，对活动的专注度有所提高。

（2）自主选择维度：

"自主参与"：2名幼儿处于水平1，参与探究活动的意愿较弱，不能在整个活动过程中都主动参与；3名幼儿达到水平2，可以在教师的引导或建议下参与整个活动；15名幼儿达到水平3，能够主动、积极地参与整个活动过程。在此次活动的水油分离实验、梦幻彩虹雨等环节，绝大多数幼儿能够在没有教师引导、支持的情况下自主参与活动。

"自选材料"：2名幼儿处于水平1，没有根据自己的兴趣和活动的需要选择不同液体；2名幼儿达到水平2，能选择符合自己的兴趣和活动需求的部分材料；16名幼儿达到水平3，能够根据实验现象，基于自己的经验，选择合适的材料来进行实验。

（3）自主操作维度：

"自主观察"：3名幼儿处于水平1，不知道观察的方法，也缺乏正确运用观察方法的意识；4名幼儿达到水平2，可以使用简单的方法进行观察；13名幼儿达到水平3，能够自主观察水在倾倒、搅拌、静止时的不同现象。

"猜想、假设"：2名幼儿处于水平1，不太熟悉探究前的假设、猜想；3名幼儿达到水平2，对于提出的水油分离问题及现象，能够进行简单的猜想、假设，但猜想、假设结论与实际结果差距较大；15名幼儿达到水平3，能够大胆进行猜想，预测出较为接近实际的结果。这15名幼儿在此次活动中，对于水上油下、油上水下、水油融合进行了自己的猜想、假设，并尝试自主进行操作，证明先前的猜测。

"记录、交流"：2名幼儿处于水平1，4名幼儿达到水平2，14名幼儿达到水平3。相较于第二轮行动研究，处于水平1的人数由4人减少到2人，达到水平3的幼儿由10人增加到14人。这说明幼儿经过第三轮行动以后，在探究过程中能够有所思考，记录与交流的意识有所增强。

4.评价

幼儿成为项目教学活动的"掌控者"。幼儿在项目教学活动中的自主性、投入及参与表现在两方面。一是本次活动的项目主题由幼儿引出，这符合项目教学的特征。教师将幼儿感兴趣的水作为探究活动的主题，幼儿很快便进入探究阶段。活动主题由幼儿引出，而且处于幼儿的兴趣范围内，能够增强幼儿在活动中的自主性。第二轮行动中项目的主题由研究者预设。研究者通过问题的驱动，引导幼儿讨论，从而构建了新的主题网络图。与第二轮行动相比，第三轮行动中项目的主题网络图是以幼儿为主体的。研究者基于幼儿的相关经验和想知道的问题来设计主题网络图。研究者鼓励幼儿对主题做出深入、细致的思考，对主题网络图进行重新审视。这种做法使幼儿对主题产生了浓厚的兴趣。但是鉴于研究者和幼儿都是首次尝试以这种方式参与主题选择，研究者应注意是否过于检视原有的预设。二是幼儿在探究水与其他液体的融合、分离的过程中，能够根据自己的兴趣、需求自主选择探究材料，利用多种材料进行探究，对实验现象进行自主观察。适宜且开放的材料为幼儿的自主选择、自主探究提供了条件。幼儿进行不同的尝试，在探究中有了不一样的感知、体验。但是探究中也存在问题，如项目结束这一环节以汇报的形式作为终结，幼儿参与的程度并不高，幼儿的自主参与情况不够理想。研究者应引导幼儿反思小组或个人完成的任务，注重幼儿的个体差异。

教师在促进幼儿科学探究自主性提升方面起着重要作用。在第一轮行动的项目教学中，幼儿以教师的问题为导向进行自主探究。但是此次项目教学的主要目标是实地考察，为第一阶段项目的问题寻找答案。鉴于第一次项目教学的不足，研究者对第三次项目教学进行了改进。幼儿园户外的一草一木、每个角落都能激发幼儿探究的兴趣和热情。因此，研究者组织幼儿开展幼儿园户外探究活动，让幼儿自主寻找幼儿园里的水、明确观察的目的、展开关于水的探究，丰富幼儿的相关经验。

在探究水、油是否可以融合时，在教师的合理引导下，幼儿将猜想、假设与事实进行对比。有的幼儿猜想水、油可以融合，有的幼儿认为油上水下，有的幼儿认为油下水上。经过实验以后，幼儿能够对实验现象进行自主观察。部分幼儿由站着到蹲下，调整自己的观察角度，更清楚地观察到了实验现象。

鉴于前两轮行动存在的问题，在本轮行动中，研究者增加了小组讨论环节。幼儿在寻找水时自发讨论，在阅读完绘本后自主寻找答案、进行讨论，在午点时间自主观察、讨论。这几次讨论不仅为下一环节幼儿更清晰地表达对该主题的了解并进行探究做了准备，还有利于教师了解幼儿现有的知识、经验。

本轮行动中也存在不足。这是有待研究者进一步深入反思的。本轮行动的主要不足之处如下：

第一，教师未注重幼儿之间的个体差异。教师对自主探究能力较弱的幼儿缺少及时关注和引导。在幼儿自主参与"梦幻彩虹雨"这一环节时，有一组幼儿在没有同伴协助、教师个别指导的情况下，做实验没有成功。针对这一问题，教师没有及时了解这组幼儿操作失败的原因（如操作不当、材料不够充足或其他问题），导致这组幼儿处于消极等待状态。因此，教师为幼儿创造了自由操作、自主探究机会后，应关注幼儿的个体差异，因材施教，对一些幼儿进行及时指导。

第二，教师未注重幼儿的记录环节。记录环节是幼儿进行科学探究的重要环节。在探究的过程中，幼儿在任何有需要的时候都可以进行记录，可以记录他们要探究的问题，记录他们的预测和判断，记录他们实验的过程，记录他们在探究活动中运用了哪些工具和材料。幼儿的记录涉及幼儿探究的方方面面。在第三次项目教学中，幼儿通过操作观察到水油分离的实验现象，但教师没有让幼儿进行及时记录。这样，幼儿的认识仅局限于表面，不够深刻。这不利于幼儿经验的积累。没有实验记录，幼儿就不能很好地和同伴、教师交流、讨论。因此，教师不仅应了解幼儿的年龄特点与学习方式，也应在幼儿探究过程中鼓励幼儿运用语言或者非语言的方式对探究活动中的一些内容进行记录。

二、研究结果分析

（一）项目教学中幼儿科学探究自主性得到提升

根据三轮行动研究中达到水平 3 的幼儿的人数增减情况，可判断幼儿科学探究自主性是否提升（见图 2-12）。

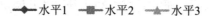

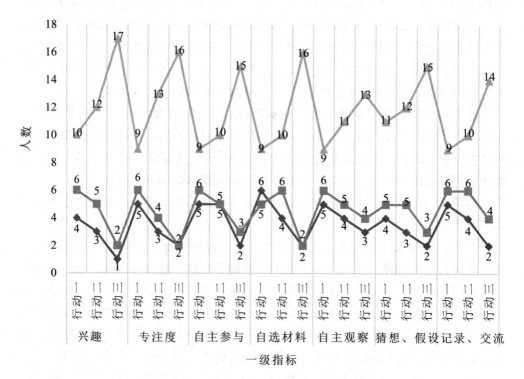

图 2-12　幼儿科学探究自主性发展水平

1. 自主探究兴趣维度

从三轮行动研究中可以看出，自主探究兴趣维度的两个一级指标（兴趣、专注度）下达到水平 3 的幼儿人数分别呈现出一定程度的提升。兴趣指标下达到水平 3 的幼儿人数由最初的 10 人增加至 17 人，专注度指标下达到水平 3 的幼儿人数从 9 人增加至 16 人。

从"神秘的洞""神奇的力量""有趣的水"这三轮行动中不难发现，幼儿对周围世界的认识是从好奇心和兴趣开始的。在第一轮行动中，研究者将幼儿发现的洞作为项目的主题。在项目实施的过程中，幼儿父母的参与进一步激发了幼儿的探究兴趣。研究者基于幼儿的兴趣，满足幼儿的需求，以幼儿园真实的情境推动幼儿探究，引导幼儿利用真实的情境解决现实中的问题。此次项目教学的环节是层层推进的，幼儿的探究不局限于探究幼儿身边的洞。幼儿在相关经验的基础上，将自主探究兴趣延伸到"大自然的洞"以及"我们身体的洞"，进一步探究洞的价值。幼儿的探究在兴趣的推动下不断深入。第二轮行动"神奇的力量"以幼儿的自主探究兴趣为切入点。教师利用幼儿对雪的喜爱和向往，以问题为导向，创设了探究情境。基于幼儿的探究兴趣，结合相关情境，教师与幼儿共同确定了探究的主题。由于大班的幼儿喜欢具有挑战性的问题，所以教师向幼儿提出了问题，引出幼儿需要探究的问题"神奇的力量"是什么，引导幼儿进入探究的情境中，让幼儿逐步感知不同表面摩擦力的差异。在兴趣的驱动下，幼儿对探究活动的专注度有了一定程度的提升。在第三轮行动中，幼儿的探究兴趣相比前两轮行动更为浓厚。比如，项目主题来源于幼儿想探究的问题，项目的开展以幼儿园的真实情境为依托，幼儿在寻水的过程中探究水的由来、了解水的特性，以游戏的形式自主操作，在和水做游戏的活动中能够自主观察实验现象，对水油混合、分离、变色进行猜想、假设，推断现象产生的原因，能够在小组间进行讨论、交流，分享自己的认识与经验。幼儿的科学探究自主性得到进一步提升。

2. 自主选择维度

从三轮行动中可以看出，自主选择维度的两个一级指标（自主参与、自选材料）下达到水平 3 的幼儿人数呈现递增趋势。自主参与指标下达到水平 3 的幼儿人数从 9 人增至 15 人，自选材料指标下达到水平 3 的幼儿人数由 9 人增至 16 人。

在第一轮行动（"神秘的洞"）中，教师提供的材料存在不足之处：一是材料单一，可供幼儿自主选择的机会较少；二是材料数量少，不能满足每个幼儿的使用需求。鉴于第一轮行动中存在的不足，在第二轮行动中，为了使幼儿能够自主选择探究材料，研究者为幼儿提供了有意义的材料（包括主体材料和辅助材料），开放式地呈现材料。材料的数量足够多，幼儿可以自己选择材料。这些材料有利于幼儿理解事物和现象之间的关系。

3. 自主操作维度

在三轮行动研究中，自主操作维度的 3 个一级指标（自主观察，猜想、假设，记录、交流）下达到水平 3 的幼儿人数各有不同的增长趋势。自主观察指标下达到水平 3 的幼儿人数由 9 人增加至 13 人，猜想、假设指标下达到水平 3 的幼儿人数从 11 人增加到 15 人，记录、交流指标下达到水平 3 的幼儿人数由最初的 9 人增加至 14 人。

在第三轮行动研究中，研究者对前两轮行动研究进行了反思，对此次行动进行了改进。从项目启动阶段来看，研究者以幼儿引出的主题作为活动的切入点。幼儿园的一次停水激发了幼儿的好奇心和求知欲。幼儿都迫切地想探究关于水的问题。幼儿的探究由此展开。由于幼儿对水感兴趣，所以幼儿参与活动十分积极。从项目实施阶段来看，幼儿的自主性主要体现为，在兴趣的基础上，幼儿自主参与探究的过程，在幼儿园的实际环境中进行自由探索，发现身边的水，对水产生了新的兴趣，通过阅读绘本故事和做实验了解了水的由来、水的三态。幼儿对水的探究没有就此停止。幼儿观察到油漂浮在水面上这一现象。基于此，教师让幼儿深入了解水的特性，提供了开放式的材料，让幼儿自主操作。在没有教师指导的情况下，幼儿能够运用适当的观察方法进行自主观察，对探究过程中的问题进行自主讨论，对探究过程以及实验现象等进行记录。幼儿利用开放式的材料进一步探究水在倾倒、搅拌、静止时的不同状态。实验的成功使幼儿的兴趣提高。从项目结束阶段来看，教师将教育与幼儿生活相联系，组织幼儿开展社会实践活动，使幼儿真正了解了水的重要性。整个项目以幼儿的兴趣为起点，注重让幼儿在自主操作的过程中进行猜想、假设，让幼儿自主观察实验现象并将实验与事实相比较，从而使幼儿真正学到知识、积累经验。

（二）找到了促进幼儿科学探究自主性提升的途径

1. 以问题为导向，使幼儿进入探究情境

让幼儿了解项目的主题，创设问题情境，是项目教学第一阶段的重点工作。幼儿的探究是由问题驱动的，有想探究的问题，产生寻找答案的欲望，幼儿才能进入探究的状态。因此，教师需要基于幼儿的探究兴趣，选择具有教育价值的主题，引导幼儿进入问题情境。比如，在第二轮行动"神奇的力量"中，教师并没有向幼儿直接提出问题神奇的力量是什么，而是在了解幼儿喜欢雪的基础上，利用绘本故事创设情境："我们看一看妞妞发生了什么事情。""为什么他们会摔跤？""不一会儿，他们在雪地里发现了一条神奇的路，走上去以后，稳稳当当的，没有再滑倒。""为什么雪地上铺了沙子，人就不会摔跤呢？"在这样的情境中，幼儿好奇神奇的力量到底是什么。一个又一个问题推动幼儿进入下一阶段的探究中去寻找答案。

2. 让幼儿自主观察，激发幼儿的自主探究欲望

幼儿的偶然观察激发了幼儿对日常生活中的事物与现象的好奇心和探究欲望，推动他们去探究、了解周围的事物。幼儿会提出各种各样的问题："为什么？""怎么会这样？"受好奇心的驱动，幼儿不断地进行观察、探索、发现。幼儿在自主观察的过程中产生了自主探究兴趣，在自主探究兴趣的驱动下不断思考，在思考的过程中进行探究、学习，获得知识和经验，基于自身的知识和经验对周围的事物与现象又产生了新的探究兴趣，这就形成了一个循环的过程。在此过程中，幼儿的观察能力不断提高。在第一轮行动"神秘的洞"中，幼儿通过偶然观察发现了幼儿园里的洞，对洞产生了强烈的好奇心，由此展开了讨论，并思考这是什么洞。父母与幼儿进行了洞洞大调查。在调查过程中，父母的参与丰富了幼儿的经验。幼儿在了解各种各样的洞的基础上开始深入探究。

3. 利用记录、交流激发幼儿的科学探究兴趣

项目教学以小组活动形式开展。记录与交流是小组活动中的重要一环。记录与交流可以使幼儿关注到同伴的发现，关注感兴趣的事物或现象。幼儿的记录与交流不仅可以在探究活动之前开展，还可以在探究活动过程中开展，表达他们的困惑、问题等。比如，在第三轮行动"有趣的水"中，幼儿对水的由来产生了兴趣，在讨论中各抒己见，产生了进一步探究的兴趣，也使探究进一步深化，将探究扩展到探究水的三态、水的特性等。在探究水的相关问题的过程中，幼儿对自己的发现、探索的过程、自己的认识等进行记录与交流。讨论、交流被广泛运用于项目教学中。实践表明，其不仅有利于提高幼儿学习的主动性，对幼儿学习能力的提升也十分有益。幼儿在积极发言中回顾、梳理、反思自己的认识，找到问题并进行讨论，寻求解决方案。教师能够从幼儿的对话中发现他们的兴趣和需求。总之，讨论、交流不仅可以激发幼儿的探究兴趣，促进项目教学顺利开展，还能帮助幼儿有效地回顾和梳理知识、经验。

4. 挖掘适宜的材料，支持幼儿自主操作

在幼儿园的一日生活中，幼儿对区角活动产生了浓厚的兴趣。幼儿能够从区角活动中挑选自己感兴趣的材料进行操作。对于幼儿而言，材料不仅能刺激他们根据自己的意愿进行自主操作，还有利于他们利用材料来认识周围世界。材料

在幼儿探究过程中具有重要的意义。在三轮行动中，材料的呈现是开放式的，并不是固定且封闭的。教师开放式地呈现材料，可以为幼儿提供自主选择材料的机会。幼儿能够根据自己的兴趣爱好选择区域中的材料。比如，在第二轮行动"神奇的力量"中，为了让幼儿进一步感知摩擦力的大小，在制作防滑鞋的环节，教师为幼儿提供了橡皮筋、无纺布、砂纸等材料，让幼儿在实验的过程中选择合适的材料。教师准备的材料并不是随意的，而是经过反复实验验证、具有代表性的材料，能使幼儿在自主操作中有一些感受和发现。又如，在第三轮行动"有趣的水"中，幼儿根据自己的喜好选择了不同的液体。在不同液体融合实验中，幼儿同样根据自己的喜好，按照自己的想法进行操作。幼儿操作的顺序是不一样的，幼儿的液体组合方式是不同的。因此，幼儿在实验中的发现和体验也不同。

5.通过适当等待鼓励幼儿自主探究

在科学探究活动中，幼儿按照自己的想法、认识与客观世界产生相互作用。这个过程不仅能够调节幼儿原有的认知，还能验证幼儿的解释是否合理，从而促使幼儿主动建构知识。幼儿科学探究的过程应包括尝试、探索、猜想和发现。幼儿进行科学探究，需要一定的时间。教师应适当地等待幼儿，为幼儿的自主探究留出充足的时间。幼儿通过自主观察、感知事物及现象，提出自己感兴趣的问题，在问题的驱动下，运用已有的知识和经验进行猜想、假设。在探究过程中，幼儿能够通过自主观察实验现象，得出实验结果，强化原有的认识或调整原有的认识，获得新的知识。在探究过程中，幼儿能够进行积极思考，从多角度认识和理解问题，从而收获新经验、新信息，产生进一步探究的兴趣。教师适当等待并不意味着教师对幼儿放任自流，而是给幼儿足够的时间，让幼儿进行充分的自主探究，从而使幼儿在自主探究的过程中尝试发现问题、解决问题、主动建构知识。

6.基于幼儿原有经验，启发幼儿主动建构知识

幼儿运用自己的原有知识和经验，针对探究过程中的困惑和问题进行预测与推断，这不仅是幼儿运用自己原有知识、经验的过程，还是幼儿在原有知识、经验的基础上获得新的知识、经验的过程，是幼儿主动建构知识的过程。比如，幼儿已经在科学区操作中感知了摩擦力。教师如果想要在幼儿初步感知的基础上，促进幼儿对相关知识进行内化，就要让幼儿在原有经验的基础上动手操作，从而让幼儿在操作过程中知道什么是摩擦力、摩擦力的大小受物体表面粗糙程度的影响，引导幼儿验证哪种材料适合做防滑鞋。在探究中，幼儿自主进行了记录与交流。幼儿在不断探究中学习，利用已有知识和经验解决实际问题。科学教育不仅

要让幼儿获得知识、经验，还要联系幼儿的实际生活，引导幼儿把自己的知识、经验运用到生活中。

三、教育建议

（一）将项目教学与幼儿园其他教学活动相结合

项目教学的目标是使幼儿从事能够调动其全身心，促使其寻求知识、获得能力的活动。项目教学为幼儿提供了在实践活动中积累知识和经验的机会。在项目教学中，幼儿与同伴积极互动，自主探索与讨论。研究者通过调查发现，在幼儿的智力和社会性发展中，项目教学是一种有效的促进手段。但这并不意味着教师要彻底抛弃现有的教学方式，教师应将项目教学与其他教学活动相结合，力求使项目教学与其他教学活动能够相互补充。与幼儿园集体教学相比，项目教学具有结构性、计划性，属于非正式的、低结构性的教学。项目教学注重为幼儿学习而开展活动。在项目教学的过程中，幼儿可以开展形式多样的活动，如幼儿建筑活动、调查活动等。在开展项目教学的同时，教师也可以开展让幼儿阅读故事、自发游戏等教学活动，丰富幼儿的知识和经验。比如，在第一轮行动中，幼儿通过调查、阅读绘本对牙齿的洞有了新的了解；在第三轮行动中，幼儿通过实验获得了关于水的特性的知识。

（二）根据幼儿的兴趣与需求，选定科学探究的主题和内容

1.尊重幼儿的主体地位，激发幼儿的探究兴趣

幼儿是教学活动的主体。首先，在教学活动的准备阶段，教师要充分了解本班幼儿的特点、兴趣和需求，关注幼儿的个体差异。其次，教师在选择科学探究活动内容的时候，应该遵循科学与合理的原则，不能拘泥于参考资料与教材，不仅要使活动内容符合幼儿兴趣，还要使活动内容符合本阶段幼儿的认知规律。再次，科学探究活动的内容一定要生活化，要切合幼儿的实际。幼儿在日常生活中能够接触到的、熟悉的事物与现象，更能激发幼儿的探究兴趣，使幼儿获得良好的探究效果。最后，科学探究活动的内容应科学、均衡，可分为生命、物质、自然、科技发展四个方面。为了使幼儿在探究中获得更多的科学知识，培养幼儿的科学素养，教师要在关注传统探究内容的同时与时俱进、推陈出新，关注新的探究内容。

2.抓住一日生活教育契机，及时开展科学探究活动

幼儿对事物的关心和兴趣是幼儿自主探究的出发点。幼儿的经验不同，他们的兴趣和好奇心也会有差异。教师可基于幼儿的经验，从幼儿的一日生活中了解

幼儿的兴趣和关注点，并以此作为教育的契机。这种渗透式的教育有利于幼儿获得相关的经验。比如，玩沙子是幼儿感兴趣的游戏，教师可以让幼儿在玩沙子的过程中自主探究并认识、了解沙子。

（三）聚焦幼儿探究过程，发展幼儿自主探究能力

幼儿的科学探究活动以自主探究为主。幼儿在探究过程中获得科学知识和经验，认识事物和现象。在教学中，教师不应只关注探究结果，还应关注幼儿的探究过程。教师应遵循以幼儿为主、以教师为辅的原则，引导幼儿自主探究。在科学探究活动中，幼儿假设、猜想、提出问题、考察、运用材料、分析探究结果、交流等都需要教师适时、恰当地引导。教师要为幼儿提供探究的机会与条件，让幼儿通过探索、感受、发现进行学习。幼儿亲历探究的过程，可以掌握探究的方法，获得探究的能力。为了让幼儿更好地进行科学探究，教师应做到以下几点：

一是抓住幼儿感兴趣的问题，引导幼儿在探究的过程中对事物进行观察。观察是幼儿在科学探究时运用的最基本和最重要的方法。幼儿对事物或现象的理解是从观察开始的。教师有必要培养幼儿对观察的兴趣，以问题为导向，促进幼儿有计划地观察。

二是肯定幼儿的猜想、假设，鼓励幼儿大胆推测。猜想、假设对幼儿的学习与发展具有重要的价值。教师需要关注、肯定幼儿的猜想、假设行为，鼓励幼儿在猜想、假设时用自己喜欢的绘画、讲故事等方式进行交流和讨论。教师在给予幼儿支持、鼓励的基础上，需要帮助幼儿扩展、深化猜想、假设，如让幼儿在日常生活中、游戏中、阅读故事中进行猜想、假设。

三是鼓励幼儿在探究中进行多种形式的记录与交流。记录与交流不仅可以提高幼儿的探究兴趣，还能够推动幼儿进行自主探索与思考，因此应贯穿整个探究活动过程中。教师不仅要注重幼儿的探究过程，还要鼓励幼儿进行记录与交流。教师应鼓励幼儿记录探究的过程和结果，鼓励他们进行交流，通过这些有意义的记录与交流，使幼儿对他人的发现感兴趣，从而丰富他们的认识，推动他们自主探究和自主思考。教师还应尊重幼儿多样化的记录与交流方式，让幼儿可以自主表达、交流。这有利于教师了解幼儿的探究水平、想法，推动幼儿在自主探究的过程中不断学习和发展。

（四）采用适宜、多样的教学策略，促进幼儿对知识的主动建构

学前儿童的科学学习要以探究为核心。探究既是科学学习的目标，又是科学学习的方法。教师应该了解和尊重幼儿在学习与发展中的个体差异，使幼儿获得更好的发展。为了适应幼儿的个性、差异性，在幼儿科学教学中，教师有必要灵活、综合地使用多种教学方法和策略。

1.采用启发式教学方式，激发幼儿探究欲望

好奇、好问是孩子的天性。好奇、好问的幼儿常常会根据自己接触的事物与现象表述困惑、提出问题。面对幼儿的好奇与问题，教师应该耐心、认真倾听幼儿的真实想法，进行启发式教学，引导幼儿探究问题、寻找答案。比如，幼儿在探究与水相关的问题的过程中，通过对水的感知、操作，发现水是无色、无味、流动的液体。幼儿还能通过探究，结合自己原有的生活经验，发现水的用途。幼儿在与周围环境相互作用的过程中，不仅能够对物体的属性进行感知，还能够通过自主观察、表达、交流等产生进一步探究的欲望。

2.提供材料，引导幼儿自主探究

幼儿具有巨大的发展潜能。在探究活动中，教师不能轻视幼儿的能力。在科学探究活动中，幼儿的自主探究并不是真正意义上的自主探究，往往是在教师指挥下的自主探究。因此，教师需要以幼儿的兴趣和需求作为开展自主探究活动的前提，为幼儿提供一些合适的操作材料。幼儿可以独立自主地选择用于探究的材料，并按照自己的想法进行操作。教师要引导幼儿运用材料进行探究，让幼儿真正参与探究活动。在探究活动开始之前，在幼儿没有材料需求的情况下，教师不需要马上呈现探究材料，而要征询幼儿的意见，方便他们进行各种活动，可以与幼儿共同设计、准备探究需要的材料。在这个过程中，除根据幼儿的需求提供材料外，教师还应在适当的时候提供一些有挑战性的材料，以协助幼儿进行深入的探究。这样，幼儿不仅能够自主动手获取有关的信息，了解事物的特性及事物之间的关系，获得有关的知识、经验，还能获得更多的探索机会。

3.创设探究环境，给幼儿充足的自主探究时间

幼儿的科学探究并不是一蹴而就的。幼儿需要一定的时间来发现问题、解决问题，获得认识。教师应该让科学教学的过程成为幼儿真正自主探究的过程，让科学教学的过程成为幼儿自主发现、进行尝试、解决问题、获得认识的过程。教师需要预留给幼儿充足的自主探究时间。教师可以利用区角活动，让幼儿自主引出探究的主题，让他们自主进行探究活动。幼儿根据自己的兴趣、需求选择不同的区域、不同的操作材料和不同的操作方法进行自主探究。

4.让幼儿开展小组分工协作

探究式合作不仅可以促进幼儿合作、协商，还可以帮助他们在探究过程中与同伴进行分工。在项目教学中，幼儿有很多机会与同伴合作学习，讨论探究的过程和结果。幼儿与同伴合作学习的过程是幼儿积极主动学习的过程。教师可以通

过多种方式为幼儿创造合作、交流的环境，如组织幼儿进行讨论、分享，开展小组合作活动，从而培养幼儿的合作意识与合作能力。

（五）找准介入时机，对幼儿的科学探究进行有效引导

在幼儿科学教学活动中，教师的作用体现为以幼儿为活动的主体，尊重幼儿，支持幼儿的主动探究，让幼儿通过自主探究活动获得知识、经验。幼儿的探究不是漫无目的的，而是在教师的引导与支持下进行的。教师在幼儿探究中起着举足轻重的作用。

1.注意观察

项目教学具有生成性、动态性的特点。教师需要具备一定的观察能力，因为观察是教师指导的前提。教师通过观察可以对幼儿的兴趣、需要、发展水平进行初步的了解和判断，进而能够找准介入的时机，给予幼儿恰当的帮助。

（1）教师对幼儿日常生活进行随意观察与有意观察，敏锐地观察到幼儿的学习兴趣与需求，并据此对幼儿的探究活动进行适时的安排与引导。比如，当幼儿在操作的过程中需要帮助时，教师不能急于介入活动、对幼儿进行指导，而需要在一旁对幼儿进行观察，通过观察了解幼儿目前的操作水平，对现有材料的适宜性进行分析，在此基础上对幼儿进行有针对性的指导。

（2）在项目教学中，教师要用扫视的方式观察所有的幼儿，观察他们的表情和行为，判断幼儿是否在积极活动。在幼儿探究时，教师要通过观察判断幼儿需要的探究材料，选择恰当的时机投放材料。

比如，大班科学探究活动"奇妙的溶解"：

实验一：幼儿首先观察白糖的颜色和形状，将一勺白糖倒入温水中并充分搅拌，紧接着自主观察白糖在温水中发生了什么样的变化。幼儿进行猜想、假设，猜测白糖到哪里去了。幼儿在品尝杯子里的水的过程中发现杯中水的味道是甜的，原来白糖跑到水里去了，这种现象叫溶解。

实验二：幼儿将教师准备的黑豆、冰糖、大米分别放入盛有水的玻璃杯内，在充分搅拌后，发现冰糖消失了，并了解到冰糖放入水中会溶解，黑豆、大米则无法溶解，并不是所有的物体都能在水里溶解。

需要注意的是，教师在提供材料时，需要说一些引导性的话语，如"或许这个材料会对你有帮助"。这可以引发幼儿思考。教师在关键时刻对幼儿的探究材料进行补充，能够进一步让幼儿深入探究。

（3）教师在避免背对大部分幼儿的前提下，在活动中需要关注到个别幼儿，要注重对个体的观察，关注小组成员的具体需求，鼓励幼儿自主解决问题或向同伴求助，在此基础上，给予幼儿适当的协助。

2.善于倾听

在幼儿自由探索时，教师要善于倾听幼儿的想法，尊重和接纳幼儿的解释。在小组讨论时，幼儿会自发地表达自己的观点、想法。在探究中，幼儿更倾向于同伴之间交流、互相支持和互相补充，很少寻求教师的帮助，即根据自己的探究结果对事物或现象进行解释。教师在幼儿自主探究的过程中要尽量不打断幼儿的操作，通过观察、思考幼儿的行为判断幼儿的需求，在必要时给予幼儿帮助。教师还应组织幼儿进行讨论，帮助幼儿将自己的发现引向深处。需要注意的是，教师在组织幼儿讨论时，不能代替幼儿解释，而应鼓励幼儿对自己的观察、发现进行大胆表述，真正做一个倾听者。

3.有效提问

提问是教师教学成功的前提条件。有效的提问不仅可以促进幼儿自主探究，还可以提高幼儿探究的广度和深度。提问作为教师引导幼儿科学探究的重要途径，贯穿幼儿科学探究的整个过程。在幼儿园科学教学活动中，教师适时提问，有利于启发幼儿进行积极、独立的思考。要在恰当时机提出恰当且有效的问题，教师需要掌握提问策略。在科学探究活动中，教师需要明确提问的目标，让幼儿在明确探究重点的基础上进行思考。教师提问的内容要符合幼儿的认知、经验水平，若超出了幼儿的认知、经验水平，幼儿就很难理解教师提问的内容，提问就不会有好的效果。另外，教师要避免"是不是""对不对"等封闭式、无效提问，要使提出的问题具有层次性和渐进性，使提问成为教师支持、引导幼儿进行科学探究的重要教学策略。

（六）利用多种资源，丰富幼儿在自主探究中的经验来源

在项目教学中，随着项目的实施，教师可以不断丰富幼儿经验的来源。经验来源包括直接经验来源与间接经验来源。

直接经验来源包括实地考察、调查。在项目的第一阶段，幼儿在父母协助下进行实地调查。教师应在幼儿明确调查目的的前提下，为幼儿提供直接经验来源。比如，在"神秘的洞"活动中，幼儿进行了对洞的调查，并将自己的实地调查结果记录下来。在探究蚂蚁的洞这一环节，幼儿对自己的绘画作品进行解释、说明，表达自己对蚂蚁的洞的理解。经验来自主客体之间的相互作用。在项目教学中，教师让幼儿在"做中学"，让幼儿通过直接操作、亲身经历获取直接经验。

在项目教学的不同阶段，间接经验来源同样可以支持幼儿自主探究，如绘本、与项目有关的视频等。比如，在第一轮行动研究中，幼儿先对牙齿的形状、牙齿的结构产生了疑惑，提出了许多问题。随后幼儿阅读有关牙齿的绘本，观看

相关视频，对牙齿的生长过程、牙齿的不同形状、牙齿内部结构以及牙齿的作用进行了初步了解。

（七）建立文件档案，推动幼儿科学探究自主性提升

在项目教学中，教师可建立文件档案。文件档案包括项目教学过程中幼儿的汇报、作品、图片、记录、反思等。文件档案对引导教师的教学方向、评估幼儿的学习成果等起到了重要作用。

在项目教学中，教师要对幼儿的自主活动进行记录，如记录幼儿在参与活动的过程中提出了什么问题、做出了什么行为等，并将这些记录归入文件档案。教师在观察、倾听、等待中了解幼儿的探究，收集幼儿的作品、照片、观察记录等，将这些作品、照片、记录等归入文件档案。教师通过对文件档案进行整理、分析与反思，可获取教学的灵感，灵活调整教学，使教学沿着正确的方向进行。

（八）注重提高教学能力

教师要想将项目教学引入幼儿园，并对项目教学活动的基本知识、理论有所认识，就要能够实际组织、实施项目教学活动，要敢于创新、勇于试错。比如，在具体项目实施中，教师应尊重幼儿的主体性，让幼儿进行自主探究、自主操作。当幼儿的行为与教师的预期背道而行时，教师不应急于介入活动，不应过多干预幼儿的行为。又如，教师让幼儿自主探究的目的是顺应幼儿的兴趣和需求，但是教师又不能完全放任幼儿不管，在保障幼儿主体性的同时，要牢记教师的任务与职责，对幼儿进行适当引导。教师需要不断反思，不断进行实践，在幼儿自主探究的过程中对幼儿进行适时指导。另外，教师要给予自己一定的时间，对遇到的各种问题进行具体且有针对性的分析，不能依赖原有的教育工作计划、参考资料、教案等，要根据幼儿的实际情况，思考项目教学的实施过程和策略，然后付诸实践。总之，教师要丰富自己的理论知识，真正领会项目教学的要义，不断提高教学能力，从理论与实践层面为培养幼儿科学探究能力打下基础。

第三章 在表演游戏中培养幼儿合作行为的实践研究

一、开展表演游戏前中 S 班幼儿合作行为发展现状

（一）中 S 班幼儿合作行为的总体状况

研究者在 H 幼儿园中 S 班正式开展表演游戏活动前，对该班幼儿进行了为期三周的观察，目的是了解幼儿合作行为的整体状况，同时亲近幼儿，消除彼此的陌生感，为后续的活动开展打下良好的基础。研究者将该班的 40 名幼儿作为观察对象，参考喻小琴针对幼儿合作技能发展水平而划分的 12 个维度[①]，采用幼儿合作行为观察记录表，对幼儿现有的合作行为水平进行统计分析，分析结果如表 3-1 所示。

表3-1 开展表演游戏前幼儿合作行为观察记录表

观察者：研究者		观察对象：中 S 班全体幼儿
观察时间：2021 年 10 月 11 日—29 日		观察阶段：表演游戏活动开展前
幼儿合作行为	频次	百分比
自觉配合	44	7.33%
协商	21	3.50%
指导、示范	36	6.00%

---

① 喻小琴：《幼儿同伴合作行为研究》，硕士学位论文，陕西师范大学学前教育学专业，2007，第 16 页。

观察者：研究者		观察对象：中 S 班全体幼儿
观察时间：2021 年 10 月 11 日—29 日		观察阶段：表演游戏活动开展前
幼儿合作行为	频次	百分比
邀请	42	7.00%
询问	53	8.83%
建议	37	6.17%
提醒	49	8.17%
解释说明	31	5.17%
轮流等待	23	3.83%
妥协、服从	95	15.83%
命令、指挥	60	10.00%
强迫	109	18.17%
合计	600	100%

中 S 班幼儿现有的各种合作行为占总体合作行为的比例如图 3-1 所示。

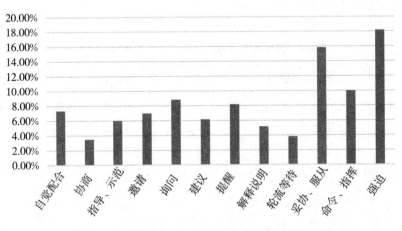

图 3-1　幼儿合作行为百分比图（表演游戏开展前）

由表 3-1 和图 3-1 可知，在幼儿所有合作行为中，"强迫"这一行为出现的频次最多，为 109 次，所占比重最高，为 18.17%；其次是"妥协、服从"，这一行为出现频次为 95 次，占比 15.83%；再次是"命令、指挥"，这一行为出现的频次为 60 次，占比 10.00%。合作行为中出现最少的两种行为是"协商"和"轮流等待"，这两种合作行为分别出现 21 次和 23 次，只占 3.50% 和 3.83%。其余的合作行为出现频次无太大差异。

中 S 班的幼儿经过小班一整年的相处，彼此之间都比较熟悉了，有一定的集体观念，也有了合作意识，有时可以邀请其他幼儿一起进行游戏。但是他们选择的合作伙伴一般比较固定，合作对象的范围很小，而且他们倾向于选择同性的同伴。在户外活动或者游戏中，幼儿往往选择和自己亲近的小伙伴一起玩耍，形成了很多单独的小团体。即使在各自的小团体中，也不是每位幼儿都能发挥积极作用，个别幼儿有领头的作用，能够做出"建议""邀请""解释说明""指导、示范"这些积极的合作行为。

（二）教师对幼儿合作行为及其培养的认识

研究者在幼儿午休时间以及下班后的空闲时间，对中 S 班的 5 位教师分别进行了访谈，从教师的角度了解了该班幼儿合作行为的水平以及班级中开展表演游戏的情况。研究者自编访谈提纲，围绕对幼儿合作行为培养的认识程度、行为分析以及表演游戏开展的主题、频率、环境创设、材料投放等，共设 10 个问题。5 位教师结合自己日常工作中的经验和认识，对这些问题进行了耐心且细致的回答。研究者根据教师的一些见解，从侧面也了解到幼儿合作行为的一些具体表现。

幼儿合作水平不高：

研究者：您认为现在您班级中幼儿的合作水平是怎样的？

C 老师：应该处于比较低的层次。而且他们对合作应该还没有正确的概念。比如，在绘画活动或一些游戏活动中，他们更愿意独立完成任务。

访谈时间：2021 年 10 月 14 日

游戏中幼儿的合作行为较多：

研究者：您认为现在班级中幼儿有哪些合作行为？可以举例说明吗？

W 老师：在搭建区，幼儿一起搭建是合作行为。

Q 老师：我们组织幼儿在户外玩游戏的时候，玩沙包就是一种需要配合的游戏。

访谈时间：2021 年 10 月 18 日

通过以上访谈可以看出，这几位教师对幼儿的合作行为的认识不够深入，仅认为合作行为在某些游戏活动中有所体现，没有意识到中班幼儿已经具备一定的合作意识，没有意识到利用关键期对幼儿进行合作行为的培养具有重要意义。

表演游戏活动的开展：

研究者：您在班级中开展过表演游戏吗？开展时间、频率是怎样的？

W 老师：开展过。表演游戏大概一个月能开展一次。

Q 老师：我来幼儿园工作半年了，可能这半年太忙了，活动太多了。反正我来了之后没有开展过一次表演游戏。

访谈时间：2021 年 10 月 20 日

表演游戏有利于提高幼儿的表演能力和语言表达能力：

研究者：您认为表演游戏有哪些教育价值？能培养幼儿的哪些能力？

J 老师：表演游戏可以锻炼孩子的语言表达能力和表演能力。

C 老师：通过表演游戏，幼儿的表演能力和语言表达能力都能得到提高。

Q 老师：能培养幼儿的表演能力。

访谈时间：2021 年 10 月 22 日

通过以上访谈可以看出，该幼儿园和几位教师对表演游戏的教育价值认识不够全面。该幼儿园难以保证表演游戏开展的频次足够多。这几位教师只认识到表演游戏对提高幼儿的表演能力和语言表达能力有一定的积极作用，对表演游戏的其他教育意义知之甚少。

教师如何指导幼儿合作完成表演游戏活动：

研究者：您通常会选择什么表演游戏主题？您选择游戏主题的依据是什么？

J 老师：我开展表演游戏活动，可能会选择一些有故事情节的活动作为主题。游戏主题最好对孩子有教育意义。

C 老师：我觉得应该选择一些有育人作用的故事。

B 老师：我会选择一些剧本，选择的依据是游戏主题要符合儿童的年龄特征。

研究者：您在表演游戏活动中如何对幼儿的合作行为进行指导？

J 老师：我认为应该让幼儿商量扮演什么角色，让他们一起配合着完成游戏。

C 老师：让孩子一块表演。

Q 老师：我觉得应该充分发挥幼儿的主动性，让他们自己商量。教师应该减少干预。

研究者：您认为在幼儿合作行为培养的过程中会遇到哪些困难？

J 老师：我觉得现在的一些孩子比较喜欢独立活动，所以合作有时不太容易达成。

Q 老师：我认为合作行为的培养是个长期的难题，需要在一日生活当中慢慢去渗透。具体的方法还需要反复研究。

B 老师：我认为让幼儿有合作的意识是最困难的。

访谈时间：2021 年 10 月 25 日

表演游戏中的环境创设和材料投放如何安排更有利于培养幼儿的合作行为：

研究者：在进行表演游戏的环境创设时，会有幼儿参与进来吗？

W 老师：在之前的活动中，幼儿都是不参与环境创设的，只有老师进行环境创设。不过我觉得有必要让幼儿参与进来。

Q 老师：我觉得让幼儿参与环境创设，教学效果会更好一些。但是因为每次的活动时间有限，一般教师就代劳了。

研究者：表演游戏的材料投放依据是什么？在投放材料时，您会准备针对幼儿合作能力培养的材料吗？

W 老师：材料投放的依据应该是材料要跟表演游戏的主题相关。我觉得应该多投放一些培养幼儿合作能力的材料，但是之前没有注意过这个问题。

C 老师：材料投放可以是以表演为背景的。比如，布置一个舞台，准备一些道具。合作能力培养方面的道具我暂时还没想到。

B 老师：材料投放要根据班级的实际情况而定。如果有一些可以让幼儿选择和合作的道具，想必应该有不错的教学效果。

访谈时间：2021 年 10 月 27 日

通过以上访谈可以看出，这几位教师对如何有效利用表演游戏培养幼儿合作行为有一定的思考。在表演游戏中如何更加合理地进行环境创设，如何使材料投放更加有效，如何使教师指导更有针对性，这些问题都是教师想要在实际工作中解决的。教师迫切希望利用幼儿园的教育活动切实提高幼儿的合作水平，对于努力的方向和方法也有迫切的需求。

研究者对以上访谈进行分析后发现，教师对幼儿的合作行为培养的重要性有一定的认识，并且认为应当提高所带班级的幼儿合作水平。但目前该班中幼儿的合作行为多出现在一些游戏中，如搭建游戏、户外沙发游戏和骑车游戏等，该班中表演游戏活动开展较少。但是教师都认可表演游戏的教育价值，认为它可以培养幼儿的多种能力，如表演能力、语言表达能力。教师认为，如果开展表演游戏活动，那么可以选择一些有教育意义的故事或者一些符合幼儿年龄特征且对他们有积极影响的童话故事、剧本故事作为游戏主题；在表演游戏开展过程中，要充分发挥幼儿的主动性，让他们合作完成游戏，但是如何让幼儿合作完成游戏是教师需要考虑的问题；可以让幼儿一起参与表演游戏的环境创设以及材料投放，并且可以尝试多投放一些有助于幼儿合作的道具材料，发挥幼儿的主动性，培养幼儿的合作能力。对于游戏开展的过程、目标和方式方法，教师认为需要得到有针对性的指导建议。

（三）中班幼儿合作行为的影响因素

中S班幼儿的合作行为存在上述的一些问题。这应该不是个别现象，更多的班级、更多的幼儿很可能也会存在这些问题。造成上述问题的原因包括幼儿自身原因，以及教师、家庭等一些外部的原因。教师要明确问题产生的原因，这样才能有针对性地采取措施去进行接下来的教育活动。研究者把幼儿合作行为方面出现的一些问题归因如下：

1. 性格特征差异

合作行为是否能达成其实和幼儿的性格特征存在关联。比如，有些幼儿性格活泼、外向、开朗、乐观，积极主动，自信，对他人充满爱心、同情心，善于换位思考，能和别人友好相处，并且合作意识较强，能够经常与人合作；有些幼儿性格内向，不善言谈，消极被动，依赖性强，缺乏自主性和自信心，往往不善于与他人合作，难以和其他幼儿愉快、和睦地相处，缺乏合作意识和合作行为。在研究者调查的中S班中，这两类性格的孩子都有，他们的合作行为确实和他们的性格特征有很大关系。性格特征的巨大差异导致了幼儿合作行为表现得千差万别。

2. 榜样、强化的作用

榜样和强化的作用不容忽视。幼儿将榜样作为模仿和崇拜的对象。榜样能促进幼儿合作行为的产生。强化能促使幼儿良好合作行为的发生频次增多。比如，班级中有合作行为发展较好的幼儿，他们对其他幼儿来说就是一种榜样。当他们向其他幼儿发出邀约、建议等一些合作信号，其他幼儿及时、准确地接收、理解这些合作信号的时候，合作行为就产生了。如果这些合作行为得到教师的表扬，那么这些合作行为就被强化了。幼儿了解到合作是一种好的行为，这种行为会得到教师和其他小朋友的认可和赞扬，他们的合作行为出现的频次就会增加。

3. 教师教育方式

教师对幼儿合作行为培养的意识是影响幼儿合作行为发展的重要因素。研究者通过对班级中 5 位教师的访谈发现，这几位教师都认为对幼儿进行合作行为培养十分重要，但是对为什么重要以及怎样培养比较茫然，而且将培养幼儿的合作行为渗透一日生活中的意识还远远不够。教师应有培养幼儿合作行为的意识，学会培养幼儿的合作行为，将对幼儿合作行为的培养渗透幼儿一日生活中。此外，教师要抓住教育契机。比如，有幼儿出现合作行为时，教师应及时抓住这一良好的教育契机，强化这种合作行为。教师在幼儿的游戏活动中不能干预、示范得太多，应留给幼儿自主协商和讨论的机会，这有利于幼儿自主进行合作。

4. 家庭教养方式

每位幼儿都有独特的家庭环境。家长的教养方式不仅会影响幼儿认知的发展，还会影响幼儿合作行为的发展。从家庭教养的角度来分析，家长的教养方式对孩子的合作行为影响巨大。专制型的家长对孩子要求过高，限制了孩子的独立性和创造力发展。宽容型的家长给予孩子过多自由的空间，导致孩子几乎不受约束地成长，孩子的共情能力相对较弱。理想的教养方式是民主型的，家长不仅应注重增强孩子的独立性，培养孩子的创造力，还应尊重孩子的想法和建议，及时纠正孩子不符合社会要求的行为。在这种民主型的教养方式下，孩子能明辨是非，自律，也开朗、自信，共情能力发展较好，能学会与别人交往、与人沟通等。这有利于他们合作行为的发展。

二、在表演游戏中培养中 S 班幼儿合作行为的实践研究过程

表演游戏活动的开展分 3 个阶段，共 6 周的时间。研究者根据布卢姆（Bloom）的目标分类理论，将 6 周的表演游戏目标分为认知、情感与动作技能维度，在此基础上，根据《幼儿园教育指导纲要（试行）》与《3～6 岁儿童学习与发展指南》的要求，制订了符合幼儿身心发展需要、满足幼儿合作行为发展基

本要求的表演游戏活动方案（见表3-2）。另外，研究者在表演游戏活动开展过程中，有意识地引导幼儿树立合作意识、运用合作策略，培养幼儿的合作行为。

表3-2 表演游戏活动方案

阶段	表演游戏目标维度	阶段总目标	周次	表演游戏活动
第一阶段	合作的认知维度	让幼儿认识并理解合作的重要性和必要性，使幼儿具有初步的合作意识和合作倾向	第1周	"巨人的花园"
			第2周	"比赛"
第二阶段	合作的情感维度	让幼儿加深对合作行为的理解，使他们具有良好的合作态度和合作精神	第3周	"三只蝴蝶"
			第4周	"助人为乐的小猫"
第三阶段	合作的动作技能维度	让幼儿掌握合作的方式并能和同伴开展良好的合作行为	第5周	"拔萝卜"
			第6周	"营救小兔"

（一）第一阶段的表演游戏活动

第一阶段的表演游戏活动总目标的具体内容如下：

（1）让幼儿积极参与表演游戏，让他们对表演游戏活动有正确的认识、参与兴趣浓厚。

（2）让幼儿了解合作的基本特点（两人或者多人为实现同一个目标而共同努力）。

（3）在表演游戏活动中，让幼儿懂得合作的重要性，并使幼儿主动与其他幼儿协商合作、共同完成任务。

（4）在遇到困难时，幼儿有尝试与合作伙伴共同解决问题的倾向。

1.第1周表演游戏："巨人的花园"

（1）游戏目标：

①激发幼儿的兴趣，让他们喜欢表演游戏。

②通过游戏加深幼儿对故事内容的理解。

③让幼儿勇于在集体中表现自己，提升幼儿的模仿能力和语言表达能力。

④让幼儿通过与同伴共同完成表演游戏感受到共同游戏的乐趣、认识到合作的重要性、明白合作与共享能带来快乐。

（2）游戏准备：准备巨人头饰以及房子、花朵、小草道具等。

（3）游戏活动开展过程：

①教师用故事情节导入，引出表演游戏主题。

教师：小朋友们，今天老师要给大家讲一个故事，故事的名字是"巨人的花园"。

（教师展示PPT图片，同时声情并茂、抑扬顿挫地讲故事，吸引幼儿的注意力）

教师：小朋友们，你们喜欢这个故事吗？

幼儿：喜欢。

教师：那么，我们把故事编成一个表演剧，大家来当小演员，把故事表演出来，好不好？

幼儿：太好啦！

教师：哪些小朋友想表演？

这时有好几位幼儿举手。教师可以先挑选能力较强的幼儿来表演，让这些幼儿为其他幼儿做示范。教师选出了阳阳、诺诺、聪聪和佳茹四名踊跃举手且能力较强的幼儿。

教师：你们几个真的是小勇士，在第一场表演中就这么积极，真的太棒了！你们几个商量一下怎么分配角色，好不好？

教师鼓励幼儿自主协商角色分配，让他们进行同伴合作、自主交流。角色分配完毕后，教师让幼儿分别戴好头饰。大家一起把游戏道具摆好，表演游戏即将开始。

②教师组织幼儿进行表演游戏。

教师：小朋友们，今天我们一起到巨人的花园里去玩吧！那里有美丽的风景。路很远，你们可要跟上，千万别掉队了。我们一起爬过小山坡，蹚过小溪流，终于来到了巨人的花园。

教师用语言创设情境，吸引全班幼儿的注意力，让他们有身临其境的感觉。扮演孩子的几位小演员上场，表演在花园里玩耍。此时，教师要鼓励这几位小演员开动脑筋想想应该怎么演。在教师的指导下，这几位小演员商议之后，聪聪做出摘花的动作，诺诺和佳茹在花园里玩你跑我追的游戏。这时，巨人阳阳上场。

巨人：谁允许你们来这里玩的？！都出去！

巨人十分生气，说话声音很大。阳阳开始表演时声音太小了。在教师指导下，阳阳重演了一遍，把巨人活灵活现地表演出来。在巨人的花园玩耍的孩子吓坏了，四散奔逃。

教师：小朋友们，巨人非常不喜欢有人来他的花园，所以整个冬天他孤独地度过了。这个冬天好冷呀！好不容易把春天盼来了。巨人激动地跑到花园里，但是又看见孩子们在高兴地做游戏。

诺诺、聪聪和佳茹三人手拉手在花园里玩耍。巨人阳阳上场。

巨人：好不容易盼来了春天。你们又来捣乱，都给我出去！

诺诺、聪聪和佳茹三人吓得趴在了地上。
教师：巨人把孩子吓坏了。与此同时，树叶枯萎，鲜花凋零，花园又被冰雪覆盖了。这时，树下有一个小男孩儿。他伸手一指，桃树立刻开出了美丽的花朵。

聪聪站起来做伸手的动作。教师将花朵的道具摆好。

巨人：我懂了。原来没有孩子的地方就没有春天。
教师：从那以后，巨人的花园就变成了孩子的乐园。巨人和孩子一起玩耍，真的太开心、太幸福了！

巨人和三个孩子一起手拉手做游戏。

③幼儿讲评游戏，分组表演。

教师：小朋友们，第一场演出结束了。我们把热烈的掌声送给小演员阳阳、聪聪、诺诺和佳茹！他们表演得特别棒，对不对？那么，你们最喜欢谁的表演？他哪里表演得好？小朋友们别着急说，四个人分成一个小组，和同组的小伙伴商量一下。一会儿，每组派一个代表说说，好吗？

教师鼓励幼儿分组讨论，锻炼幼儿的合作能力以及语言表达能力。

幼儿代表1：我们组最喜欢阳阳的表演。他演的巨人很吓人。
幼儿代表2：我喜欢阳阳的表演。因为他演得像巨人。
幼儿代表3：我们喜欢聪聪的表演。因为他声音大。
幼儿代表4：佳茹演得好。因为她是小女生。
幼儿代表5：我觉得诺诺演得好。因为他趴在了地上。

小组代表分别发表了意见。教师依次进行了鼓励。

教师：小朋友们都看得这么仔细，发现了小演员好多的优点，你们真的太厉害了！接下来，我想邀请其他的小朋友上来表演。哪位小勇士想来挑战一下？

教师邀请其他幼儿进行表演游戏。这次游戏结束后，教师小结，幼儿讲评。进行两组集中表演之后，幼儿都把故事情节和人物关系了解清楚了。接下来，幼儿按照当时的分组进行表演游戏。幼儿自由协商选择游戏角色并商议游戏情节。教师巡视并及时指导。游戏结束后，教师和幼儿一起将场地收拾整洁。
④活动延伸。教师与幼儿一起讨论。

教师：小朋友们，巨人不让孩子来花园里玩的时候，花园是什么样子的？
幼儿：花都谢了，树叶也落了，花园被冰雪覆盖了。
教师：孩子在花园里玩时，花园又是什么样子的？
幼儿：花都开了，非常漂亮。
教师：最后巨人和孩子一起在花园里玩耍，巨人感觉快乐吗？
幼儿：快乐。

教师：那么你是不是也喜欢和小伙伴一起玩呢？

幼儿：是的。

教师：你们觉得自己玩比较开心还是和小伙伴一起玩比较开心？

幼儿：和小伙伴一起玩开心。

教师：这就体现了合作的重要性，说明合作能给我们带来快乐。小朋友们知道了吗？

幼儿：知道了！

教师总结，让幼儿对合作有了整体认识，让幼儿明白合作能带来快乐。

（4）游戏中的合作行为案例分析：

在第二组示范表演中，三位幼儿扮演来巨人的花园里玩的小朋友。其中，宁宁对另外两个幼儿建议道："我们假装在花园里玩捉迷藏吧。"另外两个幼儿马上赞同。三个幼儿假装藏在了花园里的不同地方，这样做使表演更加真实，符合场景的设定。宁宁向两个伙伴发出邀请和建议，两个伙伴立刻收到了合作的信号，并给予了积极回应，合作行为得以实现。

在分小组进行表演游戏时，涛涛和君泽产生了小小的冲突。涛涛说想演巨人，君泽说他也想演巨人。两人争执了一会儿之后，涛涛说："要不然这一次你先演巨人吧。一会儿我们再演一次，就该我演巨人了。"君泽表示赞同。涛涛能够自觉等待，而且提出折中的办法，使冲突终止，使游戏得以顺利进行。

2.第2周表演游戏："比赛"

（1）游戏目标：

①让幼儿积极参加表演游戏，让他们通过游戏加深对故事内容的理解。

②让幼儿学会遵从意愿选择角色进行扮演。

③让幼儿学会聆听、尊重他人意见，让他们大胆、清楚地表达自己的意见。

④让幼儿通过和同伴一起参与表演游戏感受共同游戏的快乐、认识到合作的重要性、明白合作与共享能带来双赢。

（2）游戏准备：准备小猫头饰、小鹿头饰、狮子头饰以及小河、老鼠洞道具等。

（3）游戏活动开展过程：

①教师用故事情节导入，引出表演游戏主题。

教师：小朋友们，大家好。今天老师给你们带来了一个特别好听的故事，故事的名字是"比赛"。

（教师手拿小猫、小鹿和狮子的图片，给小朋友绘声绘色地讲故事）

教师：小朋友们，你们喜欢这个故事吗？

幼儿：喜欢。

教师：上周小朋友表演了"巨人的花园"，都演得特别好。今天我们把"比赛"这个故事也编成一个表演剧，大家来当小演员，把故事表演出来，好不好？

幼儿：好。

教师：哪些小朋友想表演？

这时有好几位幼儿举手。因为这是今天的第一场示范表演，所以教师挑选了能力较强的几名幼儿先来表演，让他们给其他幼儿做示范。教师选出了雯雯、梓辰和新新三名踊跃举手且能力较强的幼儿。

教师：你们几个真的太棒了！第一场表演是示范表演，难度比较大。小朋友们为他们鼓鼓掌吧！你们三个商量一下怎么分配角色，好不好？

教师鼓励幼儿自主协商角色分配，让幼儿进行同伴合作、自主交流。角色分配完毕后，教师让幼儿戴上头饰。大家一起把游戏道具摆好。表演游戏即将开始。

②教师引导幼儿进行表演游戏。

小猫和小鹿上场。

教师：小猫和小鹿都是跑步健将。它们想挑今天这个好日子来一决胜负。它们请来了狮子大叔当裁判。

狮子大叔上场。

　　狮子大叔：本次比赛的规则就是跑到这条河的对岸，那边有个老鼠洞，你们要到老鼠洞里捉一只老鼠回来，谁先捉回来谁就赢了。

　　小鹿：肯定是我赢，因为我腿长，过河那是轻轻松松的。

　　小猫：冠军一定非我莫属，因为我的身子小，最擅长捉老鼠了。你绝对不可能赢！

　　这一段台词较多，三个孩子有些记不下来，所以练习了两遍。教师提醒扮演小鹿和小猫的幼儿要把胸有成竹的感觉表演出来，小鹿和小猫都认为自己会赢。教师提示后，扮演小猫的雯雯表演出了这种胸有成竹的感觉，语气和神态都比较到位。

　　教师：比赛开始了，小鹿蹚着水轻松地过了河，到了对岸。它很快就找到了老鼠洞，却发现洞口太小了，自己的身子怎么也进不去。

　　（扮演小鹿的幼儿要跟随故事情节做一系列的动作。这段表演没有台词，但是对表演者的要求比较高。表演者要将情节演出来）

　　教师：此时，小猫却还在河的对岸呆愣着，因为它根本不会过河。

　　扮演小猫的雯雯不知道这里怎么演。教师建议雯雯做出东张西望、抓耳挠腮的动作且面带着急的表情。

　　狮子大叔：哈哈。让我教你们一个办法吧！你们如果合作，就一定能捉到一只又大又肥的老鼠。

　　教师：小鹿半信半疑地蹚过河，回到了小猫的身旁，让小猫骑在它的背上，驮着它一起过了河。

　　扮演小猫和小鹿的幼儿将这段故事表演了出来。但考虑到安全，教师没有让小鹿扮演者真的去驮小猫扮演者，只是让他们做出相应的动作，把故事情节表演出来。

　　教师：小猫一过河，就迅速来到鼠洞旁，迈着优雅的猫步走进了老鼠洞，挑选了两只又大又肥的老鼠。

此时，小猫扮演者要把小猫那种神气的表情表演出来。

教师：小鹿开心地驮起小猫，回到了河的对岸。它们一起把老鼠交给了狮子大叔，完成了任务。

③幼儿讲评游戏，分组表演。

教师：小朋友们，第一场演出结束了。我们把热烈的掌声送给小演员新新、雯雯和梓辰。他们表演得特别精彩，对不对？那么，你们最喜欢谁的表演？他哪里表演得好？现在三个人分成一个小组讨论一下。但是老师希望你们今天能找新的小伙伴组成新的小组。一会儿，你们每个小组派一个代表来说一说。

教师鼓励幼儿走出自己的小圈子，和其他的小朋友组成新的小组，让幼儿扩大交际圈子，培养幼儿的合作能力。

幼儿代表1：我们组最喜欢雯雯的表演。她演小猫很像。
幼儿代表2：我喜欢梓辰的表演。因为他演得有点像狮子大叔。
幼儿代表3：我们喜欢新新的表演。因为他跑得快。
幼儿代表4：新新演得好。因为小鹿就是那样的。
幼儿代表5：我觉得雯雯演得好。因为她抓到了老鼠。

小组代表分别发表了意见。教师依次进行了鼓励。

教师：小朋友们都看得这么认真，发现了小演员好多的优点。你们真的太棒了！接下来，我想请别的小朋友来表演，谁想来？

教师邀请其他幼儿进行表演游戏。这次游戏结束后，教师小结，幼儿讲评。进行两组集中表演之后，幼儿都把故事情节和人物关系了解清楚了。接下来，幼儿按照当时的分组进行表演游戏。幼儿自由协商选择游戏角色并商议游戏情节。教师巡视并及时指导。游戏结束后，教师和幼儿一起将场地收拾整洁。

④活动延伸。教师与幼儿一起讨论。

教师：小朋友们，小猫和小鹿为什么一开始都捉不到老鼠？

幼儿：小鹿不会捉老鼠，小猫不会过河。

教师：那么，小猫和小鹿最后是怎么捉到老鼠的呢？

幼儿：小鹿驮着小猫过河，小猫捉到了老鼠。

教师：如果你们在生活中也遇到了困难，该怎么办呢？

幼儿：找人帮忙，一起来做。

教师：对，小朋友们，你们如果在生活中遇到了困难，遇到了解决不了的问题，就可以找家长、老师或者小伙伴来帮助你们。大家合作，没有什么困难是解决不了的，对不对？

幼儿：对。

教师总结，加深幼儿对合作的认识，让幼儿明白遇到解决不了的问题时要大家合作来解决。

（4）游戏中的合作行为案例分析：在第一组示范表演中，扮演小鹿的新新发现他的头饰戴不上，头饰有些小。梓辰和雯雯发现后，马上走过来帮助新新。梓辰说："咱们把这个圈拆开重新粘一下吧。"梓辰的建议马上得到了另外两个小朋友的支持。雯雯小心翼翼地把头饰的圈撕开，尽量不去损坏它。新新跑到老师那里借来了固体胶，最后在老师的帮助下，把头饰粘好、固定住。这样，新新可以戴上这个头饰了。三位幼儿齐心协力、配合默契，合作行为得以实现。

3.第一阶段表演游戏活动总结

（1）教师总结与反思：第一周的表演游戏活动开展得比较顺利，有了一个好的开始。幼儿兴趣浓厚，也很有表演欲望。但是积极、主动参与游戏的幼儿只是少数。大部分幼儿比较被动，等着被分配角色。有几位表现出众的幼儿能够在小组中运用"邀请""建议"等合作策略，发出合作信号，大部分幼儿可以接收到合作信号。但是有两个小组的表演游戏没有进行下去，这两组幼儿都手足无措地站在那里，最后虽然在教师指导下完成了一次表演，但表演效果并不好。另外，活动材料的准备有不足之处，有一个巨人头饰没有粘牢固，影响了表演效果。第二周的表演游戏活动的组织和开展比第一周有进步，更多的幼儿了解了表演游戏的流程和规则，所以参与的积极性高了许多。分小组做游戏时，有一个小组表现积极，幼儿表演欲望都很强烈，在有限的时间里进行了三轮表演，而且在这几轮表演中进行了角色互换。这一点比上周进步很大。通过这两周的表演游戏，幼儿对合作行为有了一定的认识，在游戏中不时有一些好的合作策略出现。但是合作行为依旧只出现在一些能力较强的幼儿身上，大部分幼儿的合作意识还需培养，他们的表演技巧也有待提升。幼儿在表演过程中会出现记不住台词、表演不够自然等情况。有些幼儿在游戏中容易分心，容易被其他组的表演吸引，不能全情投入自己的表演。

（2）活动目标达成情况：第一阶段表演游戏的总目标主要是合作的认知维度的目标，即让幼儿认识并理解合作的重要性与必要性，让幼儿具备初步的合作意识和合作倾向。这个总目标大部分幼儿达到了。具体而言，在总目标的详细内容方面，大部分幼儿能积极参与表演游戏活动，并且对表演游戏的兴趣比较浓厚，很期待每周的表演游戏，态度和认识都是正向的。在表演游戏活动开展的过程中，幼儿已经理解了合作的概念：两人或者多人为了实现同一个目标而共同努力。他们在小组表演的时候已经初步了解了要相互配合，才能完成游戏。幼儿在游戏过程中可能会遇到一些困难，如忘记台词、缺少道具等。有部分幼儿尝试和同伴商量解决问题，对于合作的重要性已经具备了一些初步的了解。

（二）第二阶段的表演游戏活动

第二阶段的表演游戏活动总目标的具体内容如下：

（1）培养幼儿的合作责任感和合作精神。

（2）幼儿具备合作意识，能够采用合作的方式共同完成游戏。

（3）在表演游戏中，让幼儿用平等、尊重的态度对待同伴，让他们耐心聆听同伴意见。

（4）在游戏过程中，当别人遇到困难时，幼儿能够给予别人力所能及的帮助。

1. 第 3 周表演游戏："三只蝴蝶"

（1）游戏目标：

①让幼儿感受到与同伴共同游戏的乐趣。

②让幼儿能基本按照故事情节和台词完成表演游戏。

③培养幼儿的语言表达能力，让幼儿学会理解、沟通与聆听。

④教育幼儿要关心别人、分辨是非、团结友爱，加深幼儿对合作行为的理解。

（2）游戏准备：准备三只蝴蝶的头饰（红、黄、白色头饰各一个）、三朵花的头饰（红、黄、白色花各一朵）、太阳头饰、乌云头饰、雨点头饰等。

（3）游戏活动开展过程：

①教师用故事情节导入，引出表演游戏主题。

教师：小朋友们，又到了大家非常喜欢的表演游戏时间了。今天老师带来了三只美丽的蝴蝶。我们先来看看发生了什么。

（教师用电子白板播放"三只蝴蝶"故事视频，让幼儿了解故事情节）

教师：小朋友们，这个故事好听吗？

幼儿：真好听。

教师：你们想不想把"三只蝴蝶"这个故事表演出来呢？

幼儿：想。

教师：哪些小朋友想进行第一轮表演？

根据上两周的表演游戏活动情况，教师选择有较大进步的幼儿，鼓励他们做示范表演，争取使每次选择的做示范表演的幼儿都不同，给更多的幼儿一些表现的机会，锻炼他们的胆量，培养他们的自信。

有三个性格稍微内向的女生这次主动举手了。教师经过在上两周表演游戏活动中的观察，发现她们在小组游戏中表现认真。于是教师邀请了她们，让她们扮演三只蝴蝶。她们是熙晨、想想和然然。教师挑选三朵小花的扮演者时有点儿犯难，因为男生有点儿难为情，觉得扮演小花有点儿不好意思，大家忸怩着不肯举手。

教师：小朋友们千万不用觉得不好意思。其实在表演游戏中是没有性别限制的，男生可以演小花，女生也可以演巨人。如果你们能演好，那才是真正的表演，说明你们什么角色都可以驾驭。在第一轮示范演出中，男生不好意思，我可以理解。那么，我邀请三位老师来演三朵小花，给小朋友们做示范。好不好？

幼儿：好。我想看老师演。

Q老师：前两周看你们表演，其实我可着急了，我早就想演了。

幼儿：哈哈哈。

角色分配完毕后，教师和幼儿戴上头饰。表演游戏即将开始。

②教师引导幼儿进行表演游戏。

教师：花园里有三只美丽的蝴蝶，一只是红色的，一只是黄色的，还有一只是白色的。它们天天一块儿跳舞、游戏，非常快乐。

三只蝴蝶上场，并且做出飞舞动作以及玩耍动作。

教师：有一天，它们正在一起愉快地玩耍。突然下起了大雨。这可怎么办？

教师邀请全班幼儿模仿下雨的声音。幼儿"哗啦，哗啦"地模仿雨声。有个聪明的男生"呜呜"地模仿刮风的声音。三只蝴蝶表现出惊慌的样子，在场地四处跑，想找躲雨的地方。这时三朵小花上场。

教师：三只蝴蝶飞到了红花那里。
三只蝴蝶：红花姐姐，大雨把我们淋得发冷了，翅膀也被淋湿了。让我们到你的叶子下面避避雨吧。
红花：红蝴蝶的颜色像我，红蝴蝶过来吧。黄蝴蝶、白蝴蝶不要过来。

扮演红花的 B 老师一边说着一边向红蝴蝶伸出了手，邀请它来避雨。

三只蝴蝶：我们三个是好朋友，相亲相爱不分手，要来一起来，要走一起走。
教师：三只蝴蝶飞到了黄花那里。
三只蝴蝶：黄花姐姐，大雨把我们淋得发冷了，翅膀也被淋湿了。让我们到你的叶子下面避避雨吧。
黄花：黄蝴蝶的颜色像我，黄蝴蝶过来吧。红蝴蝶、白蝴蝶不要过来。

扮演黄花的 Q 老师一边说着一边向黄蝴蝶伸出了手，邀请它来避雨。

三只蝴蝶：我们三个是好朋友，相亲相爱不分手，要来一起来，要走一起走。

教师：三只蝴蝶飞到了白花那里。

三只蝴蝶：白花姐姐，大雨把我们淋得发冷了，翅膀也被淋湿了。让我们到你的叶子下面避避雨吧。

白花：白蝴蝶的颜色像我，白蝴蝶过来吧。红蝴蝶、黄蝴蝶不要过来。

扮演白花的J老师一边说着一边向白蝴蝶伸出了手，邀请它来避雨。

三只蝴蝶：我们三个是好朋友，相亲相爱不分手，要来一起来，要走一起走。

教师：三只蝴蝶飞来飞去，找不到避雨的地方。但是它们谁也不愿意离开自己的好朋友。

三只蝴蝶表现出十分着急的样子，想想后说："我们三个拉着手吧。"三只蝴蝶扮演者拉着手在场上跑来跑去。

教师：这时，太阳公公从云缝里看见了，连忙叫雨别再下了，把乌云也都赶走了。三只蝴蝶迎着太阳，又一块儿在花园里快乐地跳舞、游戏。

三只蝴蝶拉着手跳着转起圈来。
③幼儿讲评游戏，分组表演。

教师：小朋友们，第一场演出结束了。大家说小演员和老师表演得好不好？让我们给她们献上最热烈的掌声。你们最喜欢谁的表演？如果让你演，你会怎么演？现在六个人分成一个小组，找新的小伙伴组成新的小组。一会儿，每个小组派一个代表来说一说。

教师鼓励幼儿走出自己的小圈子，让幼儿和其他的小朋友组成新的小组，使他们扩大交际圈子，培养他们的合作能力。

幼儿代表1：我觉得老师演得最好，老师说话很有趣。

幼儿代表2：我想演小花，因为小花不用说很多话。

幼儿代表3：我们喜欢老师的表演，她们声音大。

幼儿代表 4：我想演蝴蝶，蝴蝶漂亮。

幼儿代表 5：我觉得 J 老师演得好，我喜欢她。

小组代表分别发表了意见。教师依次进行了鼓励。

教师：小朋友们都看得这么认真，发现了小演员和老师好多的优点。你们有想扮演小花的，有想扮演蝴蝶的，一会儿要表演给老师看哟！接下来，我们再请一组示范表演，谁想来？

教师邀请其他幼儿进行表演游戏。这次游戏结束后，教师小结，幼儿讲评。进行两组集中表演之后，幼儿都把故事情节和人物关系了解清楚了。接下来，幼儿按照当时的分组进行表演游戏。幼儿自由协商选择游戏角色并商议游戏情节。教师巡视并及时指导。游戏结束后，教师和幼儿一起将场地收拾整洁。

④活动延伸。教师与幼儿一起讨论。

教师：小朋友们，三只蝴蝶在花园玩耍的时候，发生了什么？

幼儿：下雨了。

教师：三只蝴蝶为什么没有接受三朵花的单独邀请去避雨呢？

幼儿：因为它们不想和好朋友分开。

教师：我们喜欢三只蝴蝶，是因为它们相亲相爱，谁也不愿离开自己的好朋友。小朋友们，你们也有这样相亲相爱的好朋友吗？

幼儿：有。我有好多好朋友。

教师：在生活中，我们应该怎样对待好朋友呢？

幼儿：一起玩。不离开好朋友。要帮助朋友。

教师：大家都说得特别好。我们和好朋友一起玩耍的时候，要相亲相爱，互相帮助。有困难时，大家合作解决。有了朋友，我们才会快乐，对不对？

幼儿：对。

教师总结，让幼儿明白要和朋友和睦相处、相亲相爱，让幼儿明白有困难时大家合作解决，加深幼儿对合作行为的理解。

（4）游戏中的合作行为案例分析：

在分小组进行表演游戏时，有一个组中小涵扮演的是红花，沐沐扮演的是黄蝴蝶。正好那天沐沐头上戴了一对红色樱桃发卡。沐沐主动拿下头发上的红色樱桃发卡，对小涵说："你戴上我的红色发卡吧。这样，你就像红花了。"沐沐还帮助小涵把发卡戴在头上。沐沐能从表演效果出发，提出很好的建议，并且主动拿出自己的发饰给伙伴装扮。这说明她具有较强的合作意识。

在分小组进行表演游戏时，有一个小组的三位男生主动要求扮演三只蝴蝶，而且把蝴蝶飞舞的动作演绎得非常到位，吸引了旁边两个组小朋友的注意力。教师鼓励大家为他们三个鼓掌。在他们的带领下，又有几个组的男生主动要求扮演小花。那三位男生起到了良好的示范作用，为其他幼儿做出了表率。

2. 第 4 周表演游戏："助人为乐的小猫"

（1）游戏目标：

①让幼儿感受到和同伴共同游戏的乐趣。

②让幼儿能基本按照故事情节和台词完成表演游戏，让幼儿注意游戏道具、场地的使用规则，培养他们的规则意识。

③培养幼儿的集体意识和合作意识，让幼儿能合作完成游戏，使他们学会轮流、协商扮演角色。

④通过游戏让幼儿明白合作的重要性，并且让幼儿懂得助人为乐是一种美德。

（2）游戏准备：准备小猫头饰、猫妈妈头饰、小兔头饰、小刺猬头饰、流浪猫头饰、小鱼道具等。

（3）游戏活动开展过程：

①教师用故事情节导入，引出表演游戏主题。

教师：小朋友们，又到了大家非常喜欢的表演游戏时间了。今天老师给你们讲的故事是"助人为乐的小猫"。

教师展示与故事相关的图片，声情并茂地讲故事，让幼儿理解故事情节。

教师：小朋友们，你们喜欢这个故事吗？

幼儿：喜欢。

教师：我们也把这个故事编成一个表演剧。大家来当小演员，然后把故事表演出来，怎么样？

全体幼儿：太好啦！

教师：哪些小朋友想表演？

教师先选择有较大进步的幼儿扮演主要角色，鼓励他们上台做示范表演，再选择几位性格内向、参与度低的幼儿上台表演，给他们一些台词少、难度小的角色，调动他们的积极性，提高他们的参与度。猫妈妈和小猫是主要的角色，由悦悦和小曼扮演。台词少的小刺猬和小兔由性格较为内向的田田和睿睿扮演。浩哲和昕昕在平时的表演游戏中参与度很低，这次教师鼓励他们表演没有台词的流浪小猫，期望借此机会提高他们对表演游戏的兴趣。

角色分配完毕后，表演游戏即将开始。

②教师引导幼儿进行表演游戏。

教师：一天中午，猫奶奶要来小猫家做客。猫妈妈让小猫去河边钓几条鱼给猫奶奶吃。

猫妈妈和小猫上场。

猫妈妈：宝贝，中午奶奶要来咱们家了，你去河边钓几条鱼给奶奶吃，好不好？

小猫：太好了，奶奶要来了。我这就去钓鱼！我要钓最大的鱼给奶奶吃。

教师：小猫提着桶，拿着鱼竿，嘴里哼着歌，高高兴兴地走着。

小猫手拿道具，做出高兴走路的动作。小兔和小刺猬上场。

教师：小猫走着走着，突然看见一只小兔正拿着球拍帮小刺猬往下够挂在树上的羽毛球，可是怎么也够不着。

小兔和小刺猬向斜上方看。小兔用手里的道具做出够东西的动作。

小猫：我帮你们够下来。

教师：只见小猫举起了长长的鱼竿，小心翼翼地把羽毛球钩了下来。

小猫用手里的道具做出够到东西的动作，然后把羽毛球交到了小兔的手里。

小兔、小刺猬：谢谢你，小猫。

教师：小猫来到了河边，把鱼钩抛进水中，静静坐着，等着鱼上钩。突然鱼钩轻轻动了一下。小猫马上就把鱼竿提了起来。

小猫做出钓鱼的动作，把钓到鱼的兴奋感表现出来。

小猫：太好了，我钓到了！我钓到了！

教师：小猫一下午钓到了好多条鱼。天要黑了，小猫准备回家了。

小猫起身收拾东西，开始走路回家。两只流浪猫上场。

教师：在回家的路上，小猫遇见了两只肚子饿得咕咕叫的流浪猫，于是把鱼分给了那两只流浪猫。

两只流浪猫下场。猫妈妈上场。

猫妈妈：咦？你怎么提着空桶回来了？不是说给奶奶钓鱼吃吗？

猫妈妈用生气的语气批评小猫。

小猫：妈妈，我钓到了好几条大鱼。但是在回来的路上，我遇见了两只流浪猫，它们好饿，好可怜。我把鱼都给它们了。

猫妈妈：原来是这样。宝贝，你乐于助人，我为你骄傲！

猫妈妈语气和蔼，面带笑容。小猫开心地笑了。

③幼儿讲评游戏，分组表演。

教师：小朋友们，第一场演出结束了。我们把热烈的掌声送给小演员悦悦、小曼、田田、睿睿、浩哲和昕昕。他们表演得特别精彩，对不对？你们最喜欢谁的表演？他哪里表演得好？你们六个人分成一个小组，记得要组成新的小组。一会儿，每个小组派一个代表来说一说。

教师鼓励幼儿走出自己的小圈子，让幼儿和其他的小朋友组成新的小组，让他们扩大交际圈子，培养他们的合作能力。

幼儿代表1：我们组最喜欢悦悦的表演。她个子高，很像猫妈妈。

幼儿代表2：我喜欢小曼演的小猫。因为小猫帮助了别人。

幼儿代表3：我们喜欢小曼的表演。因为她的头饰好看。

幼儿代表4：小曼演得好。她演的小猫很懂事。

幼儿代表5：我觉得浩哲和昕昕演得好。因为我也想演流浪猫，流浪猫可以吃到鱼。

小组代表分别发表了意见。教师依次进行了鼓励。

教师：小朋友们都看得这么认真，发现了小演员好多的优点。你们真的太棒了！接下来，我想请别的小朋友上台表演，谁想来？

教师邀请其他幼儿进行表演游戏。这次游戏结束后，教师小结，幼儿讲评。进行两组集中表演之后，幼儿都把故事情节和人物关系了解清楚了。接下来，幼儿按照当时的分组进行表演游戏。幼儿自由协商选择游戏角色并商议游戏情节。教师巡视并及时指导。游戏结束后，教师和幼儿一起将场地收拾整洁。
④活动延伸。教师与幼儿一起讨论。

教师：猫妈妈让小猫去做什么？

幼儿：钓鱼给奶奶吃。

教师：小猫在去钓鱼的路上遇到了谁？发生了什么？

幼儿：遇到了小兔和小刺猬。小猫帮它们拿到了羽毛球。

教师：小猫钓完鱼，在回家的路上又遇到了谁？发生了什么？

幼儿：遇到了两只流浪猫。它把鱼给了流浪猫。

教师：小朋友们，你们认为小猫做得对吗？为什么？

幼儿：做得对。因为它帮助了别人。

教师：小朋友们，助人为乐是中华民族的传统美德。我们要多多去帮助别人。帮助别人，我们也会快乐。你们愿意去帮助别人吗？

幼儿：我愿意。

教师总结，让幼儿明白助人为乐是中华民族的传统美德，鼓励幼儿在别人有困难时主动去帮助别人，让幼儿明白帮助别人时自己也会感到快乐，加深幼儿对合作行为的理解。

（4）游戏中的合作行为案例分析：

在第二次示范表演时，扮演小猫的彬彬可能有些紧张，总是忘记台词或者忘记情景，不知道接下来该怎么演。同组的阳阳和怡辰表现力较强，并且记忆力很好，他们不停地提醒彬彬接下来的场景和台词。他们在共同努力下，完整地将故事情节表演了出来。这体现了他们合作意识的增强。

在分小组进行表演游戏时，琪琪建议猫妈妈的扮演者在批评小猫的时候要生气地说，她还示范了一遍，把猫妈妈生气的语气表现得很到位。扮演猫妈妈的幼儿学着琪琪的样子重新演了一遍，表演效果果然好了很多。琪琪对同伴进行了指导、示范和有效建议，并且收到了很好的效果。

3. 第二阶段表演游戏活动总结

（1）教师总结与反思：第三周，幼儿对表演游戏的流程和要求更加了解了。经过了前两周游戏活动的开展，幼儿已轻车熟路，所以第三周的游戏活动开展得很顺利，而且幼儿的表演更加自然，不像一开始那样拘谨了。在游戏活动过程中又涌现出几位表现出众、进步很大的幼儿。在分小组表演时，大部分幼儿讨论角色分配很积极，气氛热烈。但是有一些幼儿不积极讨论，参与度有待提高。另外，幼儿对教师的指导还有一定的依赖性。有的幼儿在表演时需要教师不停地提醒。教师干预要减少一些。教师应尽量鼓励幼儿合作完成表演游戏，让小组成员互相提醒或互相指导、示范。第四周，幼儿对表演游戏中角色的把握好了很多。他们开始注意一些细节，如某个角色说话的语气、动作。在之前的表演游戏中，幼儿没有注意到这些细节，只是把情节和台词顺下来。这说明幼儿的表演技巧和对角色的把控有了很大的进步。另外，对于一些参与度不高的幼儿，教师可以给他们安排一些不太重要的角色，让他们能够轻松演绎，并且及时对他们进行鼓励和肯定，增强他们的自信心。这样，这些幼儿的参与积极性才会得到提升。今后教师组织幼儿进行表演游戏时，还要注意这个问题，尽可能多关注能力较弱的幼儿。这次游戏活动的道具准备得不充分。教师没有准备小兔手中的球拍和羽毛球，并且时间紧急，也没有找到合适的替代物。下周，教师要把表演游戏活动方案提前看几遍，注意细节。

（2）活动目标达成情况：第二阶段表演游戏的总目标主要是合作的情感维度的目标，即让幼儿加深对合作行为的理解，使幼儿具有良好的合作态度和合作精神。这个总目标幼儿完成得不错，幼儿对合作的理解比上一阶段更深入。具体而言，在总目标的详细内容方面，大部分幼儿具备了责任感和合作精神，已经有了合作意识，懂得采用合作的方式共同去完成游戏。在做游戏过程中，幼儿能够用平等、尊重的态度去对待同伴，能耐心地聆听同伴的意见和想法，当同伴遇到困难时，能够主动提供帮助。

（三）第三阶段的表演游戏活动

第三阶段的表演游戏活动总目标的具体内容如下：

（1）让幼儿在表演游戏中与同伴分工、合作、相互配合，使幼儿顺利完成游戏。

（2）让幼儿在游戏中正确表达出自己的想法，让幼儿尊重同伴的意见和要求。

（3）让幼儿学会聆听和接受同伴的不同意见。如果幼儿不能接受同伴的意见，可以合理表达出拒绝的理由。

（4）如果在游戏中发生冲突，幼儿能尝试与同伴协商解决并最终达成共识。

1. 第5周表演游戏："拔萝卜"

（1）游戏目标：

①幼儿能积极参与表演游戏，认真扮演角色，通过游戏加深对故事的理解。

②鼓励幼儿从语言、动作、表情等各方面塑造角色，提升幼儿的表演技巧。

③培养幼儿爱护游戏道具的意识，让幼儿学会收拾游戏道具、学会正确使用游戏道具。

④通过游戏让幼儿懂得要与同伴协商解决问题，在困难面前，大家一定要团结、合作，这样才会获得成功。

（2）游戏准备：准备老爷爷头饰、老奶奶头饰、小姑娘头饰、小狗头饰、小花猫头饰、小老鼠头饰。

（3）游戏活动开展过程：

①教师用故事情节导入，引出表演游戏主题。

教师：又到了表演游戏的时间了。大家开不开心？快来一起听听今天老师带来的故事吧！

教师用电子白板播放"拔萝卜"故事视频，让幼儿了解故事情节。

教师：小朋友们，你们喜欢这个故事吗？

幼儿：喜欢。我听过，很喜欢。

教师：这个故事这么好听。那么，我们也把它表演出来吧！大家想一想，想扮演哪个角色呢？

幼儿：我想演老爷爷。

幼儿：我想演小花猫。

幼儿：我想演小姑娘。

教师：哈哈！大家真的太积极了！哪几位小朋友想进行第一轮表演呢？

主动举手、想要第一个上台表演的幼儿比前几周多了。幼儿很积极，对表演游戏的喜爱与日俱增。教师尽量挑选没有第一个上台表演过的幼儿，尽量做到公平、公正，给更多的幼儿上台表现的机会。教师很快选出了参与首轮演出的六名幼儿。他们经过自主协商，最终确定若航扮演老爷爷，诗媛扮演老奶奶，小婉扮演小姑娘，一恒扮演小狗，国豪扮演小花猫，波波扮演小老鼠。角色分配完毕后，幼儿戴上头饰。教师提醒他们表演时声音要响亮、要把握不同角色的声音和动作，大家要相互配合，一起完成表演。

②教师引导幼儿进行表演游戏。

教师：老爷爷种了个萝卜。

教师把萝卜道具提前摆好。老爷爷上场，做出给萝卜浇水的动作。

老爷爷：快长吧，快长吧，萝卜呀，长得又甜又大呀！

教师：萝卜越长越大，越长越大，简直大得不得了！老爷爷要去拔萝卜了。他拉住萝卜的叶子，用力地拔呀，拔呀。

老爷爷：嘿哟，嘿哟，用力拔呀！哎呀，还是拔不动呀！老奶奶，老奶奶，快来帮忙拔萝卜呀！

老爷爷做出费劲拔萝卜的动作，然后朝舞台一侧招手。老奶奶上场。

老奶奶：唉！唉！来了，来了。

教师：老奶奶拉着老爷爷，老爷爷拉着萝卜叶子，他们一起用力拔萝卜。

老爷爷、老奶奶：嘿哟，嘿哟，用力拔呀！哎呀，还是拔不动呀！

老奶奶：小姑娘，小姑娘，快来帮忙拔萝卜呀！

老奶奶朝舞台一侧招手。小姑娘上场。

小姑娘：唉！唉！来了，来了。

教师：小姑娘拉着老奶奶，老奶奶拉着老爷爷，老爷爷拉着萝卜叶子，他们一起用力拔萝卜。

老爷爷、老奶奶、小姑娘：嘿哟，嘿哟，用力拔呀！哎呀，还是拔不动呀！

小姑娘：小狗，小狗，快来帮忙拔萝卜呀！

小姑娘朝舞台一侧招手。小狗上场。

小狗：汪汪汪！来了，来了。

教师：小狗拉着小姑娘，小姑娘拉着老奶奶，老奶奶拉着老爷爷，老爷爷拉着萝卜叶子，他们一起用力拔萝卜。

老爷爷、老奶奶、小姑娘、小狗：嘿哟，嘿哟，用力拔呀！哎呀，还是拔不动呀！

小狗：小花猫，小花猫，快来帮忙拔萝卜呀！

小狗朝舞台一侧招手。小花猫上场。

小花猫：喵喵喵！来了，来了。

教师：小花猫拉着小狗，小狗拉着小姑娘，小姑娘拉着老奶奶，老奶奶拉着老爷爷，老爷爷拉着萝卜叶子，他们一起用力拔萝卜。

老爷爷、老奶奶、小姑娘、小狗、小花猫：嘿哟，嘿哟，用力拔呀！哎呀，还是拔不动呀！

小花猫：小老鼠，小老鼠，快来帮忙拔萝卜呀！

小花猫朝舞台一侧招手。小老鼠上场。

小老鼠：吱吱吱！来了，来了。

教师：小老鼠拉着小花猫，小花猫拉着小狗，小狗拉着小姑娘，小姑娘拉着老奶奶，老奶奶拉着老爷爷，老爷爷拉着萝卜叶子，他们一起用力拔萝卜。

老爷爷、老奶奶、小姑娘、小狗、小花猫、小老鼠：嘿哟，嘿哟，用力拔呀！大萝卜有点儿动了。再用力呀！嘿哟，嘿哟，大萝卜被拔出来了！

教师：大家围着大萝卜又蹦又跳，别提多高兴了！天色暗了下来，大家一起抬着大萝卜，高高兴兴地回家了。

大家面带高兴的表情，抬着萝卜下场。
③幼儿讲评游戏，分组表演。

教师：小朋友们，第一场演出结束了。大家说这几位小演员表演得怎么样，好不好？我们给他们送上最热烈的掌声。你们最喜欢谁的表演？他什么地方演得好？你们六个人分成一个小组，找新的小伙伴组成新的小组。一会儿，每个小组派一个代表来说一说。

教师鼓励幼儿走出自己的小圈子，让幼儿和其他小朋友组成新的小组，让他们扩大交际圈子，培养他们的合作能力。

幼儿代表1：我觉得若航演得最好。他拔萝卜最用力。
幼儿代表2：我觉得波波演得好，因为他个子小小的，很像小老鼠。
幼儿代表3：我们喜欢诗媛的表演。她演老奶奶的声音很像。
幼儿代表4：我觉得若航演得好。他的台词最多。
幼儿代表5：我觉得若航演得好，因为他种了大萝卜。

小组代表分别发表了意见。教师依次进行了鼓励。

教师：小朋友们都看得这么认真，发现了这么多小演员的优点。接下来，我们再请一组示范表演，谁想来？

教师邀请其他幼儿进行表演游戏。这次游戏结束后，教师小结，幼儿讲评。进行两组集中表演之后，幼儿都把故事情节和人物关系了解清楚了。接下来，幼儿按照当时的分组进行表演游戏。幼儿自由协商选择游戏角色并商议游戏情节。教师巡视并及时指导。游戏结束后，教师和幼儿一起将场地收拾整洁。

④活动延伸。教师与幼儿一起讨论。

教师：小朋友们，老爷爷拔不动萝卜的时候，他是怎么做的？

幼儿：叫老奶奶来帮忙。

教师：老奶奶和老爷爷一起拔萝卜，没有拔动萝卜。他们又叫了谁？

幼儿：叫了小姑娘来帮忙。

教师：最后一共有多少个小伙伴来一起拔萝卜呢？

幼儿：有六个。老爷爷、老奶奶、小姑娘、小狗、小花猫和小老鼠。

教师：为什么老爷爷一个人拔不动萝卜，最后大家一起才把萝卜拔起来呢？

幼儿：因为萝卜太大了。

幼儿：因为萝卜太沉了，需要好多人一起拔才行。

教师：对了，因为人多力量大。大家团结起来，就能把大萝卜拔出来。如果我们在生活中遇到了一个人解决不了的困难，那么我们也要和小伙伴团结起来，一起努力，这样才能成功。小朋友们说对不对？

幼儿：对。

教师总结，让幼儿懂得人多力量大的道理，让幼儿和朋友团结友爱、和睦相处，让他们明白有困难时，大家合作解决，这样才能战胜困难，收获成功。

（4）游戏中的合作行为案例分析：

在第一组示范表演中，六位小朋友（若航、诗媛、小婉、一恒、国豪和波波）被选出来当小演员。这几个孩子在表演区的一角开始商量角色分配。诗媛第一个说："我想演老奶奶，可以吗？"她使用了"询问"的合作策略，而且语气委婉地表达自己的想法。其他几名幼儿点头认可。一恒说："我来演老爷爷。"若航说："我也想演老爷爷。"一恒说："你演老爷爷吧。我下次再演。"这体现了幼儿的友好协商与自觉等待。接下来的角色分配很顺利。幼儿没有出现争抢行为。他们有了良好的合作行为。

在本次表演游戏开展的前两天，老师和幼儿一起准备表演道具。萝卜的道具让大家犯了难，因为这个道具不好做。老师开始想找一个替代物，但是没有特别合适的替代物。后来性格很内向、平常不愿意参加活动的汐汐主动跟老师说他有一个萝卜玩具，可以拿到幼儿园。第二天，汐汐真的拿来了萝卜玩具。老师惊叹于汐汐的变化。汐汐从性格内向、不爱参加活动到主动为班级活动提供道具，进步很大。这说明他的合作意识逐渐增强，他的亲社会能力有所提高。

2.第6周表演游戏："营救小兔"

（1）游戏目标：

①幼儿能够积极参加表演游戏，认真扮演角色，通过游戏加深对故事内容的理解。

②鼓励幼儿创造性地塑造角色，提升幼儿的表演技巧。在符合剧情逻辑的情况下，幼儿可以创新表演情节。

③让幼儿学会和同伴配合、协商，让他们合作完成游戏。出现纠纷时，幼儿能正确处理。

④通过表演游戏，培养幼儿的正确态度，不断提升幼儿分析问题、解决问题的能力。

⑤通过游戏让幼儿学会关心、爱护同伴。同伴有困难时，幼儿要热心帮助，与同伴齐心合力解决问题。

（2）游戏准备：准备小兔头饰、小鸭头饰、小猫头饰、小马头饰以及小河、独木桥道具等。

（3）游戏活动开展过程：

①教师用故事情节导入，引出表演游戏主题。

教师：小朋友们，大家好。今天老师要给大家讲一个故事，故事的名字是"营救小兔"。

教师播放PPT，让幼儿了解故事情节和主要角色。

教师：小朋友们，今天的故事好不好听？

幼儿：太好听了！

教师：这个故事这么好听。我们也把它表演出来吧。大家想一想，想扮演哪个角色呢？

幼儿：我想演小兔。

幼儿：我想演小猫。

幼儿：我想演小马。

教师：那么，小朋友们可要动动脑筋了，想一想到底应该怎么演呢？哪些小朋友想好了，就可以上台参加第一轮演出了。谁想好了？

幼儿争先恐后地举手，想要第一个表演。教师选择了没有参加过首轮演出的四名幼儿，并安抚其他幼儿，说大家都有机会，一会儿还有第二轮示范表演以及分组表演，大家都是优秀的小演员。四位小演员对表演游戏流程已经非常熟悉了，只商量了一会儿，就定好了角色。森森扮演小兔，怡辰扮演小鸭，宇涵扮演小猫，嘉嘉扮演小马。角色分配完毕后，幼儿戴上头饰。教师提醒他们表演时声音要响亮、要把握不同角色的声音和动作，大家要相互配合，一起完成表演。

②教师引导幼儿进行表演游戏。

小兔上场。

教师：一条小河上面架着一座独木桥。在阳光明媚的早晨，小兔匆匆忙忙地走在独木桥上。它手里拎着一个篮子，准备去看望生病的外婆。一不小心，小兔没站稳，掉进了河里。

小兔表演一系列的动作，先在独木桥上匆匆忙忙地行走，随后站立不稳，掉进了河里。森森一开始表演得不太到位，后来经过教师和伙伴的提示，把整套动作表演了下来。

小兔：救命啊！救命啊！

教师：森林里，小鸭、小猫和小马正在一起玩耍。它们忽然听到有动物在喊救命，于是四处寻找声音发出的地方。可是密密层层的树叶挡住了它们的视线，它们什么都看不见。怎么办才好呢？

小鸭、小猫和小马的扮演者上场，做出四处寻找的动作，并且面带焦急的表情。

小猫：我去树上看看吧。

小猫做出上树的动作，并且向远处张望。

小猫：大事不好了，小兔掉进河里了！

小马：我跑得快，你们快到我背上来。我们一起去救小兔。

教师：小马像闪电一样向河边飞奔而去。可是到了河边，大家又发现了一个问题，小兔已经被急流冲到了河中央，眼看就要沉下去了。这可怎么办才好？

小兔做挣扎动作。小鸭做游泳动作。

小鸭：我来救小兔。我会游泳。

教师：小鸭不假思索地跳进了河里。它叼住小兔的长耳朵，努力地向岸边游过去。小猫和小马赶紧把两个小伙伴都拉上了岸。

小兔：谢谢你，小鸭！

小鸭：不能只谢我。要不是小马跑得快，我们还来不及救你呢！

小兔：谢谢你，小马！

小马：不能只谢我。要不是小猫会爬树，我们还不知道你在哪里呢！

小兔：谢谢你，小猫！

小猫：大家都有自己的特长。我们如果不把特长集合在一起，就没办法把你救上来。这就是合作的力量呀！

四个小伙伴你看看我，我看看你，都开心地笑了起来。演出结束，演员下场。

③幼儿讲评游戏，分组表演。

教师：小朋友们，第一场演出结束了。大家说这几位小演员表演得怎么样？是不是特别好？我们一起送给他们最热烈的掌声。你们最喜欢谁的表演？他什么地方演得好？你们四个人分成一个小组讨论一下，尽量找新的小伙伴。一会儿，每个小组派一个代表来说一说。

教师鼓励幼儿走出自己的小圈子，让幼儿和其他小朋友组成新的小组，让他们扩大交际圈子，培养他们的合作能力。

幼儿代表1：我觉得森森演得最好。他演的小兔子很大声地喊救命。

幼儿代表2：我觉得宇涵演得好，因为他演小猫时蹲着走。

幼儿代表3：我们喜欢嘉嘉的表演，因为他跑得快。

幼儿代表4：我觉得怡辰演得好。她会游泳，把小兔救上来了。

幼儿代表5：我觉得森森演得好，因为他说了好多谢谢。

小组代表分别发表了意见。教师依次进行了鼓励。

教师：小朋友们都看得这么认真，发现了这么多小演员的优点。接下来，我们再请一组示范表演，谁想来？

教师邀请其他幼儿进行表演游戏。这次游戏结束后，教师小结，幼儿讲评。进行两组集中表演之后，幼儿都把故事情节和人物关系了解清楚了。接下来，幼儿按照当时的分组进行表演游戏。幼儿自由协商选择游戏角色并商议游戏情节。教师巡视并及时指导。游戏结束后，教师和幼儿一起将场地收拾整洁。

④活动延伸。教师与幼儿一起讨论。

教师：小朋友们，掉进河里的小兔是谁发现的？

幼儿：是小猫发现的。小猫爬到树上看见的。

教师：小鸭、小猫和小马是怎么飞快地赶到河边的呢？

幼儿：小马驮着小鸭和小猫跑去河边。小马跑得快。

教师：是谁把小兔从河里救上岸的呢？

幼儿：是小鸭把小兔救上来的。

教师：小马、小猫和小鸭合力救了小兔。这就是合作的力量。在生活中，我们如果遇到了困难，应该怎么做呢？

幼儿：找好朋友帮忙。大家一起想办法。

教师总结，教育幼儿要关心和爱护同伴、团结同伴，教育他们在别人遇到困难时要热心帮助、在自己遇到困难时要求助，大家齐心合力解决问题。

（4）游戏中的合作行为案例分析：

在第一组示范表演中，有一个情景是森森扮演的小兔走在独木桥上，一不小心掉进了河里。开始森森的表演有点儿生硬，他直接做了一个摔倒的动作，躺在了地上。经过教师提醒，他结合故事情节重新演绎这一段。他先做了走路的动作，然后摔倒在河里。这时，同组的嘉嘉给森森提建议："你晃一晃再摔倒。"见到森森不太明白，嘉嘉做了示范，并且解释道："你没站稳，摔下去了。"森森欣然接受了嘉嘉的建议，先走得急匆匆的，然后站立不稳，摔进了河里，整套动作十分真实、到位，符合故事情景。嘉嘉运用了"建议""提醒""指导、示范"和"解释说明"这些积极的合作策略，使合作行为顺利达成，也使表演更加完善。

在分小组进行讨论时，想想主动邀请平时不太遵守纪律的惠惠到她的组去。惠惠非常开心。在这个小组里，惠惠没有任何强迫的行为出现，一直到表演游戏结束，都处于"自觉配合"的状态。尽管惠惠有些注意力不集中，台词记不下来，但是在别的小朋友的提醒下，能将角色表演出来。这说明惠惠的集体意识和合作意识有所增强。

3.第三阶段表演游戏活动总结

（1）教师总结与反思：班级中的表演游戏活动开展已经进入高潮阶段，教师和幼儿都热情高涨，每周很期待新的游戏主题、新的故事。在游戏道具的制作、场地的布置等方面，幼儿的参与度大大提高了。在合作行为方面，幼儿的进步十分明显。大部分幼儿在表演游戏中能走出原有的小团体，和新的伙伴搭档，并且很快建立默契，共同表演。在角色分配和表演情景讨论的过程中，争抢角色、冲突打闹的行为几乎没有了，幼儿的规则意识逐步增强。但是有三个问题需要注意：一是有部分幼儿对角色的动作、表情把握不到位，只是单纯地说台词，表演技巧有待提升；二是有的小组成员配合比较默契，在短时间内能进行好几轮游戏，但有的小组成员之间还需要磨合；三是在幼儿表演的过程中，教师可以鼓励幼儿进行创新，鼓励幼儿根据故事情节增加剧情，这有助于幼儿开动脑筋、发挥想象力。

最后一周的表演游戏圆满落幕。幼儿表演的积极性很高，游戏结束后，有的幼儿还在议论游戏中发生的事情。幼儿对角色的把握又有了进步，他们能够将故事情节与生活场景相结合，并且开始进行一些富有创新性的表演设计。幼儿的合作行为较之前明显增多了。幼儿都能跳出原来的小圈子，找到新的小伙伴组成表演小组。在表演的过程中，幼儿能经常运用"邀请""建议""提醒""轮流等待""指导、示范"等积极的合作策略。幼儿的参与度大大提高了，就连一些性格比较内向、不喜欢参加集体活动，甚至经常违反纪律的个别幼儿也能参与其中了。这说明此类幼儿的合作意识已经萌发，他们开始尝试一些合作行为。但是最后一周的表演游戏还是存在一些不足。比如，每次游戏时间有限，一般都是半小时，导致幼儿兴致很高，却不得不匆匆收尾，游戏效果略有不足。另外，游戏道具的准备太仓促，教师总是没有足够的时间把表演场地布置得更好一些，让幼儿拥有更好的游戏体验。

（2）活动目标达成情况：第三阶段表演游戏的总目标主要是合作的动作技能维度的目标，即让幼儿掌握合作的方式并能和同伴开展合作。在第三阶段，幼儿在表演游戏中的合作行为更频繁，总目标已达成。具体而言，在总目标的详细内容方面，幼儿都能有意识地和同伴分工合作，相互配合着完成表演游戏，对白更加流畅。游戏能很顺利地完成。随着表演游戏活动的深入开展，幼儿产生了很多有创意的想法。教师经常能听到他们说"可以这样演""你可以这样做""你可以这样说"。这是很好的现象，说明幼儿开始主动思考，他们能够正确表达出自己的想法，同时他们意识到要尊重同伴的意见和要求。有时同伴提出的不同意见，幼儿不能全部接受，有一些幼儿可以合理表达出拒绝的理由，也有一些幼儿做不到。在游戏过程中，幼儿也常常出现一些冲突和矛盾。他们当中的一些人可以做到尝试与同伴协商解决矛盾，并且得到了很好的解决效果，达成了共识，使游戏继续进行。也有一部分幼儿在出现冲突时，会优先找教师寻求帮助。

三、在表演游戏中培养幼儿合作行为的建议

（一）基于游戏活动设计角度的建议

研究者在设计培养幼儿合作行为的表演游戏活动过程中，考虑到开展活动的班级幼儿合作行为的发展特点，从表演游戏活动目标的制定、活动内容的选择、道具的准备和环境的创设三方面来进行考量。

1.活动目标应具有层次性

在表演游戏目标的制定上，教师应该通过观察，对班级幼儿的合作水平有基本的了解，并在此基础上结合维果茨基（Vygotsky）的最近发展区理论，使表演游戏活动目标具有层次性，使表演游戏由易到难，并且使游戏活动目标明确。比如，表演游戏的参与人员逐步增加，台词和道具逐步增多，幼儿的合作行为逐步频繁。在此过程中，表演游戏活动目标的层层递进促进了幼儿合作行为的逐步发展。

2.活动内容应具有适宜性

在表演游戏内容的选择上，教师要考虑幼儿的兴趣点与本轮表演游戏的目标是否一致。比如，本轮表演游戏的目标是提升幼儿的语言表达能力，教师可以选取台词较多的剧本内容作为游戏内容，这样能够在游戏中最大限度地锻炼幼儿的语言表达能力。

3.道具、环境应具有合理性

人类发展生态学强调环境对个体的影响作用。如果教师为幼儿创造了合适的环境，那么幼儿就会朝着教师期待的方向发展。在表演游戏开展的过程中，教师要注意为幼儿准备足够的道具，创设合理的环境。环境可以分为看得见的环境与看不见的环境。看得见的环境指的是眼睛看得到的物质环境，包括游戏空间、场地、材料等。教师为幼儿准备表演游戏所需的道具，创设良好的游戏环境，不仅能保证游戏顺利进行，还能促使幼儿充分利用道具进行有创造性的表演。看不见的环境是指环境中的人际交往关系和心理氛围，包括师幼关系、同伴关系和游戏氛围。教师要与幼儿建立良好的师幼关系，对幼儿以鼓励、正面引导为主，遇到困难时，可以采取合作解决的方式，对幼儿起到榜样示范的作用。

（二）基于教师认识角度的建议

1.教师要正确认识表演游戏对幼儿合作行为培养的重要性

人是在社会这个大环境中生存的。任何人都是社会的一分子。社会性是人的基本属性。教师对幼儿的教育不单单是智力方面的教育，还包括非智力方面的教育。比如，对幼儿进行社会性的教育，教导幼儿学会与他人合作。只有善于和他人合作的人，才能拥有更广阔的发展空间和更大的发展平台。表演游戏对促进幼儿的社会交往能力发展具有重要的意义。表演游戏能为幼儿提供合作机会，促使幼儿展开合作，发展幼儿的合作能力。教师要正确认识在表演游戏中培养幼儿合作行为的重要性。培养幼儿的合作行为既是使幼儿形成健全人格的需要，又是建设和谐社会对人才培养提出的基本要求。

2.教师要使表演游戏的目标、内容和道具合理，营造合作的游戏氛围

幼儿在表演游戏中用一个物体代替另一个物体，用假装的行为来取代现实生活中自己的角色。在这样的表演过程中，"替代物"的使用可以帮助幼儿获得思维的锻炼，并能够使幼儿逐渐克服"自我中心"。教师在计划安排表演游戏时，要科学合理地制定游戏目标，选择游戏内容，要关注游戏的趣味性和教育性。在准备道具材料时，教师可以引导幼儿一起动手、积极参与，从而提升幼儿的动手能力，激发他们对表演游戏的兴趣，并且提高他们对游戏的参与度。另外，教师要努力营造宽松、愉悦的游戏氛围，并且积极为幼儿创造与同伴合作的机会，让幼儿多参与分工与合作。

3.教师要提升专业素养，有效指导表演游戏，促进幼儿的合作能力发展

教师要不断丰富自己的知识储备，提升自己的专业素养。在表演游戏活动开展的过程中，教师应对幼儿进行科学、有效的指导，提出合理的建议和思路。教

师还应积极与同事进行教研互动，分享开展表演游戏活动的经验，并做好反思、总结，不断提升表演游戏的质量和效果。在表演游戏活动中，教师要用积极的行动来启发幼儿分工合作，让幼儿相互取长补短，鼓励幼儿大胆发表意见，使幼儿乐意与同伴交往、喜欢参加集体活动，培养幼儿的合作意识。对于幼儿在与同伴交往过程中或者在某些表演情境中做出的同情、助人、合作等积极的合作行为，教师要予以肯定，这样才能使这些行为得到强化。教师也可以让一些表现好的幼儿为其他幼儿树立榜样。在表演游戏中，教师应及时利用强化和榜样的作用，培养幼儿的合作意识和合作行为，促进幼儿的合作能力不断发展。

（三）基于教师指导角度的建议

1.教师应积极关注、指导幼儿的自主性游戏

维果茨基的最近发展区理论强调激发幼儿潜能的重要性。幼儿是具有合作潜能的。自主性游戏能够让幼儿在游戏中获得主体性的体验，增强幼儿的主体性，同时为幼儿提供合作的机会，挖掘幼儿的合作潜能。部分教师对自主性游戏有错误的理解，认为在幼儿自主性游戏中，教师不应该去关注、指导。但是这样做不利于对幼儿合作意识与合作能力的培养。教师应该积极关注幼儿的自主性游戏，当幼儿遇到不能完美解决甚至难以解决的问题时，可以主动介入，鼓励幼儿勇于尝试、合作解决问题，必要时给予幼儿适当的帮助。

2.教师应及时给予幼儿建议和鼓励

教师应经常用语言和行为对幼儿的游戏进行指导。教师应对幼儿的行为及时给予建议和鼓励。当幼儿在游戏中遇到不能解决的问题时，或者为了促进幼儿合作行为的产生，教师应对幼儿进行及时有效的指导，让幼儿树立较为明确的目标，推动游戏顺利进行，深化幼儿的合作行为。同时，教师应对游戏中幼儿的积极行为表示肯定与赞扬，如对幼儿在游戏中善于沟通、主动协商、合作克服困难等良好的行为给予赞扬，以此强化幼儿的合作行为。

（四）基于教师评价角度的建议

《幼儿园教育指导纲要（试行）》指出："教育评价是幼儿园教育工作的重要组成部分，是了解教育的适宜性、有效性，调整和改进工作，促进每一个幼儿发展，提高教育质量的必要手段。"表演游戏评价的重点在于促进幼儿的发展和提高教师开展表演游戏活动的水平。有效评价是对表演游戏过程的总结和反思。由于表演游戏活动的开展地点在幼儿园的班级中，所以评价的主体主要是教师与幼儿。

1.以教师为主体的评价方式

教师评价是对游戏进行总结和反思的过程。教师通过评价幼儿在做表演游戏

过程中的表现，总结在游戏过程中出现的问题，找到解决问题的办法，使下次游戏更好地开展。教师不只要对游戏结果进行评价，更应关注幼儿的游戏过程，且要选择适宜的评价方式。根据《幼儿园教育指导纲要（试行）》的要求以及维果茨基的最近发展区理论，教师应以发展的眼光看待幼儿，在了解幼儿现有能力水平的基础上，考虑幼儿近期发展可能达到的水平。所以，在表演游戏中，教师评价应以发展性评价为主。教师应该注意以幼儿的全面发展为目标，并且进行鼓励性评价，要充分肯定幼儿所做的努力。不同幼儿之间存在着差异，所以教师要慎用横向个体比较，尽量使用纵向差异比较，要看到幼儿自身取得的进步。

2. 以幼儿为主体的评价方式

幼儿也是评价的主体。教师要有意识地引导幼儿做出自我评价和相互评价，这不仅可以锻炼幼儿的语言表达能力和归纳总结能力，还能使幼儿对自己在表演游戏活动中的表现进行反思，使幼儿发现并弥补自己游戏中的不足。教师让幼儿在其他幼儿进行表演时认真观察并总结出他人表演的优缺点，会促使幼儿积极主动地参与下次游戏合作，并且使幼儿得到更多的情感体验，有助于培养幼儿的合作意识，促进幼儿合作行为的产生。

（五）基于幼儿园管理角度的建议

1. 幼儿园要重视对幼儿合作行为的培养

对于孩子来说，幼儿园可能只是很多小朋友一起玩乐或学习知识的地方。而事实上，幼儿园的作用不只是提供一个地方让幼儿玩乐或学习。一所好的幼儿园应该秉持让每个孩子都能在快乐中成长的理念。幼儿如何在幼儿园中快乐地成长？这就需要幼儿能在幼儿园的集体生活中主动积极地与同伴进行良好的合作。对幼儿合作行为的培养应该是每所幼儿园都需要努力达到的目标。幼儿园应重视对幼儿合作行为的培养。只有学会合作的幼儿，才能更好地融入集体生活；只有学会合作的幼儿，才能更好地适应社会；只有学会合作的幼儿，才能更好地应对未来的各种考验。

2. 幼儿园要为表演游戏活动的开展提供支持

幼儿园要为表演游戏活动的开展提供支持，如场地的支持、环境创设的支持、道具和材料的支持，这样才能使教师无后顾之忧地去开展活动。同时，幼儿园应该营造宽松且民主的氛围，支持和鼓励教师不断创新，鼓励他们接受更好的教育理念。另外，幼儿园应做到不随意占用原本应有的游戏时间，不随意占用教师的备课、教研时间。这样，教师才能拥有充足的时间和精力来准备班级的活动，使幼儿活动有更好的效果。

3.幼儿园要组织教师进行培训，不断提升教师的专业素养

幼儿园要重视对教师的培训。比如，可以不定时地邀请教育专家来幼儿园指导教师或做讲座，也可以鼓励教师出去参加培训，引导教师不断提升专业素养，让教师能够认识到培养幼儿合作行为的重要性，并且让教师储备关于表演游戏与合作行为的理论知识，帮助教师树立科学的教育观念、及时更新专业知识、掌握通过表演游戏培养幼儿合作行为的技能和方法，从而使教师能科学有效地指导幼儿做表演游戏，最终实现促进幼儿合作行为不断发展的教育目标。

第四章 大班结构游戏中幼儿合作行为的现状及培养策略研究

一、大班结构游戏中幼儿合作行为现状分析

研究者在大理市 D 幼儿园一共观察到结构游戏中 83 个幼儿的同伴合作行为，对收集到的合作策略进行统计后，共得到 6 个合作策略、26 个合作亚策略。下面将从总体情况、合作发起主体、合作参与主体、合作目的、合作结果、合作规模六个维度分析大班幼儿同伴合作策略的现状。

（一）幼儿合作策略总体情况

1. 幼儿合作亚策略分布情况

表 4-1 是幼儿合作亚策略分布表。

表4-1 幼儿合作亚策略分布表

序号	合作亚策略	次数	百分比
1	商量	24	8.57%
2	计划分工	15	5.36%
3	指导	8	2.86%
4	轮流	12	4.29%
5	物质交换	9	3.21%
6	互相帮助	15	5.36%
7	配合	42	15.00%
8	解释说明	18	6.43%
9	谦让	7	2.50%

续　表

序号	合作亚策略	次数	百分比
10	同意	24	8.57%
11	诱惑	3	1.07%
12	主动帮助	9	3.21%
13	邀请	9	3.21%
14	鼓励	3	1.07%
15	赞扬	5	1.79%
16	附和	18	6.43%
17	跟从	19	6.79%
18	命令	6	2.14%
19	请求	2	0.71%
20	劝告	2	0.71%
21	惩罚	2	0.71%
22	抢夺	3	1.07%
23	威胁	3	1.07%
24	攻击	6	2.14%
25	言语拒绝	11	3.93%
26	忽视	5	1.79%
总计		280	100%

由表 4-1 可知，配合策略出现次数最多，共 42 次，占比 15.00%；其次是商量和同意策略，均出现 24 次，均占比 8.57%；跟从策略出现了 19 次，占比 6.79%；解释说明和附和策略均出现了 18 次，均占比 6.43%；计划分工和互相帮助策略均出现 15 次，均占比 5.36%；轮流、物质交换、主动帮助、邀请、言语拒绝策略均出现了 10 次左右。

大班幼儿的合作亚策略类型多，且各种合作亚策略出现的次数明显不同。大班的幼儿由于去自我中心化，对周围事物逐渐有了自己的认识。教师可通过培养幼儿的观点选择能力和移情能力，促使幼儿逐步站在别人的角度去体会别人的感情、思想和需要，使幼儿了解自己的行为对别人的直接影响。但是，幼儿往往具有特殊性，其所生活的环境不同决定了幼儿之间存在个性差异。部分幼儿由于家庭因素或者自身成长因素等，与同伴缺乏足够多的交流，容易采用威胁、攻击、抢夺等策略。

2.幼儿合作策略的分布情况

表4-2是幼儿合作策略分布表。

表4-2　幼儿合作策略分布表

合作策略	次数	百分比
协调	174	62.14%
给予	29	10.36%
顺从	37	13.21%
支配	12	4.29%
逆反	12	4.29%
拒绝	16	5.71%
总计	280	100%

由表4-2可知，幼儿使用协调的合作策略次数最多。各类型合作策略所占百分比情况如图4-1所示。

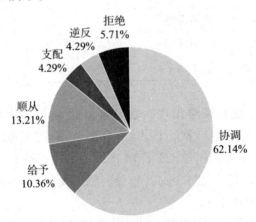

图4-1　不同类型合作策略所占百分比图

从图4-1中可以清楚看到大班幼儿协调的合作策略占了大多数，其次是顺从的合作策略。大班幼儿已经初步具备独立思考的能力，有一定的追求目标意识，在结构游戏中能有效地进行协调以达到目标。并且，部分幼儿能适当做出退让。

3. 不同导向型合作策略的分布情况

从策略层面分析，合作策略可以分为自我导向型策略（包括支配、逆反和拒绝策略）、他人导向型策略（包括给予、顺从策略）和融合型策略（包括协调策略），不同导向型合作策略分布表如表4-3所示。

表4-3 不同导向型合作策略分布表

合作策略	次数	百分比
自我导向型策略	40	14.29%
他人导向型策略	66	23.57%
融合型策略	174	62.14%
合计	280	100%

由表4-3可知，结构游戏中大班幼儿合作策略以融合型为主，占62.14%；其次是他人导向型策略，占23.57%；自我导向型策略所占比例最小，为14.29%。

图4-2是不同导向型合作策略所占百分比图。

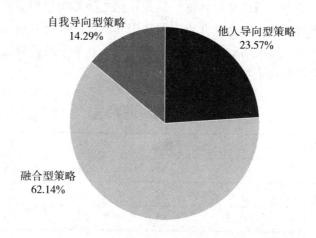

图4-2 不同导向型合作策略所占百分比图

通过图4-2可以很清楚地看到，融合型策略占了总体合作策略的62.14%。幼儿在结构游戏中与同伴进行合作的过程中，也会遇到各种各样的困难和问题。

大班的幼儿进行结构游戏时，一般以 2～5 人为一组进行合作。每个小组在游戏中都会有一位"小领袖"进行总体协调和规划。幼儿逐渐具备目标意识，移情能力和思维能力也得到了发展，社会实践经验逐步增多，这使得融合型策略成为大班幼儿的主要合作策略。

（二）不同主体下幼儿合作策略的分布情况

游戏的主体包括游戏活动的发起主体和游戏活动的参与主体。幼儿园游戏的主体包括教师和幼儿。在不同的活动发起主体和活动参与主体下，幼儿的合作行为、合作策略有一定的差异。

1. 不同发起主体下幼儿合作策略的分布情况

游戏活动中合作发起主体包括幼儿发起者与教师发起者。

幼儿发起指幼儿主动发起合作，教师没有参与。比如，在室内的建构区，涵涵主动向西西说："我们一起搭一个电影院，好吗？"西西爽快地同意了。这时，一旁的小梅说："我也想搭电影院，能跟你们一起玩吗？"涵涵和西西都表示同意。三人一起搭了一个电影院。

教师发起指教师在结构游戏开始前，设定此次搭建的主题与搭建计划，或与幼儿商量、讨论后确定搭建主题，并主动要求幼儿进行合作。幼儿分组一般有两种情况：教师指定分组与幼儿自由分组。比如，教师组织幼儿开展一次户外结构游戏活动。根据本周计划，此次搭建主题是崇圣寺三塔。教师在活动开始前向幼儿详细描述了崇圣寺三塔的样貌特征。幼儿在此之前参加过相关主题活动，对崇圣寺三塔有一定的认识。结合幼儿已有的认识和经验，教师对幼儿提出了搭建的要求与合作的要求。这次活动中，教师将幼儿分成 6 个小组，每组 5 人左右。

不同发起主体分布表如表 4-4 所示。

表4-4　不同发起主体分布表

发起主体	次数	百分比
幼儿	61	73.49%
教师	22	26.51%
合计	83	100%

由表 4-4 可知，幼儿主动发起的合作达 61 次，占 73.49%；教师主动发起的合作有 22 次，占 26.51%。大班阶段是幼儿合作的关键期，从以上的数据中能看出幼儿有主动合作的意向。

表 4-5 是不同发起主体下幼儿合作亚策略分布表。

表4-5　不同发起主体下幼儿合作亚策略分布表

合作亚策略	在幼儿发起的合作中出现的次数	在教师发起的合作中出现的次数	合计
商量	16	8	24
计划分工	8	7	15
指导	4	4	8
轮流	7	5	12
物质交换	5	4	9
互相帮助	9	6	15
配合	33	9	42
解释说明	10	8	18
谦让	5	2	7
同意	18	6	24
诱惑	3	0	3
主动帮助	6	3	9
邀请	5	4	9
鼓励	2	1	3
赞扬	3	2	5
附和	15	3	18
跟从	12	7	19
命令	5	1	6
请求	2	0	2
劝告	2	0	2
惩罚	2	0	2
抢夺	2	1	3
威胁	2	1	3
攻击	5	1	6
言语拒绝	9	2	11
忽视	5	0	5
合计	195	85	280

由表 4-5 可知，幼儿发起的合作中配合和同意策略出现次数最多，分别为

33次和18次，商量、解释说明、附和、跟从出现了10次及以上。教师发起的合作中配合策略出现次数最多，为9次，商量和解释说明出现次数也较多，而诱惑、请求、劝告、惩罚出现0次。大班幼儿已有规则意识，能够积极地配合老师进行结构游戏活动。

表4-6是不同发起主体下幼儿合作策略分布表。

表4-6 不同发起主体下幼儿合作策略分布表

合作策略	在幼儿发起的合作中出现的次数	在教师发起的合作中出现的次数	合计
协调	115	59	174
给予	19	10	29
顺从	27	10	37
支配	11	1	12
逆反	9	3	12
拒绝	14	2	16
合计	195	85	280

由表4-6可知，协调策略出现次数最多，其次是顺从策略。教师发起的合作中，幼儿使用消极策略的次数减少。

2. 不同参与主体下幼儿合作策略的分布情况

在一次结构游戏活动中，本书以教师是否介入游戏活动为标准来判断参与主体是教师还是幼儿：如果教师全程没有参与幼儿的搭建活动，没有提出建议与指导，那么视幼儿为参与主体；如果教师全程参与幼儿的搭建活动，或为有疑问时主动向教师提出问题的幼儿提供意见与引导，那么视教师为参与主体。

不同参与主体分布表如表4-7所示。

表4-7 不同参与主体分布表

参与主体	次数	百分比
幼儿	55	66.27%
教师	28	33.73%
合计	83	100%

由表4-7可知，幼儿自由参与活动次数最多，占活动总数的66.27%；教师

参与活动的次数较少，仅占活动总数的 33.73%，这反映出教师对幼儿结构游戏的介入与指导次数较少。

表 4–8 是不同参与主体下幼儿合作亚策略分布表。

表4–8　不同参与主体下幼儿合作亚策略分布表

合作亚策略	在幼儿参与的活动中出现的次数	在教师参与的活动中出现的次数	合计
商量	21	5	26
计划分工	11	2	13
指导	6	4	10
轮流	9	5	14
物质交换	6	4	10
互相帮助	10	7	17
配合	32	2	34
解释说明	13	4	17
谦让	5	3	8
同意	19	6	25
诱惑	4	0	4
主动帮助	7	1	8
邀请	6	2	8
鼓励	1	2	3
赞扬	3	3	6
附和	4	10	14
跟从	16	6	22
命令	5	1	6
请求	2	0	2
劝告	2	1	3
惩罚	2	0	2
抢夺	4	0	4

合作亚策略	在幼儿参与的活动中出现的次数	在教师参与的活动中出现的次数	合计
威胁	4	0	4
攻击	4	0	4
言语拒绝	9	2	11
忽视	5	0	5
合计	210	70	280

由表 4-8 可知，幼儿合作亚策略在幼儿参与的活动中出现的次数较多，共210 次，而在教师参与的活动中幼儿合作亚策略出现 70 次。幼儿在自主参与的结构游戏活动中使用频率最高的合作亚策略是配合，共出现 32 次，其次是商量策略，共出现 21 次。在教师参与的结构游戏活动中，幼儿合作亚策略使用频率较高的有附和、互相帮助、同意、跟从。从幼儿合作亚策略的频次分布情况可以发现，在幼儿合作中，教师的支持促进了幼儿对积极合作策略的使用。与幼儿参与的结构游戏活动相比，在教师参与的结构游戏活动中，商量、计划分工、同意等积极合作亚策略出现的次数减少，这说明教师在组织幼儿进行结构游戏时的控制性稍强，幼儿互动、交流减少。与幼儿参与的结构游戏活动相比，在教师参与的结构游戏活动中，抢夺、威胁、攻击等消极合作亚策略出现的次数减少，这说明教师对结构游戏的介入和指导可以促进幼儿的社会性发展。

表 4-9 是不同参与主体下合作策略分布表。

表4-9　不同参与主体下合作策略分布表

合作策略	在幼儿参与的活动中出现的次数	在教师参与的活动中出现的次数	合计
协调	132	42	174
给予	21	8	29
顺从	20	16	37
支配	11	2	12
逆反	12	0	12

续　表

合作策略	在幼儿参与的活动中出现的次数	在教师参与的活动中出现的次数	合计
拒绝	14	2	16
合计	210	70	280

由表4-9可知，在幼儿参与的活动中各类幼儿合作策略出现次数较多。幼儿为参与主体时，协调策略共计出现了132次，给予策略共计出现了21次。教师为参与主体时，协调策略共计出现了42次，给予策略共计出现了8次。由此可见，教师参与活动时控制力过强，幼儿在游戏中缺乏自主探究的信心。逆反策略只在幼儿自由参与活动时出现，而在教师参与活动时未出现，这表明教师参与活动是必要的，教师积极参与幼儿的活动，能减少幼儿对消极策略的使用次数。

幼儿在游戏中受到阻碍是正常的。受幼儿及同伴的社会认知及经验影响，结构游戏中合作的力量有限。教师要利用自身的能力，引导幼儿化解阻碍。

（三）不同合作目的下幼儿合作策略的分布情况

幼儿在结构游戏中的合作目的共分为8项。

1. 参与游戏

幼儿为了加入结构游戏活动，通过自己的方式去协调、去沟通，期望与同伴达成合作的意向。

案例：

在区角游戏开始前，幼儿有自由选择区角的时间。邦邦手里拿着区角牌，他站在建构区前面，左看看，右看看，似乎在犹豫。邦邦和博博是好朋友。这时博博走了过来，说："你要选建构区吗？"邦邦想了想，说："我想搭火箭，也想去益智区玩吸铁石。"博博提议："那我们去建构区吧。建构区里有磁力片，也是吸铁石。我们用磁力片搭个火箭吧。"邦邦想了想，同意了博博的建议。

分析：邦邦犹豫区角的选择。博博给出了建议，并提出了想要合作的愿望。邦邦同意博博的观点，与同伴达成合作意向。

2.一起游戏

已有的游戏小组成员为了自己或整个小组的合作需求，对其他幼儿发起邀请，目的是期望其他幼儿加入自己的小组。

案例：

在室内的建构区，两个女孩儿加加和贝贝在用红、蓝、绿三色塑料积木搭一个塔。眼见着塔搭了一层又一层，越往上越尖，可是积木却无法再垒高，放上去就掉下来，塔底的部分也因多次搭建失败变得歪歪扭扭。加加说："这样搭不行，积木都掉下来了。"贝贝说："再试试。"新新在一旁看到此情景，激动地说："我知道为什么你们的塔一直倒了！因为你们的方法用错了！都是三角形积木在上面，它多了就滑下来了。应该叠着放。"加加问："什么是叠着放？你来搭一个让我们看看呗。"新新拿起积木演示了一下，说："看，就是这样。我会用这个搭一棵圣诞树。那圣诞树特别漂亮。上次 Y 老师还夸过我。"加加欣喜地说道："你来跟我们一起搭吧。我跟贝贝搭宝塔，你在旁边搭一棵圣诞树，怎么样？"新新想了想，说："好吧，就这样。"

分析：在该案例中，加加在搭建宝塔时遇到了瓶颈。新新对同伴的指导能力以及搭建经验被加加看重。加加不具备搭建经验，所以加加选择邀请新新加入自己的小组共同进行游戏。

3.得到物品

幼儿喜欢某样材料，想要拥有，并以合作为契机做出行动。

案例：

来来和恒恒在老师发放完结构材料后，各自挑选了一些材料，在自己的面前搭建。来来先组装了一辆越野车，然后把越野车拆开，又尝试创造新造型。他跟恒恒说："恒恒，你有没有见过房车？"恒恒疑惑："什么是房车？"来来说："就是很大的车。人能住在里面，可以在里面睡觉、做饭，想到哪里就到哪里，是不是很帅？"恒恒来了兴趣："真的有这样的车？"来来顺着恒恒说："当然了，就是我的材料不够搭房车。你也喜欢房车吗？我们一起组装一个？"恒恒说："好啊。我的材料给你，你告诉我怎么拼。"

分析：在上述案例中，来来想组装一辆房车，但是自己的材料不够。于是他通过描述房车的特征，激发了恒恒的兴趣，成功地得到了恒恒的材料，并让恒恒与他一起搭建。

4.分享物品

幼儿面对需要帮助的同伴或老师，将自己的建构材料分享给他们；或由于自身的需求，将物品分享给他人，以达成自己的愿望。

案例：

在建构区，三个女孩儿在一起。研究者最开始不知道她们有什么计划。只见兜兜搭了一个围栏，嘴里嘟囔着："还要有花盆。"吉吉在一旁找了许多积木，递给兜兜，说："我去植物园见过那种圆圆的树。那种树长得矮矮的，一个接一个排的。这些积木摆在你的花园里，是不是很好看呀？"兜兜说："可以。我想摆一圈，还需要多一点的积木。"吉吉说："还有呢。我找给你。"

分析：吉吉主动把自己的积木分享给兜兜，希望把兜兜的花园装饰得更漂亮。

5.帮助别人

幼儿主动帮助遇到困难的同伴，或者在同伴寻求帮助时，积极响应，达成合作共识。

案例：

在操场上，带班教师没有为幼儿提供搭建的主题。教师提供了一定量的实木大型积木，供幼儿自由选取。雅雅拿取了宽窄不一的长方形积木，把它们竖着一个一个地摆在地上。雅雅选择让长方体的窄面接触地面，使得搭建的建筑看起来更高。可是窄面接触地面的积木坚持不了多久就倒了。雅雅扶起多次，但积木依然不稳固。俊俊在搭建另一边，他看到此情况，先找到一块大一点的积木，想阻止雅雅的积木倾倒，可效果不佳，两块小一点的积木无法很好地贴合在一起，中间有缝隙。俊俊没有放弃，而是又找到另一块一模一样的窄面的积木，将两块积木紧紧地贴在一起。令人开心的事情发生了，积木没有再倒下。雅雅和俊俊发现了这一现象。在接下来的搭建中，俊俊和雅雅再遇到容易倒下的积木，便会用这个方法来解决。

分析：在这个案例中，雅雅遇到困难时，俊俊主动帮助了雅雅。虽然一开始失败了，但是俊俊没有气馁，反而尝试分析原因，并且找到了问题。俊俊拿两块一模一样的积木进行拼贴，使得接触面积增加，积木就不那么容易倒下了。俊俊成功帮助了雅雅，使他们的游戏合作更加顺利。

6.寻求帮助

幼儿在结构游戏中遇到自己无法解决的问题，向同伴或教师求助。

案例：

在一天的区角活动中，乐乐在桌面上拼插磁力片。乐乐面前的材料用完了，可是摩托车没有拼完整，还差几片材料。他松开手，想去拿材料，没想到磁力片由于具有吸引力而吸在了一起，随即皱成一团。乐乐只好收回手，继续去规整、复原没成形的摩托车。把摩托车复原到最开始的样子后，乐乐吸取了教训，他一只手按着摩托车，不让磁力片吸到一起，另一只手去拿材料筐中的材料。这一次乐乐拿到了材料。但是在拼合的过程中，磁力片又吸到了一起，皱成一团。乐乐百思不得其解，于是问旁边的小睿："小睿，我的磁力片总是吸在一起，摩托车总是拼不好。为什么我的跟别人的不一样呢？"小睿看了看乐乐皱成一团的摩托车，说："磁力片这样一个连一个。你拿起来，它们就会吸在一起。"乐乐又问道："有什么方法能让这些磁力片不吸在一起吗？"小睿想了想说："你要把四个边都连接起来，三角形就是有三个边，每个边都有一个磁铁。你看，这个半圆形的只有一个磁铁。"乐乐说："我明白了，这些磁铁只要连在一起，就不会乱跑了，对吗？"小睿表示赞同。乐乐说："谢谢你，小睿。"小睿来了兴致，说道："需要我帮你加轮胎吗？你托着摩托车头，我从车尾加轮胎。"乐乐说："好啊，拼完后我们一起玩吧。"

分析：乐乐遇到困难时，首先想的是自己解决。尝试过一次后，乐乐并没有气馁。在连续失败了两次之后，乐乐决定求助旁边的小睿。乐乐正确理解了小睿话中的意思，找到了突破口，最后跟小睿顺利、开心地合作。

7.寻求支持

幼儿在合作过程中或在进行结构游戏的过程中，需要同伴、教师的支持。幼儿可发出言语信息来寻求支持。

案例：

明明、凡凡、琪琪、小婵在户外搭建了一个小屋。说是小屋，其实它更像一个大的货架。小屋中留出了一道缝隙，那是她们进出的地方。好不容易盖好的小房子有两个问题：一是里面的空间太小，容纳不了四人；二是这些女孩儿想给房子搭一个屋顶，可是没有足够长的积木，现有的积木都太短了，连接不到两边。小婵跑到老师那里，向老师表达了她们的想法。老师过去问："你们要先搭房顶还是先扩建你们的小屋呢？"明明说："搭房顶。"凡凡说："可是里面地方太小，我们四个人进不去，要先扩建。"老师说："如果先盖了房顶，再扩建，房顶会不会掉下来？"小婵回答："会掉，因为屋子变大了。"老师说："对，所以你们要先扩建屋子，再搭房顶。"于是四个女孩儿在原有的基础上，将屋子向外又扩充了一部分。这样一来，屋子总算能容下四人了。老师见状，跟她们说："房顶要怎么盖？你们想出办法了吗？"四个女孩儿摇摇头。老师蹲下身，拿起两块稍宽的积木，将积木错开放，说道："这样搭既增加了积木的长度，又不会使积木从中间镂空处掉落。只要错开搭上三四块积木，就可以将长积木搭在中间。具体要几块宽积木，你们试一下。"四个女孩儿小心翼翼地将积木放到最上层，她们不断尝试，最终中间的距离符合长积木的要求，一个屋顶就搭好了。

分析：小婵等四个女孩儿在结构游戏中遇到了问题，及时寻求帮助。小婵主动求助老师解决难题。老师的做法是先让幼儿想清楚自己下一步做什么，不盲目或直接替幼儿做决定。小婵等四个女孩儿能跟着老师的问题提出自己的见解。幼儿通过思考、讨论，得出结论，要先扩建房子。如果先搭建屋顶，那么扩建房子时屋顶就会掉落。幼儿在思考的过程中运用了发散思维，同时幼儿思考、讨论的结果得到了教师的肯定。这有利于提高幼儿解决问题的主动性与积极性。

8.遵守规则

幼儿与同伴合作时，为了遵守班级已有的规则或教师在游戏前制定的临时规则，做出相应的举动，被视为以遵守规则为合作目的。

案例：

一次户外活动地点为沙池区。老师要求 4～5 名幼儿分为一组进行合作，共同搭建地下管道，目的是在活动结束后，将管道通水，使水能顺利地流过每一截管道，使管道不漏水，使水成功流出出水口。浩浩、小羽、但仔、子卿四人组成了一组。活动开始后，这四个小朋友都在努力挖管道需要的渠道。彬彬说："我挖到底啦！哈哈！"但仔的注意力被旁边的彬彬吸引。"地底下有什么？"但仔跑过去往下看。彬彬说："这里没有，但是别的地方有恐龙化石。"但仔信了彬彬的话，跑回自己小组所在的地方，开始闷头往下挖。同组的子卿看到但仔的举动，问："但仔，你为什么要挖那么深？"但仔说："地下有化石。"子卿说："老师让我们挖渠连接管道。你这样挖，我们的管子就会歪的。"但仔说："可是我要挖恐龙化石。"但仔一边说着，一边持续挖沙子。小羽过来，说："你这样，我们的管道就会往下斜，就不能跟下一组的管道连上了。你不能再挖了，别挖了！"浩浩这时候也过来说："你跟我们是一组的，今天就要挖渠道，不能找化石。"见伙伴的态度都很明确，但仔只能说："好吧。"他恋恋不舍地看了一眼坑底，开始将挖出来的土再填回去。

分析：四人小组中，但仔在合作中出现了不遵守规则的情况。同组的小伙伴坚持遵守规则，劝告但仔停止挖化石的行为。但仔在犹豫之后，接受了劝告，停止了自己的行为。

表 4-10 是幼儿在结构游戏中的合作目的分布表。

表4-10　幼儿在结构游戏中的合作目的分布表

合作目的	次数	百分比
参与游戏	10	12.05%
一起游戏	49	59.04%
得到物品	6	7.23%
分享物品	7	8.43%
帮助别人	3	3.61%
寻求帮助	5	6.02%
寻求支持	2	2.41%
遵守规则	1	1.21%
合计	83	100%

由表 4-10 可知，一起游戏出现次数最多，达 49 次，占比 59.04%；参与游戏出现 10 次，占比 12.05%；分享物品出现 7 次，占比 8.43%。

不同合作目的所占比例分布图如图 4-3 所示。

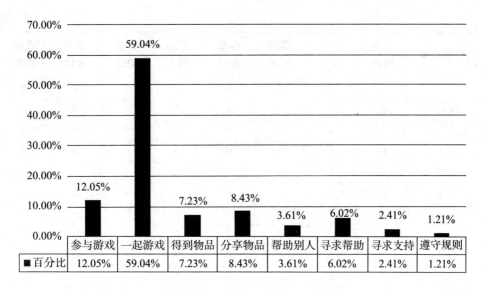

图 4-3　不同合作目的所占比例分布图

由图 4-3 可知，一起游戏占比最多，其次是参与游戏和分享物品。这反映出被研究幼儿以玩游戏为主要目的的情况较多，幼儿在一起游戏的合作目的上达成高度一致。研究者观察的幼儿园中，绝大多数的幼儿已经具备了团队合作的意识，在结构游戏中有实际合作行动，合作的具体意图也更加明确。

表 4-11 是不同合作目的下幼儿合作亚策略分布表。

表4-11　不同合作目的下幼儿合作亚策略分布表

合作亚策略	参与游戏	一起游戏	得到物品	分享物品	帮助别人	寻求帮助	寻求支持	遵守规则
商量	2	17	1	0	0	1	1	0
计划分工	2	13	0	0	0	0	0	0
指导	2	4	0	0	0	1	1	0
轮流	0	12	0	0	0	0	0	0
物质交换	2	5	2	0	0	0	0	0
互相帮助	1	10	0	2	1	0	0	1
配合	4	31	3	1	1	0	0	1
解释说明	0	13	2	1	0	1	1	0
谦让	0	5	0	1	1	0	0	0

合作亚策略	参与游戏	一起游戏	得到物品	分享物品	帮助别人	寻求帮助	寻求支持	遵守规则
同意	4	16	2	0	0	1	1	0
诱惑	0	0	2	1	0	0	0	0
主动帮助	0	4	0	0	4	1	0	0
邀请	0	6	3	0	0	0	0	0
鼓励	0	1	0	0	0	1	0	0
赞扬	1	3	0	0	0	1	0	0
附和	2	7	5	0	1	1	0	2
跟从	1	13	1	1	0	1	0	2
命令	0	3	0	0	0	1	0	3
请求	0	0	0	0	0	3	1	0
劝告	0	1	0	0	0	0	0	1
惩罚	0	1	0	0	0	0	0	1
抢夺	0	0	3	0	0	0	0	0
威胁	0	3	0	0	0	0	0	0
攻击	0	6	0	0	0	0	0	0
言语拒绝	3	2	1	1	3	3	1	0
忽视	1	2	0	0	0	1	1	0
总计	25	178	25	8	11	17	6	12

由表4-11可知，不同的合作目的下幼儿的合作亚策略出现的次数存在差异。当一起游戏是主要目的时，配合亚策略使用的次数最多，为31次；其次是商量和同意，分别出现17次和16次；计划分工、解释说明与跟从出现的次数均是13次，而抢夺出现0次。因此，教师应创设易于让幼儿共同游戏的情境，以激发幼儿共同参与游戏的兴趣，发展幼儿的合作行为。当寻求帮助作为合作的目的时，幼儿会使用商量、解释说明、主动帮助等策略，也会遇到在语言上被拒绝与忽视的情况。这些表明幼儿在合作方面的技能水平正处于提升状态，有些幼儿在个别的合作中缺乏变通。在参与游戏目的下，配合、同意策略使用次数最多。在得到物品目的下，附和出现次数最多。在分享物品目的下，互相帮助策略使用次数最多，配合、解释说明、谦让、诱惑等策略使用次数也相对较多。在帮助别人目的下，主动帮助策略使用次数最多。大班幼儿在合作意识上有了较好发展，但是使用消极策略的情况仍时有发生。

表 4-12 是不同合作目的下合作策略分布表。

表4-12　不同合作目的下合作策略分布表

合作策略	参与游戏	一起游戏	得到物品	分享物品	帮助别人	寻求帮助	寻求支持	遵守规则
协调	17	126	10	5	3	3	3	3
给予	1	14	5	1	4	3	0	0
顺从	3	20	6	1	1	3	0	4
支配	0	5	0	0	0	4	1	5
逆反	0	9	3	0	0	0	0	0
拒绝	4	4	1	1	3	4	2	0
总计	25	178	25	8	11	17	6	12

由表 4-12 可知，以一起游戏为合作目的的合作策略使用次数最多，其次是以参与游戏、得到物品为目的的合作策略使用次数较多。一起游戏的合作目的下大班幼儿合作策略灵活性较强，协调策略使用次数最多，顺从、给予、逆反、支配的策略也使用较频繁。教师应多投入精力在幼儿游戏的环节。寻求支持、分享物品、帮助别人以及遵守规则合作目的下幼儿合作策略使用较少。这说明大班幼儿在进行游戏活动时合作能力得到发展，但在有些方面还存在不足之处。教师可以有意识地为幼儿设计有难度的游戏主题，全面锻炼幼儿的合作能力。

（四）不同合作结果下幼儿合作策略的分布情况

研究者将合作结果分为两种：一种是合作有效，即幼儿通过同伴之间的合作，在结构游戏中达到了共同的目标；另一种是合作无效，即幼儿起初有共同的搭建目标，以此为契机合作，但是因为中途退出、意见不合、对材料使用起争执等，没有完成搭建，或者一方毁坏彼此的劳动成果。

表 4-13 是不同合作结果分布表。

表4-13　不同合作结果分布表

合作结果	次数	百分比
有效	60	72.29%
无效	23	27.71%

合作结果	次数	百分比
合计	83	100%

由表 4-13 可知，合作有效占比较多。幼儿合作有效 60 次，占比 72.29%；幼儿合作无效 23 次，占比 27.71%。大班幼儿合作以有效居多，这说明大班幼儿在人际交往方面已经有了初步发展，合作行为已普遍存在。

表 4-14 是不同合作结果下合作策略分布表。

表4-14　不同合作结果下合作策略分布表

合作策略	合作有效	合作无效	总计
协调	151	4	155
给予	35	3	38
顺从	41	1	42
支配	3	10	13
逆反	1	9	10
拒绝	2	20	22
总计	233	47	280

由表 4-14 可知，合作有效的结果下协调策略占主导地位，其次是顺从策略；合作无效的结果下拒绝策略占主导地位，支配策略次之。所以，教师开展结构游戏活动时，要注意提升幼儿合作有效性，应该鼓励幼儿多使用协调策略。

（五）不同合作规模下幼儿合作策略的分布情况

研究者根据同一合作过程中参与活动的幼儿人数，将合作规模划分为 2 人合作、3 人合作、4 人合作、5 人合作、5 人以上合作。表 4-15 是合作规模分布表。

表4-15　合作规模分布表

合作规模	次数	百分比
2 人合作	27	32.53%
3 人合作	33	39.76%
4 人合作	10	12.05%

续　表

合作规模	次数	百分比
5 人合作	8	9.64%
5 人以上合作	5	6.02%
总计	83	100%

由表 4–15 可知，3 人合作次数最多，占比 39.76%；其次是 2 人合作，占比 32.53%。通过日常观察，研究者发现在室内进行建构游戏时，2 ～ 3 人合作的情况较多，在室外大型积木区或沙池区进行建构游戏时，幼儿合作规模多为 4 人及以上。

表 4–16 是不同合作规模下幼儿合作亚策略分布表。

表4–16　不同合作规模下幼儿合作亚策略分布表

合作亚策略	2 人合作	3 人合作	4 人合作	5 人合作	5 人以上合作	总计
商量	6	4	3	1	2	16
计划分工	2	3	2	1	1	9
指导	3	2	1	1	0	7
轮流	2	1	1	1	0	5
物质交换	3	1	1	1	0	6
互相帮助	5	3	1	0	0	9
配合	21	12	4	5	3	45
解释说明	2	3	1	1	1	8
谦让	1	3	1	0	0	5
同意	2	4	4	2	1	13
诱惑	2	4	1	0	0	7
主动帮助	3	5	1	1	0	10
邀请	5	8	3	2	1	19
鼓励	2	2	0	0	0	4

续　表

合作亚策略	2人合作	3人合作	4人合作	5人合作	5人以上合作	总计
赞扬	2	4	1	1	1	9
附和	3	12	3	3	0	21
跟从	2	10	2	3	2	19
命令	2	4	2	1	1	10
请求	2	2	1	1	0	6
劝告	4	0	1	1	0	6
惩罚	1	1	0	0	0	2
抢夺	1	3	1	0	0	5
威胁	1	1	0	1	0	3
攻击	1	2	0	1	0	4
言语拒绝	10	11	1	2	1	25
忽视	1	3	0	2	1	7
总计	89	108	36	32	15	280

由表4-16可知，2人合作中配合和言语拒绝策略出现次数最多，其次是商量、互相帮助和邀请策略；3人合作中配合和附和策略出现次数最多，言语拒绝和跟从出现的次数也较多，劝告策略未出现；4人合作中配合和同意策略使用最多，其次是商量、邀请和附和；5人合作中配合策略出现次数最多；5人以上合作中配合策略出现次数最多，其次是商量、跟从。

表4-17是不同合作规模下合作策略分布表。

表4-17　不同合作规模下合作策略分布表

合作策略	2人合作	3人合作	4人合作	5人合作	5人以上合作
协调	37	36	19	13	8
给予	17	16	6	4	2
顺从	9	26	5	6	2

续　表

合作策略	2人合作	3人合作	4人合作	5人合作	5人以上合作
支配	14	12	1	3	1
逆反	3	4	1	2	0
拒绝	12	14	1	4	2
总计	92	108	33	32	15

分析表4-17数据发现，2人合作中协调、给予策略使用次数较多，3人合作中协调、顺从、给予策略使用次数较多，其他三类合作中，消极策略整体使用较少。

研究者按照合作策略导向进行统计，制成的不同合作规模下合作策略导向分布表如表4-18所示。

表4-18　不同合作规模下合作策略导向分布表

合作策略	2人合作	3人合作	4人合作	5人合作	5人以上合作
自我导向型	30	27	6	9	3
他人导向型	26	45	11	10	4
融合型	37	36	16	13	8
合计	93	108	33	32	15

由表4-18可知，2人合作中幼儿合作策略以融合型和自我导向型为主，3人及其以上合作中合作策略以融合型和他人导向型为主。

综上所述，幼儿园大班结构游戏活动合作规模小，以3人合作和2人合作为主。大班幼儿在3人合作游戏中使用积极合作策略和消极合作策略的次数均较多，但在4人或4人以上的合作中，积极合作策略的使用次数较多，消极合作策略出现次数较少。因此，在日常的结构游戏中，教师可以有意识地让幼儿4人或4人以上一组进行合作。

（六）结论

研究者对在大班观察到的83个结构游戏中幼儿合作行为进行统计分析，得出以下结论：

（1）研究者对观察到的83个案例进行合作亚策略的提取，一共得到幼儿使用的26个合作亚策略。其中，协调亚策略使用次数最多，其次是顺从亚策略。融合型策略占比最多，其次是他人导向型策略，最后是自我导向型策略。

（2）在不同参与主体方面，相比教师发起的结构游戏活动来说，幼儿发起的游戏中合作的频率更高。幼儿发起的游戏活动中，合作策略出现的次数较多。在教师参与的活动中，互相帮助、商量、计划分工亚策略使用次数较少。由此可见，教师对幼儿结构游戏的干预较多。同时，在教师参与的结构游戏活动中，幼儿较少使用逆反策略。这表明教师参与游戏活动并指导是很有必要的。

（3）在不同的合作目的方面，大班的幼儿以一起游戏为主要目的时，使用合作策略的灵活度比较高，但是支配、逆反和拒绝等消极策略使用的次数较多。幼儿以遵守规则为主要合作目的进行结构游戏时，对合作策略的使用缺乏变通性。喜欢把分享物品当作合作目的的幼儿使用的合作策略相对丰富、积极。

（4）在不同合作结果方面，结构游戏中大班幼儿合作有效的次数较多。协调策略是幼儿使用次数最多的合作策略，其次是顺从。

（5）在不同合作规模方面，研究者发现大班结构游戏活动中幼儿合作规模偏小，以3人合作和2人合作为主。在2人合作规模下，幼儿使用的合作策略以自我导向型策略和融合型策略为主。在3人及3人以上合作规模下，幼儿使用的合作策略以他人导向型策略和融合型策略为主。

二、大班结构游戏中幼儿合作行为的特点及影响因素分析

前面研究者通过观察大班幼儿在结构游戏活动中的各种合作行为，对幼儿的各种合作策略进行了记录与统计，分析了幼儿运用合作策略与亚策略的现状，接下来进一步分析幼儿合作行为的特点以及影响因素。

（一）大班幼儿合作行为的主要特点

1.在幼儿主动参与的结构游戏中，积极策略的使用频率略低于消极策略

在幼儿主动参与的结构游戏活动中，合作策略运用的有效性会受到多种因素的影响，如幼儿与同伴的关系、幼儿的自我认识和对别人的认识程度、幼儿社会性发展的程度等。相比于教师参加的游戏活动，幼儿主动参与的游戏活动中的逆反策略和拒绝策略运用的频率稍高。在只有幼儿参与的结构游戏中，幼儿会遇到各种困难，会使用不同的合作策略去想办法解决问题，有时依靠同伴无法商量出满意的结果，这时就需要教师及时指导。

案例：

在区域活动中，子卿在用塑料片拼一支机关枪。

子卿快拼完机枪时，一旁的但仔看到了子卿拼的机关枪，对子卿说："你拼的是枪吗？好威风！"

子卿随意地应了一声，继续认真拼他的机关枪。

但仔的注意力继续被子卿手中的机关枪吸引。他指了指其中一个位置，问道："这里空出来的是什么？"

子卿回答道："这里面是装子弹的地方。"

但仔拿起一块塑料片就要往子卿的机关枪上拼："给你，这是子弹。"

子卿推开了但仔的手说："不是这样的。"

但仔问："那是怎样的？"

子卿继续拼手里的积木，说道："等我拼完，你就知道了。"

但仔看了子卿一会儿，拿起自己已经拼好的火车对他说："来，我们打一次！看看谁厉害！"

子卿无动于衷："不要，我还没拼完。"

但仔等了一会儿，被旁边的小伙伴吸引，于是和旁边的小伙伴一起玩耍去了。

分析：但仔使用了合作策略，想参与游戏，却遭到子卿的拒绝。研究者等游戏结束后，询问子卿，子卿回答说："老师说但仔喜欢打人。"可见，教师对幼儿的评价直接影响了合作的结果。子卿对但仔的接纳性不高直接导致但仔参与子卿的游戏失败。

案例：

在沙池区，幼儿在挖管道渠。涵涵和小夕选择了一处，开始挖沙子。旁边的轩轩一直看着她们。

涵涵和小夕成功地把一截管道连接好。轩轩却没有成功连接管道，他说："我能和你们一起挖吗？"

涵涵拒绝了："不行。"

轩轩一看被拒绝，便没有再说话。他开始在涵涵和小夕旁边挖沙子，扬起的沙子不小心落在了涵涵身上。

涵涵说:"讨厌!你去别的地方,离我们远一点。"

轩轩没有说任何话,默默地离开了那里。

分析:在上述案例中,涵涵和小夕是很亲密的好朋友。轩轩一直想找个机会去参与她们的游戏,但遭到了拒绝。这个案例中,友情是合作成败的因素之一。因素之二是幼儿交往时运用的合作策略。当涵涵被沙子扬到时,轩轩没有及时向涵涵道歉。虽然轩轩希望自己融入她们的游戏,但是他没有用合适的合作策略,这使涵涵对他的厌恶加深了。幼儿之间产生的冲突会妨碍他们的合作,导致合作失败。

案例:

在建构区,霖霖和瑞瑞分别用塑料片拼一个火箭。

塑料片已经被幼儿拿完。霖霖拼了半个火箭,便没有了材料,无法继续拼插。

霖霖看向旁边的瑞瑞,说:"你把方片放我这儿,我想拼一个大火箭。"

瑞瑞拒绝了,他想自己搭建。

霖霖看到瑞瑞面前还有很多没有用到的方片,便伸手去拿。

瑞瑞看到自己的塑料片被拿走,便伸出手去抢回来。一打一闹间,瑞瑞的火箭被霖霖压坏了。

霖霖说:"我的方片不够搭火箭了,你还有那么多没用呢,我们一起搭一个大的火箭。"

瑞瑞不满地说:"你把我的火箭给毁了,我才不要跟你玩。"

最后两个人的合作以失败结束。

分析:案例中,霖霖发现缺少游戏材料后,便想向瑞瑞要一些材料,但是没有准确表达一起搭一个大火箭的共同目标。在瑞瑞拒绝后,霖霖使用攻击策略,开始抢夺瑞瑞的方片,进而与瑞瑞发生冲突,致使两人无法正常进行游戏,合作失败。霖霖需要锻炼语言表达能力,要使对方了解自己的想法,顺利与同伴交往。

2.幼儿对合作策略的使用在一定程度上受教师影响

在开展结构游戏活动时,教师会提供一个搭建的主题(如立交桥、图书馆、崇圣寺三塔等),用点名的方式将幼儿分组(3～5人一组),并确定小组长。

在合作策略的使用方面，只有幼儿参与的合作中协调、给予、顺从策略的使用次数分别是 132 次、21 次、20 次。而在教师参与的游戏中，协调、给予、顺从策略的使用次数分别是 42 次、8 次、16 次。

在合作亚策略的使用方面，只有幼儿参与的合作中使用频率较高的是配合、商量、同意、跟从、解释说明、计划分工策略，这些亚策略的使用次数分别是 32 次、21 次、19 次、16 次、13 次、11 次。而在教师参与的游戏中，合作亚策略的使用次数明显减少，配合、商量、同意、跟从、解释说明、计划分工策略分别出现 2 次、5 次、6 次、6 次、4 次、2 次。

教师参与游戏程度高，如果指导不善，就会降低幼儿的主动性。大部分情况下，幼儿根据教师的安排进行游戏，比较被动，使用合作策略受到教师的影响。
案例：

在一次区域活动中，樱桃和清清分别选择了建构区和小超市。玩到一半，清清的小超市没有了顾客，于是她想去樱桃所在的建构区，跟樱桃一起玩耍。可是建构区人满了。

清清看到建构区的但仔一个人在搭建，于是问道："但仔，我们能换换吗？"

但仔说："换什么？"

清清说："建构区人满了。我想来这里，你去小超市，行吗？"

但仔说："不行，我还要搭桥。"

樱桃说："可是老师说这次要搭一个图书馆。"

但仔说："我不想要图书馆，我喜欢立交桥。"

于是清清问老师，老师回答道："建构区人满了，不可以再进去了。"

最后游戏活动结束，清清没有找到愿意跟她交换游戏区的朋友。

案例：

这次户外建构游戏的主题是由老师指定的用实木积木垒一个圆顶建筑。

朵朵、承贤、小崔、菡菡是一个小组的，菡菡是小组长。

菡菡一直认认真真地搭建，朵朵、承贤和小崔一直负责拿积木。准备盖房顶时，承贤拿起积木搭了起来。菡菡看到后说："不行，不是这样的。"然后，菡菡拿掉了承贤搭好的半边房顶，开始重新垒房顶。

承贤问："我搭的也是房顶，为什么不行？"

菡菡说："要搭那种尖尖的房顶。"

承贤见状，问道："为什么是尖尖的房顶？"

菡菡说："老师说要搭白族的房顶，白族的房顶就是尖尖的。"

见好友仍在犹豫，菡菡向老师问道："老师，白族的房顶是不是尖尖的？"

老师回答道："对的，房顶是尖尖的，四角向外翘起。"

朵朵问："怎样能搭尖尖的房顶？"

小崔说："找一些三角形的积木能行吗？"

菡菡说："你们找，我来试试。"

其他人找来积木，安静地在一旁看菡菡搭建。

分析：在整个游戏过程中，配合是幼儿使用次数较多的合作亚策略。幼儿与同伴在进行结构游戏时沟通和思考较少。在幼儿的合作结束后，教师没有及时组织幼儿进行评价、分享。合作在幼儿发展中占据重要的地位。幼儿在幼儿园期间是其合作行为发展的关键时期。培养幼儿的合作意识，有利于帮助幼儿获得知识和技能，有利于增强幼儿的自信心和社会适应能力等。[①] 教师应注意培养幼儿的合作意识，引导幼儿在游戏中交流、合作、自由探索、尝试。《幼儿园教育指导纲要（试行）》指出："关注幼儿在活动中的表现和反应，敏感地察觉他们的需要，及时以适当的方式应答，形成合作探究式的师生互动。"

3. 幼儿以寻求帮助为目的进行合作时采用固定策略

吕芳等的研究表明，幼儿对简单策略有较好的认知，但对协调、互相帮助等积极合作策略的认知比较有限。[②] 研究者通过对研究资料与数据进行分析发现，在以寻求帮助为主要合作目的的情况下，大班幼儿对支配和拒绝策略的使用次数最多。拒绝策略下的亚策略中请求出现次数最多，而商量、轮流等拒绝策略出现次数很少。在以寻求帮助为主要合作目的的情况下，幼儿使用合作策略的灵活性减弱了。

案例（见图4-4）：

在积木搭建中，墨兰的立交桥缺少一块长方形积木。可是积木筐里已经没有长方形积木了。

---

① 张明红：《学前儿童社会教育》，华东师范大学出版社，2008，第6页。

② 吕芳、刘云艳：《4岁～5岁儿童合作对象与合作策略认知特点的调查研究》，《早期教育（教师版）》2009年第9期。

墨兰告诉老师："老师，我想要一个长方形的积木。"

老师说："你去筐里找找。"

墨兰说："我找了，没有长方形积木了。"

老师说："你自己可以想办法。"

然后墨兰向旁边的雅雅求助，他说："你可以借我一个长方形积木吗？"

雅雅看了看自己搭建的作品，然后同意了。

图 4-4　幼儿搭建活动

分析：以墨兰为例，他遇到积木不够的情况时，会先向教师寻求帮助。在教师的提示下，他才会向其他幼儿寻求帮助。这说明大班的幼儿对教师的依赖性依然较强，通过自己独立思考做出决定去解决问题的情况比较少。幼儿向教师寻求帮助的频率高于向同伴寻求帮助的频率。这可能与教师在介绍游戏规则、分配任务时的指导原则有关。

案例：

在沙池区，昊昊和天天尝试先用沙子填满模具，然后将沙子倒扣出来进行创作。模具大大小小、形状各异，很受幼儿喜欢。昊昊用自己的模具印完后，开始左顾右盼。他走到天天的旁边，拿起天天的一个模具。

昊昊还没来得及说话，天天就着急地说："你干什么！"

昊昊说："我可以帮你做。"

天天说："不用。我要自己做。"

随后，天天抢回了昊昊手里的模具。

分析：昊昊借用模具时，没有征求天天同意就拿起模具，使用了抢夺的策略，这个行为使得同伴不满。昊昊没有达到自己的预期目标，便没有说明缘由地使用了请求的策略。天天带着不满的情绪，自然不理睬昊昊。昊昊在这一次合作中，语言缺乏灵活性与艺术性。合作策略不是幼儿天生具备的。教师应在鼓励幼儿自主解决问题的基础上，引导幼儿使用适宜的合作策略，促进他们的社会性发展。比如，教师应引导幼儿学会使用礼貌用语、说清楚自己的想法、在同意或拒绝时采用恰当的表达方式。

4. 小规模合作中幼儿使用自我导向型策略的次数较多

在大班结构游戏中，幼儿合作规模偏小，以3人合作和2人合作为主。言语拒绝策略在2人合作、3人合作中出现的次数分别是10次和11次，在4人合作、5人合作、5人以上合作中则分别减少至1次、2次、1次。在2人合作和3人合作中，自我导向型合作策略出现的次数分别是30次和27次，而在4人合作、5人合作、5人以上合作中则分别减少至6次、9次、3次。相比于4人以上的较大规模合作，言语拒绝策略在小规模合作中使用比较频繁，并且小规模合作中自我导向型策略出现次数较多。

案例：

在建构区，阳阳与毛毛在一张桌子上玩自己的塑料片。过了一些时间，阳阳直直地盯了一会儿毛毛的玩具后，说："毛毛，让我玩玩你拼的玩具吧。"

毛毛抬头看了看阳阳，边玩玩具边对他说："你自己有，我的不好玩。"但这并没减少阳阳的兴致。阳阳说："就让我们一起玩一会儿吧。"然后，阳阳指着自己拼插的自行车说："我有自行车给你玩。"

毛毛说："你拼得太弱了。我不跟你玩。"

随后，阳阳、拼插了一把弓箭说："你看我做的弓箭。"

毛毛非常喜欢，说："你让我玩你的弓箭，我就把怪兽给你玩。"阳阳表示同意。然后他们交换了玩具，各自玩了起来。

分析：阳阳的第一次协商没有成功，因为在协商过程中两人都以维护各自的利益为目标，他们提出的建议、采取的行动仅仅指向自己的需求，而没有以双方共同的利益为合作的出发点。接着，阳阳转而采用其他方法达到目的。他第二次向毛毛提出请求，表明自己做一把弓箭给毛毛。这让毛毛很高兴。但毛毛只想玩阳阳的弓箭，并不想合作，于是毛毛提出了交换玩具的想法。阳阳在努力下得到了想要的怪兽，并把自己最初想和毛毛一起玩的想法抛诸脑后。

案例：

军军、贝贝和奇奇在玩磁力片。一开始，他们各玩各的。随后，贝贝把自己的磁力片全部给了军军，由军军负责拼一座高楼。

在一旁的奇奇看到军军在拼高楼，便伸出手想一起拼。结果军军不满地说："不许动！我不要和你一起玩。"

奇奇说："没动你的。这是贝贝的磁力片。"

军军说："贝贝也不和你玩！"

奇奇见贝贝没说话，又挑衅地拿了一块军军的磁力片。然后军军委屈又生气地看向站在一旁的老师。老师没有说话。奇奇也看向老师，然后默默收回了手。

分析：幼儿在日常的生活、活动、游戏中产生小摩擦是较为正常的现象。大班幼儿在合作过程中会产生各种冲突，这也是社会交往形式的一种。在自主解决冲突的过程中，幼儿解决问题的能力有所提高，他们会熟练运用协商、互相帮助等积极合作策略，他们的社会经验和规则意识也得到发展。随着经验的发展，幼儿的社会性不断提高，他们的良好个性品质也逐渐形成。

（二）幼儿合作行为的影响因素分析

1. 内部因素

合作行为是后天习得的行为。影响幼儿合作行为的内部因素主要包括幼儿社交技能的发展、幼儿的观点采择能力、幼儿的自我中心主义。

（1）幼儿社交技能的发展。具备一定的社交技能是适应社会环境的基本条件，幼儿应具有适应未来社会需求的素质。幼儿正处于迅速发展的阶段，培养幼儿的社交技能，有利于促进幼儿的心理品质的发展，有利于幼儿建立良好的同伴关系。社交技能高的幼儿往往受欢迎，社交技能不高的幼儿则容易被忽视。在团队合作的过程中，社交技能高的幼儿往往倾向于选择积极进行小组协商的合作策略，而社交技能不高的幼儿会倾向于选择消极的合作策略，破坏合作。

在合作的过程中，语言一方面能够起到传递信息、与别人进行沟通、解释自己的行为和意图的作用，另一方面能够表达自己的态度和感受，有利于与同伴进行良性的合作。[①]大班的幼儿已经掌握了比较多的话语策略。话语是影响幼儿交流结果的关键因素。

研究者发现，在合作过程中，话语策略的使用较为频繁。如果一个人言语水平不高，那么其可能使用一些不恰当的话语策略，如表达不准确、言语反馈过早、积极的话语策略较少、语言不文明等。话语策略的错误使用和缺乏灵活性往往导致幼儿被同伴误解，最终导致合作的失败。

（2）幼儿的观点采择能力。观点采择能力会影响幼儿的社会性发展。观点采择就是先根据目前的信息，区别自己的观点和其他个体意见，然后针对他人的意见或者其他观点得出准确结论。[②]有研究表明，大班幼儿已初步具备了区分自己观点和别人意见的能力，并且开始逐步从自我中心主义中解放出来，但是总体而言，大班幼儿根据不同的环境条件去分析、判断别人的观点还存在很大的困难。[③]

研究者观察到，幼儿在活动中产生语言和身体上的冲突，一部分原因是合作的一方不理解另一方做出的行为的真实含义。幼儿对同伴产生误解，造成摩擦，进而导致合作失败。在前述昊昊和天天的案例中，昊昊想帮助天天一起创作。天天看到昊昊拿起了他的模具，以为昊昊要争抢他的模具，就着急抢回去。昊昊的本意是想跟天天合作，但是天天却认为昊昊抢了自己的玩具，所以没能成功合作。

（3）幼儿的自我中心主义。在 3 个月的观察剩余 2 天时，研究者简单整理了数据，发现 4 人及 4 人以上的合作中幼儿合作氛围相对愉快，搭建结果有创新性，搭建效率高。在 2 人和 3 人合作中，幼儿的搭建氛围不那么浓厚。这一现象看似普通，但背后的原因却值得深思。研究者针对这一现象专门对教师进行了访谈。

研究者通过观察和分析数据得知，在 2 人规模的幼儿合作中，自我导向型合作策略和他人导向型合作策略分别出现 30 次和 26 次，融合型合作策略出现 37 次。在 3 人规模的幼儿合作中，自我导向型合作策略和他人导向型合作策略分别出现 27 次和 45 次，融合型合作策略出现 36 次。幼儿运用自我导向型合作策略时是主动方，合作策略以邀请、命令居多；幼儿运用他人导向型合作策略时是被动方，合作策略以配合、顺从居多。在结构游戏中，只要有幼儿使用自我导向型

① 孙贺群、陶晓丽：《幼儿合作学习的影响因素》，《幼儿教育》2010 年第 1 期。
② 张文新：《儿童社会性发展》，北京师范大学出版社，1999，第 237 页。
③ 张文新、林崇德：《儿童社会观点采择的发展及其与同伴互动关系的研究》，《心理学报》1999 年第 4 期。

合作策略，就有相应的同伴间接或被动使用他人导向型合作策略。也就是说，除了运用融合型合作策略外，幼儿无论运用自我导向型合作策略，还是运用他人导向型合作策略，都有一方处于被动合作状态。导向型合作策略使用频率高于融合型合作策略，说明幼儿被动合作的情况多于主动合作，幼儿合作意识较弱。

综上所述，在2人规模的合作中，幼儿合作策略以导向型策略为主，以融合型策略为辅。自我导向型的幼儿大多在结构游戏开始时就邀请自己的合作同伴。在其他幼儿试图使用策略加入合作时，一般自我导向型的幼儿做决定，结果以拒绝居多。该类幼儿通常在社会交往中比较有主见，有的是教师眼中的小班长，有的是沉浸在自己世界中的"小淘气"。

2. 外部因素

（1）教师对幼儿合作行为的影响。

①教师对幼儿合作的认识及指导。幼儿园一直以来都是幼儿进行游戏、学习、生活的主要地点。教师是幼儿社会性发展的重要引领者，对幼儿团队合作的意识以及幼儿合作能力的培养具有至关重要的影响。合作策略运用水平是合作能力的重要衡量标准。幼儿对合作策略的使用在很大程度上受到教师思想和行为的影响。

对幼儿来说，在生活、游戏中主动配合其他幼儿或教师、协商解决问题、协调跟他人的关系的能力是衡量合作能力的一种评估标准。同伴关系对合作能力的发展有一定影响。在幼儿园的日常生活中，教师间接影响幼儿与同伴的相处。儿童在同伴中的地位如果稳定，在整个儿童期就不会改变，也很难改变。①

在合作过程中被拒绝的幼儿和被忽视的幼儿合作的成功率低，同伴冲突相对较多，他们使用合作策略的有效性低。受欢迎的幼儿之间合作的成功率较高，他们使用合作策略的有效性高。教师对调节幼儿的群体接纳程度有至关重要的作用。因此，教师应对幼儿关系发展有清晰的认识，知道如何在游戏活动中调节幼儿合作的矛盾。同时，教师对幼儿的评价会影响其他幼儿对被评幼儿的接纳程度。比如，前述子卿和但仔的案例中，但仔使用了合作策略，想参与游戏，却遭到子卿的拒绝。研究者等游戏结束后，询问子卿缘由，子卿回答说："老师说但仔喜欢打人。"研究者接着询问："但仔打过你吗？"子卿回答说："没有。可是老师说不能打人。"由此可见，教师对幼儿的评价直接影响了幼儿对同伴的接纳程度。

②教师投放结构材料的方式。游戏是幼儿的重要活动方式。幼儿在游戏中进

---

① 张文新：《儿童社会性发展》，北京师范大学出版社，1999，第152页。

行合作，需要物质材料的支持。教师在结构游戏中常遇到幼儿的消极合作行为，如幼儿使用抢夺、攻击、命令等亚策略。这些问题出现的一个原因是这个阶段的幼儿特有的以自我为中心的心态，另一个原因是幼儿园里游戏材料的数量不足。结构游戏是幼儿园里常见的游戏。结构游戏材料的种类有很多。教师会根据幼儿的数量为他们提供游戏材料，但游戏材料的数量没有标准。如果游戏材料数量不够，那么有的幼儿会选择寻找伙伴进行合作，有的幼儿会采用消极的合作策略，如威胁其他幼儿，或对其他幼儿的玩具进行争抢。当幼儿园的结构游戏材料数量不能满足幼儿的实际需求时，幼儿往往会做出消极的合作行为。

③教师的引导与示范。心理学领域有证据证明教师的有效指导会对幼儿合作产生促进作用。在游戏中，教师的引导和示范会影响幼儿对合作策略的运用。但是，教师不能过多干预幼儿合作，否则会阻碍幼儿与同伴合作，会使幼儿失去自主协商与选择的机会，不利于幼儿对合作策略的习得。教师应留给幼儿适当的交流空间，促进幼儿自主合作，同时知晓对待不同性格的幼儿要用不同的方法，尊重幼儿的个体差异。由于幼儿认知能力有限，教师在平时为幼儿讲解活动规则时，可以进行示范，这样做符合幼儿的认知发展水平，能满足幼儿的需求。

（2）场域影响。场域影响在本书中指的是研究者所观察的大理市 D 幼儿园的室外游戏空间与室内游戏空间对幼儿产生的影响。研究者通过观察以及对教师进行访谈，可以确定结构游戏中幼儿在室外游戏空间与室内游戏空间使用的合作策略有所不同。

研究者观察到，用来开展结构游戏的一张桌子最多容纳 6 名幼儿，建构区也最多容纳 6 名幼儿。D 幼儿园室内的结构游戏空间小，人均材料偏少。幼儿合作时，经常会因材料问题产生小摩擦。而且合作的幼儿人数偏少，幼儿合作以 2 人合作与 3 人合作为主，合作意愿不强，合作维持时间短，幼儿注意力很容易被其他事物吸引。户外的结构游戏活动中，幼儿有更大的活动空间，结构游戏的材料偏大。户外结构游戏通常以班为单位开展，幼儿愿意使用合作策略来共同搭建，幼儿合作趋向 3 人及 3 人以上的多人合作，合作意愿强烈，合作维持时间长，合作效果优于室内的结构游戏（见图 4-5）。

图 4-5　幼儿户外搭建

（3）幼儿园管理者的理念。幼儿园管理者对游戏活动的关注和重视程度会直接影响教师开展各种游戏活动的态度和方式。幼儿园管理者的种种理念和种种决策都会直接影响教师在游戏活动中的思想和行为。教师在开展游戏活动时的态度、思想和行为，会影响幼儿的合作行为。幼儿园管理者要高度重视游戏活动，重视教师的专业成长，可以每周定期举办教师例会，让教师互相交流、分享他们的教育知识和经验，还可以适当地请一些专家做讲座，让教师有更多的时间和机会学习，从而提高专业素质。

（4）家庭影响。家庭影响在本书中指的是幼儿家庭教养方式对幼儿在幼儿园结构游戏中合作行为的影响。研究者通过对教师进行访谈发现，家庭是不可忽视的一个因素，对幼儿社会性行为的影响较为显著。家庭对幼儿的影响分为积极影响与消极影响。

幼儿性格的形成跟原生家庭有很大的关系。每个幼儿都有独特的家庭环境，父母是幼儿的第一任老师，父母的教养观念会影响幼儿的社会性发展。不同的家庭有不同的教养观念。儿童在成长过程中的自我认知、社交能力与家长的重视程度有一定的相关性。家长教养方式较为复杂。如果家长重视促进幼儿积极行为的发展，那么幼儿就会采用更多的积极策略去接触社会。

从家庭教养方式角度来分析，家长教养方式分为三类：专制型、宽容型、民主型。专制的家长对孩子要求过高，限制了孩子的独立性和创造力。比如，前述涵涵和小夕的案例中的涵涵在游戏活动中喜欢支配别人。她的母亲对她寄予厚望、要求严格，在业余时间为她报了多项兴趣班。这导致涵涵早早地成了一个"小大人"，不管是说话还是跟同伴相处，她的言语和行动都有成人的影子。宽容的家长给予了孩子过多自由的空间，导致孩子不受太多约束地成长，孩子共情能力相对较弱。这样的孩子在合作中使用支配和逆反策略的次数都较多。比如，前述霖霖和瑞瑞案例中的瑞瑞对同伴习惯使用抢夺、攻击等消极策略。研究者了解到，瑞瑞是独生子，妈妈工作繁忙，没有时间接瑞瑞放学，爸爸在邻县当老师，每星期只有周末在家，瑞瑞和奶奶相处时间多。奶奶对瑞瑞采取溺爱的养育方式，因此瑞瑞以自我为中心的观念仍存在，他采用消极合作策略的情况时有发生。理想的教养方式是民主型的，体现在家长不仅注重培养孩子的独立性与创造力，还会及时纠正幼儿不符合社会要求的行为。在民主型教养方式下，幼儿采用的合作策略以积极策略为主，具有灵活性，幼儿说话有艺术性，且受同龄人欢迎。

三、在结构游戏中培养幼儿合作行为的策略

（一）优化结构游戏中幼儿合作的外部条件

1. 确立结构游戏主题及活动目标

为了优化幼儿合作的外部条件，首先，教师要确定结构游戏的主题和目标。游戏活动的目标是活动的出发点，也是活动结束后应达到的终点，是活动的基本前提。其次，教师可以根据活动目标设计活动的步骤、内容、组织方式，选取活动材料。《3～6岁儿童学习与发展指南》指出："要充分尊重和保护幼儿的好奇心和学习兴趣，帮助幼儿逐步养成积极主动、认真专注、不怕困难、敢于探究和尝试、乐于想象和创造等良好学习品质。"教师在设计结构游戏活动时，要尊重幼儿的兴趣。教师可以在日常的活动中以及与幼儿的谈话中，知晓幼儿的兴趣点，在此基础上确定结构游戏活动的主题和活动目标。

另外，教师如果连续两三周使用重复的主题，需要考虑有没有重复使用同一主题的必要性，是否可以依据同一主题延伸出不同的活动目标来引起幼儿的搭建兴趣，以及是否能发展出更多的搭建模式来锻炼幼儿的搭建技巧，以此来培养幼儿的合作意识和合作能力。

2. 合理选择材料，创设情境

结构游戏的核心是幼儿通过摆弄、搭建、拼插结构游戏材料，获得各方面的发展。结构游戏材料具有重要的价值。教师应选择适宜的结构游戏材料。首先，教师选择的材料应是对教学活动有帮助的。现在市面上的建构材料很多，教师要选择安全、经久耐用的材料，保障幼儿的安全。在此基础上，教师要选择对教学有帮助的材料。教师要考虑到幼儿单独搭建和小组合作搭建，要使材料适合多人一起搭建。其次，游戏材料应是幼儿喜爱的。因此，教师要选择适合幼儿且受大部分幼儿喜爱的材料。每个幼儿的喜好不一样，教师要做的是使材料满足大部分

幼儿的需求，不要呈现个别化操作的材料。最后，材料的数量应是有限的。材料有限，幼儿就会充分挖掘材料的用途，进而不断创新。这样，幼儿不仅有探究的欲望，还会做出合作行为。教师要引导幼儿自主探索，并从中发现知识。

幼儿园如今提倡探究式教学，目的是让幼儿自主发现问题，让他们在教师的引导、帮助下解决问题。教师应考虑前期准备工作是否做好、是否为幼儿提供了完备的探究需要的材料、幼儿能否在无提示和前期经验的基础上去想象和塑造形象。教师还要在游戏活动开展前设置一个主题，考虑幼儿能否确切知道主题内涵、能否准确理解活动目标。在开展游戏活动前，教师应做好充分的准备。在开展游戏活动时，教师要为幼儿创设情境，让幼儿了解游戏主题的内涵，调动幼儿做游戏的积极性。比如，教师在组织幼儿开展"立交桥"主题活动时，可以查阅立交桥建设的新闻，生动地介绍建设环境、立交桥周围的事物以及幼儿需要搭建的内容，让幼儿充分了解搭建的主题，同时调动幼儿合作搭建立交桥的积极性。

（二）科学引导幼儿运用合作策略

幼儿的合作能力主要是从幼儿园里锻炼、培养的。幼儿在与同龄人交往的情境中，合作能力发展迅速，但不是每一次结构游戏都需要幼儿合作。教师需要引导幼儿在需要合作的情境中自觉地进行合作。如果幼儿不知道如何去合作，那么教师需要进行适当引导。教师应重视对幼儿的科学引导，全面、深入地了解幼儿合作，科学地引导幼儿的合作行为。

1.对幼儿合作进行全面了解

时代在不断发展，教师要做到终身学习，同时敢于创新，这正是教育发展的关键所在。教师了解幼儿合作的方式有很多。比如，利用线上资源库进行学习，邀请学前教育专家来幼儿园开展讲座，与其他教师互相讨论以取长补短，等等。教师要深入了解结构游戏与合作行为，具体体现在以下方面：首先，要了解相关概念，了解什么是合作行为、合作行为的价值有哪些；其次，要明确幼儿在什么情况下会产生合作行为，几岁是合作行为发展的关键期，不同年龄段的幼儿的合作行为有什么不同，不同年龄段的幼儿合作的特点是什么；再次，要分析影响幼儿合作的因素，尽量优化幼儿合作的条件；最后，要对培养幼儿合作行为的策略进行研究，学习前人的经验。教师对幼儿合作进行系统的认识，有利于自身职业发展，有利于促进幼儿社会性发展。

2.科学引导幼儿进行合作

如果一次结构游戏活动需要幼儿进行合作，那么教师可以在活动前面对面与幼儿商讨，共同决定游戏活动的主题，引导幼儿运用积极的合作策略与同伴交流。如果幼儿对如何合作理解不透彻，教师可以做出示范，如示范倾听、邀请其他幼儿加入自己的小组、解决矛盾、道歉。在游戏活动进行中，教师要密切观察幼儿的行动，可适时用赞许的目光、微笑的表情鼓励幼儿。

教师可以以同伴的身份参与结构游戏，为幼儿合作做示范。常见的邀请方式如下："我可以加入你们吗？""我们一起来搭建吧。""我帮你搭建这个可以吗？"常见的互动方式如下："我们可以交换积木或材料吗？我需要你的这一块积木。""我能借你的这个用吗？"常见的鼓励方式如下："你搭建得真不错！你好棒！""加油！我相信你可以的！"幼儿会模仿教师的行为，将合作策略运用到自己的情境里。这样，教师的教育目的就达到了。在一次次结构游戏中，幼儿对积极合作策略的使用会越来越熟练。

3. 对指导进行及时反思

教师需要在不断反思中成长。在幼儿进行结构游戏活动时，教师对一组幼儿的合作行为或者搭建技巧进行指导后，要及时观察他们的反应，以判断指导是否有效。这是在游戏活动中的反思。还有一种反思是游戏结束后的整体反思。教师应具备批判性思维能力，在一次游戏活动结束后，可以从游戏的设计、游戏的开展、游戏的改进、游戏的结果等方面进行全面反思，分析问题，分析自己是否指导过少或者介入太多而导致幼儿合作行为减少、幼儿对合作策略使用不灵活等。在下一次游戏前，教师要能够得出对前一次游戏的反思结果，并对新的活动进行改进。

（三）重视对幼儿的移情训练，减少幼儿对消极策略的使用次数

大班幼儿的身心发展还不够完善，一些幼儿还存在以自我为中心的观念。在结构游戏中，由于需求与情绪的影响，幼儿难免会使用消极的合作策略。如果幼儿使用了消极的合作策略，那么教师应该把握好教育时机，引导、教育幼儿采用积极的合作策略。

具备观点采择能力是幼儿顺利合作的基础。当幼儿可以了解、接纳他人的想法时，幼儿与同伴之间的交流就更加顺畅，他们就更容易达成合作。移情可以被视为强化后的观点采择能力。有研究表明，幼儿在接受一段时间的移情训练后，再次回到合作的情境中，与周围同伴在关系的处理上有了明显的改进，他们能换位思考，使用的合作策略偏向积极策略和中性策略，合作中的矛盾和冲突明显减少。移情训练是一种有效地加强幼儿对他人的理解，从而减少幼儿在合作中对消极策略的使用次数的方式。

在移情训练中，教师可以引导、帮助幼儿去了解他人的心理，使幼儿重新认识自我。比如，教师可以在分享活动时间向幼儿展示带有情绪的幼儿图片，让幼儿猜想、分析图上的表情以及该表情带来的心情，让幼儿感知他人的情绪，从而

学会调节自己的情绪。这样，在以后的游戏合作中，幼儿就可以正确地表达自己的想法，采用积极的合作策略，做出正确的行为。

移情训练能够有效地帮助幼儿更好地与他人进行交往，增加幼儿的亲社会行为，提高幼儿在合作过程中的被接纳水平，改善幼儿与同伴之间的关系。用移情训练来培养幼儿的亲社会行为时，教师应该特别注意围绕亲社会行为选择幼儿故事的主题，使故事主题能够引发幼儿思考，并且能使幼儿模仿故事中的亲社会行为。另外，教师要把移情训练的多种途径和方法相结合，将亲社会行为培养贯穿幼儿的实践活动和日常生活中，不单纯地利用一次教育活动来引导幼儿了解亲社会行为，而是在日常教学中对幼儿的亲社会行为进行潜移默化的培养，这样才能产生良好的教育效果。

（四）家园合作培养幼儿合作意识和合作行为

幼儿的合作意识和合作行为与家长对幼儿的教育存在着直接的联系。家长在潜移默化中影响了幼儿在幼儿园跟同伴的合作方式，家长的教养观念对幼儿个性品质的发展有较强的影响力。因此，家长应该积极地引导和鼓励孩子，多与幼儿园带班教师交流。在幼儿园中，教师应为幼儿提供更多的与同龄人合作和交往的机会。在幼儿园外，应注重家园合作，共同努力在具体的实践中教会幼儿进行合作的途径和方法。

教师培养幼儿的合作能力，需要家长的理解和支持。幼儿家长要为幼儿的社会性发展打下坚实的基础，因为家长对孩子的教育和培养方式，会直接影响孩子到幼儿园之后与同伴合作的方式。家园合作培养幼儿的合作行为的前提是，家长要了解合作行为对幼儿产生的影响，重视幼儿的合作行为和对合作策略的使用，应在幼儿的日常生活中引导幼儿使用积极的合作策略。

教师应从多方面落实与家长的合作、沟通交流。教师可以开家长会，还可定期进行家访，与家长进行沟通交流。教师在平时可以向家长推荐一些亲子游戏方案教程，在家长会上还可以组织家长互相交流，可以让家长在家对幼儿互动行为进行视频、照片的记录，让家长分享他们的心得体会，让家长说出亲子交流时的困惑、难题。这样做促进了家园合作，有利于培养幼儿的合作行为。

（五）鼓励、评价、强化幼儿的合作行为

教师可以在幼儿进行结构游戏活动时，将幼儿合作的画面以照片或视频等形式记录下来，在游戏后组织幼儿进行交流。在幼儿交流环节，教师可先引出话题，然后让幼儿对游戏中的合作行为进行自评与他评。在幼儿讨论过程中，教师应支持与鼓励幼儿大胆发表自己对本次游戏合作的看法，营造宽松的讨论氛围。教师要特别注意通过肯定和鼓励幼儿，帮助他们深刻地感受到合作成功的喜悦与

乐趣，同时在评价环节肯定、鼓励、表扬幼儿合作的成功，激发他们进一步合作的内心动机，使他们的合作行为得到强化，从而使他们变得更加自觉。比如，当幼儿在结构游戏搭建中遇到困难但仍然坚持不懈地寻找解决办法时，教师应该给予幼儿鼓励；当幼儿主动探索，并做出有创意的行为时，教师应该给予幼儿表扬。

教师除了及时评价、鼓励合作的幼儿，帮助幼儿总结经验也是至关重要的。在游戏后的经验总结环节中，教师可以向幼儿提起追溯，让幼儿回忆当时解决问题的情景，让幼儿明白需要帮助时应该怎么做、同伴无法理解自己时应该怎么做、跟小伙伴在合作中遇到困难时应该怎么做。教师引导幼儿对解决问题的情景进行回忆，就是让幼儿再次学习、总结经验的过程。这有利于幼儿学会与同伴相处，学会处理冲突，明白合作的重要性，掌握与他人合作的技巧。

第五章　儿童视角下幼儿园角色游戏区创设研究

一、马赛克方法应用于角色游戏区创设的实践研究

马赛克方法是了解儿童内心感受和内心世界的有效方法之一。本书借助该方法，力求了解小班、中班、大班幼儿对角色游戏区的概念、环境创设、人物关系和游戏有效性的真实想法。研究者主要对 M 幼儿园小四班幼儿（33 名）、中二班幼儿（31 名）、大二班幼儿（29 名）展开研究，通过幼儿会议、幼儿投票、幼儿之旅、幼儿摄影和幼儿绘画这五种形式倾听幼儿对角色游戏区的认识。由于研究者无法控制幼儿在研究期间的入园情况，所以每一活动中幼儿的参与情况是不同的，研究者仅研究当天对象班的幼儿。

（一）幼儿会议活动实践

幼儿会议是马赛克研究法中的一个重要内容，主要强调通过让幼儿自主发声的形式来聆听幼儿内心的想法。幼儿会议往往需要幼儿自己组织、开展、总结。这对幼儿各方面能力的发展提出了进一步要求。本书涉及小班、中班、大班三个年龄阶段的幼儿。小班与中班幼儿的会议由教师来组织和引导，小班幼儿会议为单独会议，中班幼儿会议为小组会议。大班幼儿则根据会议主题进行自主讨论。

1.小班幼儿会议

小班幼儿的认知特点决定了其语言表达能力有限。他们对内心的所思所想无法运用恰当的语言准确地进行表述。研究者只能通过简单的询问以及日常的交流来了解幼儿对角色游戏区的看法。幼儿对角色游戏区的理解较为浅显。作为刚进入幼儿园的小朋友，小班幼儿对区域活动以及班级游戏比较陌生。因此，研究者在与小班幼儿进行会议交流时遇到了诸多困难。比如，幼儿参与区域活动的次数与时间有限，还无法理解"角色游戏区"的概念与内涵，无法深入角色游戏区的各种游戏

中，对于游戏形式还不是十分了解，这导致幼儿对研究者设计好的一些问题无法回答。但在研究过程中，研究者事先对角色游戏区进行了讲解，并充分给予幼儿在角色游戏区进行游戏的时间，使幼儿在了解与熟悉角色游戏区的基础上，能够用简单、直接的语言与研究者进行交流。这为幼儿会议的开展奠定了一定的实践基础。

在小班33名幼儿中，有23名幼儿参与了幼儿会议。研究者共收集幼儿会议记录23份，会议记录转为文字共计7 195个字符。研究者经过与幼儿简短交流发现，幼儿对区域活动充满了兴趣与强烈的探究欲望，并对角色游戏区有自己独特的理解。在幼儿眼中，本班教室是一个日常的游戏场所，他们可以在教室开展很多种游戏活动。比如，他们认为，在班里可以当医生，可以唱歌，可以玩过家家，可以弹琴，还可以看书、画画、跳舞、玩积木玩具，等等。该班主要设立了"娃娃家"和"小舞台"这两个角色游戏区。幼儿对两者都非常喜爱。相比之下，他们更喜爱"娃娃家"，原因在于"我可以当医生、当护士、当警察""娃娃家很大""娃娃家里面有很多的娃娃""它很好看""可以在里面切菜、煮饭"等。同时，他们喜欢和自己的小伙伴一起玩，对于喜欢的伙伴都能够准确地说出姓名。他们也非常希望教师能够参与游戏。他们认为，教师可以充当客人、孩子、观众等各种各样的角色。幼儿在进行角色游戏时会非常开心，这可以通过他们的表情、动作观察到。同时，幼儿认为角色游戏是很好玩的游戏，他们对角色游戏区很喜爱。

2. 中班幼儿会议

中班幼儿对角色游戏区有了一定的认识。相较于小班幼儿来说，中班幼儿接触角色游戏的时间较长，参与角色游戏的次数较多，久而久之，他们对角色游戏与角色游戏区便有了自己的理解。幼儿在享受本班角色游戏区带来的乐趣的同时，会幻想自己心目中的角色游戏区，并能够对现有的角色游戏区进行评价，这些都随着幼儿的年龄增长与认知发展不断地通过幼儿的语言或行为体现出来。幼儿会议就是通过开会、讨论的形式发散幼儿的思维，给予幼儿表达和交流的平台，使他们关于角色游戏区的心声可以直接被成年人理解。但幼儿在交流的过程中难免会遇到一些表达困难的问题。他们对一些观点的表述不是十分清晰，往往会使用一些简单句表达。并且，幼儿的思维具有跳跃性，他们在阐述这一问题时经常会涉及另一个问题。这使幼儿会议的内容更具丰富性，使原本设计好的会议提纲更加儿童化。

在31名中班幼儿中，共有21名幼儿参与本次幼儿会议活动。按照小组会议的要求，研究者先将幼儿随机地划分为4个小组，然后逐一进行小组内部的引导、提问，在抛出一个问题后，先让幼儿进行小组讨论，然后选出一名小组成员代表本组与研究者进行交流并汇报讨论结果，最后让幼儿进行下一问题的讨论。

研究者以这样的形式，加强幼儿与同伴之间的交流，注重幼儿自主讨论的过程，使幼儿的观点更加真实。

3. 大班幼儿会议

根据大班幼儿的认知特点，幼儿会议活动采用集体会议的形式。教师作为观察者与引导者，询问幼儿喜欢的角色游戏区具有哪些特征以及他们对角色游戏区中同伴关系与师幼关系的理解，引导幼儿畅谈个人对当前角色游戏区的看法与建议并谈谈他们在角色游戏中的收获与体会。大二班作为本次研究对象之一，共有29名幼儿，其中19名幼儿参与了本次活动。

大班幼儿对角色游戏以及角色游戏区的认识更加全面，虽然不清楚这些区域属于哪一类别，但对区域当中游戏的把握较为准确，能说出角色游戏区中可以扮演的多个人物形象，并能抓住其明显特征。同时，这一阶段的幼儿想象力与创造力发展迅速。他们在游戏中常常可以创造出新的角色，对角色游戏充满了幻想与期待。从同伴关系与师幼关系方面来看，大班幼儿的合作意识较强，他们的游戏形式多为合作游戏。他们在角色游戏中能够挖掘出多个角色，通过合作在角色游戏区进行同一情境的游戏。大班幼儿的已有生活经验较为丰富，他们对本班的角色游戏区有了自己的看法，可以根据自己已有经验和兴趣来想象新的角色游戏区以及游戏材料。

（二）幼儿投票活动实践

本书中的幼儿投票活动主要是通过给幼儿分发"爱心票"和"拒绝票"，分别选出当前班级里幼儿最喜欢/最不喜欢的角色游戏区以及最喜欢/最不喜欢的活动材料，并让幼儿说明投票原因。投票法是一种常见的了解幼儿心声的方法，克服了幼儿语言能力有限的局限性，使幼儿通过间接的方式表达自己的观点与想法，在某种程度上具有一定的客观性与科学性。本书中的三个对象班都参与了幼儿投票活动。研究者对幼儿的投票过程、结果及原因进行了详细记录。

1. 小班幼儿投票

小班共有23位幼儿参与此活动，其中男生13名，女生10名。活动开始前，研究者先带领幼儿理解"爱心票"与"拒绝票"的特征与具体含义，让幼儿明白"爱心票"（爱心）代表最喜欢，"拒绝票"（叉）代表最不喜欢。然后，研究者向幼儿讲明了投票的规则、区域范围等。由于本班的角色游戏区有娃娃家和小舞台，所以幼儿的投票范围在这两个区域当中。研究者讲解完毕后，给每位幼儿分发一张"爱心票"与一张"拒绝票"，并引导幼儿进行思考，让幼儿根据自己的喜好做出选择。活动完毕，研究者考虑到幼儿的语言表达能力有限，没有让幼儿说明投票原因，仅记录下幼儿的投票过程与结果。

（1）幼儿投票过程如图 5-1 至图 5-3 所示。

图 5-1　小班幼儿投票（餐具）

图 5-2　小班幼儿投票（灶台）

图 5-3　小班幼儿投票（动物头饰）

（2）幼儿投票结果汇总如表 5-1 所示。

表5-1　小班幼儿投票结果记录

角色游戏区分类	材料分类	游戏材料	喜欢		不喜欢	
			男生人数	女生人数	男生人数	女生人数
娃娃家	做饭类	餐具	2	1	2	0
		厨具	3	2	1	2
	做饭类	食材	2	0	0	2
		菜篮	0	0	0	1
	医药类	医药箱	2	2	0	0

续 表

角色游戏区分类	材料分类	游戏材料	喜欢		不喜欢	
			男生人数	女生人数	男生人数	女生人数
娃娃家	其他	地毯	0	1	1	0
		桌子	0	0	1	0
		玩偶	0	2	1	0
		电话	1	0	0	2
小舞台	表演类	手摇铃	2	0	1	0
		钢琴	1	2	1	0
		吉他	0	0	0	1
	装扮类	头饰	0	0	3	2
		眼镜	0	0	1	0
	其他	手偶玩具	0	0	1	0

由表5-1可知，娃娃家这一角色游戏区最受幼儿喜爱，共有18位幼儿将"爱心票"投给了娃娃家，占总参与人数的78%，其中男生10人，女生8人；在选择最喜欢的游戏材料时，有10位幼儿将手中的"爱心票"投给了做饭类材料，其中包括餐具、厨具、食材和菜篮。除此之外，医药类和表演类的材料也十分受幼儿欢迎。由于娃娃家中的游戏材料非常多，所以"拒绝票"在娃娃家中的占比相对较高，共有13位幼儿将"拒绝票"投给了娃娃家。"拒绝票"主要集中在餐具、厨具和一些其他物体上。有10位幼儿将"拒绝票"投给了小舞台。他们认为，装扮类的头饰最不好玩。从性别差异上来看，男生喜欢的材料相对集中，主要是做饭类的一些工具，女生喜欢的材料范围相对较广，有厨具、医药箱、玩偶和钢琴；男生不喜欢的材料是装扮类的头饰和眼镜，女生则不喜欢做饭类材料。

2.中班幼儿投票

中班共有24位幼儿参与此活动。在活动前，研究者首先让幼儿认识投票卡，并引导幼儿说出两种投票卡的不同含义：爱心代表最喜欢，叉代表最不喜欢。然后研究者带领幼儿讨论在班里现有的角色游戏区（娃娃家）中经常去玩什么材料，让幼儿思考并交流。在幼儿有了自己的想法后，研究者进一步明确投票规则，每一票只能投给一个材料，每位幼儿共有两次投票机会（最喜欢与最不喜欢）。最后，研究者给幼儿分发投票卡，区分男生与女生，让幼儿按男女分批有序地进入区域当中进行投票。投票结束，研究者向幼儿分享记录投票结果的图片，并询问幼儿投票的原因。研究者对投票过程进行拍照记录，对活动结果进行整理与分析，对幼儿的投票原因进行询问并采用录音等方式记录。以下为记录内容的摘要：

（1）幼儿投票过程如图5-4、图5-5所示。

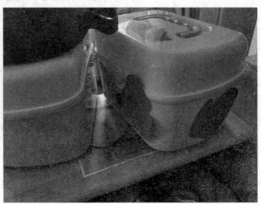

图5-4　中班幼儿投票（烧烤竹签）　　　图5-5　中班幼儿投票（医药箱）

（2）幼儿投票结果汇总如表5-2所示。

表5-2　中班幼儿投票结果记录

角色游戏区（娃娃家）材料分类	游戏材料	喜欢		不喜欢	
		男生人数	女生人数	男生人数	女生人数
做饭类	灶台	2	1	3	2
	餐具	2	1	0	1
	食材	1	0	2	2
	蛋糕	1	2	2	0
	冰激凌机	0	0	0	2
	烧烤竹签	0	0	4	2
医药类	医药箱	3	2	0	0
装扮类	化妆箱	0	0	2	0
	梳妆台	0	3	0	0
其他	玩偶	1	1	0	1

由表5-2可知，中班幼儿喜欢的游戏材料较为集中，这与班级开设的角色游戏区的数量有很大的关系。中班幼儿最喜欢的材料是医药箱，有3位男生和2位女生将"爱心票"投给了医药箱；灶台、餐具等做饭类用具也非常受幼儿的喜欢。也有不少幼儿不喜欢这种做饭类的灶台和食材，尤其不喜欢烧烤竹签。共有6位幼儿将"拒绝票"投给烧烤竹签这一材料，主要原因是竹签操作起来比较危险。

（3）幼儿投票原因说明：

案例一：

烧烤竹签（不喜欢）：

女生：

太尖了，可能戳到人。

一不小心就会戳到眼睛。

男生：

太危险了。

会戳到手、戳到眼睛。

手被戳破过。

案例二：

医药箱（喜欢）：

男生：

给病人打针。

材料多，可以分享着玩。

当医生。

是红色的。

可以救人。

女生：

粉色的，很好看。

有打针用的。

可以看病。

和医院里面真的医药箱一样。

从以上案例可以看出，幼儿选择材料会从多方面考虑。比如，从材料是否安全、材料有哪些用途、材料的外观是否好看、材料操作的难易程度以及在生活中是否接触过材料等几个方面考虑来进行投票。研究者通过与幼儿交流得知，幼儿往往喜欢简单、安全、好看、玩法很多、贴近生活的材料，而一些操作难度较大、不美观、没有见过的、存在危险的材料不受幼儿欢迎。

3. 大班幼儿投票

大班共有 28 位幼儿参与此活动。研究者在活动开始之初首先引导幼儿认识投票卡，说明投票形式与要求，带领幼儿思考、讨论在班里现有的角色游戏区（娃娃家、宝贝舞台和烧烤店）中自己最喜欢哪一种材料。在幼儿有了自己的想法后，研究者进一步明确投票规则，每一票只能投给一个材料，每位幼儿共有两次投票机会（最喜欢与最不喜欢）。然后，研究者给幼儿分发投票卡，区分男生与女生，让幼儿按男女分批有序地进入区域当中进行投票。投票结束，研究者向幼儿分享记录投票结果的图片，并询问幼儿投票的原因。研究者对投票过程进行拍照记录，对活动结果进行整理与分析，对幼儿的投票原因进行询问并采用录音等方式记录。以下为记录内容的摘要：

（1）幼儿投票过程如图 5-6、图 5-7 所示。

图 5-6　大班幼儿投票（宝贝舞台）　　　图 5-7　大班幼儿投票（收银台）

（2）幼儿投票结果汇总如表 5-3 所示。

表5-3 大班幼儿投票结果记录

角色游戏分类	材料分类	游戏材料	喜欢		不喜欢	
			男生人数	女生人数	男生人数	女生人数
烧烤店	做饭类	烧烤架	0	0	0	2
		烧烤食材	4	0	0	2
		厨灶	0	3	0	2
		菜谱	1	0	0	1
	其他	收银台	6	2	0	3
娃娃家	医药类	医药箱	0	3	1	1
	其他	电视机	0	2	1	4
		玩偶	0	2	1	1
		娃娃家（墙面）	1	0	0	0
宝贝舞台	装扮类	服装	0	2	2	0
	表演类	话筒	0	2	0	0
	其他	宝贝舞台（墙面）	0	0	7	0

注：娃娃家（墙面）和宝贝舞台（墙面）指幼儿喜欢或不喜欢这一区域中的所有内容，幼儿通过将"爱心票"或"拒绝票"贴在墙面上来表示对这一区域的整体意见。

由表5-3可知，大班幼儿对烧烤店这一角色游戏区中的材料非常感兴趣，共有16位幼儿投出了"爱心票"，其中男生有11人，占总参与人数的39%，女生有5人，占总参与人数的18%。烧烤店中最受欢迎的游戏材料是收银台和烧烤食材，分别有8位幼儿和4位幼儿很喜欢这两种材料。幼儿最不喜欢的角色游戏区是娃娃家和宝贝舞台，两者的"拒绝票"都为9票，其中宝贝舞台最不被男生欢迎，共有9位男生将"拒绝票"投给了宝贝舞台。从性别差异上来看，大班男生最喜欢的区域是烧烤店，最喜欢的材料是收银台和烧烤食材，最不喜欢的区域是宝贝舞台；女生最喜欢的区域是娃娃家，共有7位女生将"爱心票"投给娃娃家，医药箱最受女生喜爱，女生最不喜欢的区域是烧烤店，有10位女生将"拒绝票"投给了这一区域，女生最不喜欢的游戏材料是娃娃家里的电视机。

（3）幼儿投票原因说明：

案例一：

宝贝舞台（不喜欢）：

只能唱歌、跳舞。

只能戴假发。

没有观众。

吃不了东西。

玩具少。

假的钢琴。

没有桌子和椅子。

太挤了。

不能当小模特。

没有台子。

案例二：

收银台（喜欢）：

有电脑。

可以打打字母，玩游戏，查资料。

可以结账。

可以当收银员、老板。

可以数钱。

收银台（不喜欢）：

有些按键的地方坏了。

按键太多了。

看不懂。

上面的字看不清楚。

以上案例详细记录了幼儿进行投票时的心理活动——为什么要投给它。通过案例中幼儿的语言可以看出，大班幼儿更加注重材料的丰富性与功能性，材料可以用来做什么、可以怎样操作是他们关注的主要内容。同时，幼儿对角色有了一定的想象和要求，他们将这种要求赋予游戏材料，并以此来判断材料好玩与否和材料价值。

（三）幼儿之旅活动实践

幼儿之旅活动主要是以幼儿带领研究者参观班级角色游戏区的形式，记录幼儿介绍了哪些角色游戏区、是如何介绍的以及参观过程中涉及的区域中的要素，以此来了解幼儿对角色游戏区的关注程度。本书共有4位幼儿参与此活动，分别为小班3位、中班1位。大班幼儿没有参与此活动的主要原因如下：首先，研究者调查时间临近学期末，大班幼儿都进入紧张的复习汇报阶段，幼儿之旅活动的开展时间并不宽裕；其次，大班幼儿只对部分角色游戏区感兴趣，他们关注的区域更多元，因此他们参与此活动的积极性不高，幼儿之旅活动便没有在大班开展。

1.小班幼儿之旅

小班共有3位男生参与此活动。研究者在活动开始前，向幼儿介绍了活动的目的与内容，让幼儿明确自己的身份——小导游。幼儿对导游这一角色不是很了解，因此研究者向幼儿介绍了导游的主要工作，使幼儿在活动中知道自己要做什么。整个活动完全基于幼儿本身，活动涉及的区域、材料以及角色游戏区中的具体要素都由幼儿决定，研究者不做干预，只作为参观者，借助第三方工具对幼儿的整个活动过程进行详细记录。3位幼儿的幼儿之旅活动共计15分钟，并转录为3份旅游日记。以下为活动记录摘要：

幼儿活动过程如图5-8至图5-11所示。

图5-8　小班幼儿之旅活动（1）

图5-9　小班幼儿之旅活动（2）

图 5-10　小班幼儿之旅活动（3）

图 5-11　小班幼儿之旅活动（4）

　　小班幼儿更加关注角色游戏区内材料的内容，会带领研究者观察材料、摆弄材料，也会对材料的功能、使用方法进行简单的介绍。同时，小班幼儿关注角色游戏区中人物的状态，尤其关注正在进行游戏的同伴，想要参与其中。在幼儿之旅活动中，小班幼儿的注意力很容易受到外界因素的影响。比如，幼儿在介绍材料时会玩起来，从而忘记了接下来的任务，也会因为同伴的语言和游戏而中断幼儿之旅活动，这与小班幼儿的发展特点密切相关。小班幼儿关注的角色游戏区中的要素通常是自己经常玩的，或者是小朋友正在玩的。他们的关注度有限，无法全面、详细地介绍角色游戏区。

　　2.中班幼儿之旅

　　中班共有 1 位女生参与此活动。该幼儿语言能力发展较好，具备一定的语言表达能力，且性格开朗。在研究者向幼儿介绍本次活动的内容与任务时，该幼儿始终保有浓厚的兴趣，并对此活动的完成充满信心。本次活动共计 4 分钟，收集一份旅游日记。以下为活动记录摘要：

　　幼儿活动过程如图 5-12、图 5-13 所示。

图 5-12　中班幼儿之旅活动（1）　　　图 5-13　中班幼儿之旅活动（2）

中班的幼儿对角色游戏区中的游戏材料认识更加全面与细致，能具体地说出材料的构造、功能和用法，不仅从外观方面对材料进行介绍，还注重材料的属性与作用。同时，中班幼儿尽可能地将角色游戏区中现有的材料全部介绍完毕，还时不时地进行演示。在介绍材料过程中，中班幼儿能够运用一定的策略，基于材料的使用顺序进行讲解，帮助研究者了解班里角色游戏区的现状。在整个活动中，幼儿十分专注与积极，参与度较高，较完整地表达了对角色游戏区的关注与理解。

（四）幼儿摄影及作品分享活动实践

幼儿摄影及作品分享活动是马赛克研究法实施的重要环节，强调通过幼儿自主拍照的方法表现幼儿对外界事物的关注与喜爱。研究者借助相机（手机拍照）这一工具，让幼儿拍摄角色游戏区中自己最喜欢的地方，然后让幼儿分享这些照片，并引导幼儿说出拍摄原因。本次活动三个班级都参与，研究者共收集幼儿拍摄的照片 156 张、摄影记录 54 份。

1. 小班幼儿摄影及作品分享

由于小班幼儿的发展水平有限，他们对相机如何使用并不了解，所以在活动之初，研究者向幼儿介绍了相机的使用方法，使幼儿能够独立地完成拍摄。研究者对幼儿的拍摄手法与拍摄内容不做要求和限制，幼儿完全可以根据自己的想法来拍摄作品。幼儿拍摄完毕后，研究者将幼儿的摄影作品进行分享，通过提问引导幼儿用简单的语言介绍自己的作品并说明拍摄原因。在本次活动中，小班共有17 人参与，研究者共收集幼儿拍摄的照片 33 张、摄影记录 17 份。部分幼儿摄影作品如图 5-14、图 5-15 所示。

图 5-14　小班幼儿摄影作品（1）　　　图 5-15　小班幼儿摄影作品（2）

2.中班幼儿摄影及作品分享

中班幼儿已有经验较为丰富。中班大多数幼儿可以正确使用相机进行拍照，只有少部分幼儿需要研究者提前教授拍照技能，才可以参与本次活动。活动开始前，研究者明确拍摄的注意事项，不对拍摄内容做限制，只对每位幼儿需要拍摄的照片数量提出要求。在本次活动中，共有 22 名幼儿参与，研究者收集幼儿拍摄的照片 63 张、摄影记录 22 份。部分幼儿摄影作品如图 5-16、图 5-17 所示。

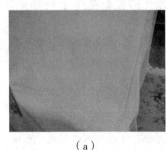

（a）　　　　　　　　　　　（b）　　　　　　　　　　　（c）

图 5-16　中班幼儿 1 摄影作品

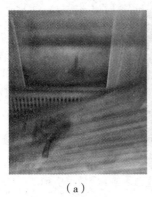

（a）　　　　　　　（b）　　　　　　　（c）

图 5-17　中班幼儿 2 摄影作品

从以上两位幼儿的摄影作品和分享中可以了解到，幼儿对角色游戏区的关注更加强调已有经验，如哪些是他们见过的、哪些是他们玩过的、哪些是生活中经常使用的，并且对角色游戏区的关注还依赖想象力的发挥，幼儿将自身的想象赋予游戏材料或情境，使原有的材料和情境焕发出新的魅力。这样也会产生新的游戏，而新的游戏又会吸引幼儿关注。

3. 大班幼儿摄影及作品分享

大班幼儿均已能独立完成摄影活动，研究者只需在活动开始前提醒幼儿需要拍摄的照片的数量即可。大班创设了 3 个角色游戏区，每个角色游戏区的游戏材料较为丰富，因而幼儿在拍摄过程中犹豫不决，他们纠结于如何选择拍摄的内容，部分幼儿还会在意照片的质量与效果。如果出现没有拍好的照片，幼儿就会重新拍摄。这一活动比较符合大班幼儿的发展水平，他们乐于参与该活动。在本次活动中，共有 15 名幼儿参与，研究者收集幼儿拍摄的照片 60 张、摄影记录 15 份。部分幼儿摄影作品如图 5-18 所示。

（a）　　　　　　　　　（b）

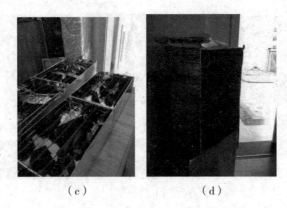

（c）　　　　　　　　　　（d）

图 5-18　大班幼儿 1 摄影作品

大班幼儿对角色游戏区的关注更加细致，他们往往会考虑到游戏材料有哪些功能以及怎样使用游戏材料，也会结合自己已有的生活经验来考虑材料的价值，而不只局限于关注材料的外部特征。

（五）幼儿绘画及作品分享活动实践

幼儿绘画及作品分享活动是马赛克研究法实施中不可或缺的一个环节。幼儿常常采用绘画、表演等方式来表达内心需求和情感。幼儿绘画及作品分享活动正是基于幼儿此特点来了解幼儿的内心世界。研究者采用幼儿绘画及作品分享的形式，让幼儿借助画笔表达自己对角色游戏区的看法与期待。由于小班幼儿的绘画水平有限，所以研究者不让他们画画，而是通过让他们选择图片来了解他们眼中角色游戏区的主要特征。中班、大班幼儿则依据研究者给定的主题作画，描绘自己心目中的角色游戏区。

1.小班幼儿对图片的选择

在本次活动中，研究者出示 6 张关于娃娃家的图片，让幼儿观察图片，选出一幅最喜欢的娃娃家图片并说明原因。本次活动共有 25 位幼儿参与，其中男生16 名，女生 9 名。以下为幼儿选择图片的结果与部分原因说明：

（1）幼儿对图片的选择结果如表 5-4 所示。

表5-4　小班幼儿对图片的选择结果

图片展示	主要特征	男生人数	女生人数	小计
1号	木质，空间感很好，色调统一	4	1	5
2号	材料丰富、常见，空间大	2	2	4
3号	简洁，材料较为单一	1	1	2
4号	舒适、温馨，空间较小	3	2	5
5号	陈设简洁，与家相似	4	3	7
6号	舒适，材料生动形象	2	0	2

　　由表5-4可知，共有7位幼儿最喜欢5号娃娃家，各有5位幼儿对1号和4号娃娃家非常感兴趣，选择3号和6号娃娃家的人数相对较少，都只有2人。从

不同性别角度来看，男生最喜欢 1 号和 5 号娃娃家，两者都有 4 人选择，男生最不喜欢的是 3 号娃娃家，只有 1 人选择 3 号娃娃家；女生最喜欢 5 号娃娃家，最不喜欢 6 号娃娃家，分别有 3 人和 0 人选择 5 号娃娃家、6 号娃娃家。

（2）幼儿图片选择原因说明：

研究者：请小朋友们分别说一下你为什么要选择这个图片，好吗？

幼儿 1（男）：我选了 3 号，因为它和我们那个娃娃家（班级里的）很像。

幼儿 2（男）：我喜欢 1 号，因为它有很多木头，我们可以爬上木头。

幼儿 3（女）：我喜欢 5 号。它有沙发，我家里也有沙发，它和我家是一样的。

幼儿 4（女）：我喜欢 4 号，因为它颜色很好看。

幼儿 5（女）：我也喜欢 4 号。它里面有床，我们可以睡觉。

幼儿 6（男）：我喜欢 2 号。它有好多玩具，我喜欢玩玩具。

幼儿 7（男）：我喜欢 6 号。有个娃娃在床上睡觉，我也想睡觉。

幼儿 8（女）：我喜欢 5 号。我家里也挂了很多的画，很好看。

由以上案例可以看出，幼儿选择图片的原因是多种多样的。概括来看，可归结为以下几点：真实、好看、舒适、空间大、材料丰富多样、可满足幼儿的当前需求等。

2. 中班幼儿绘画及作品分享

中班幼儿绘画及作品分享活动共有 15 名幼儿参与。活动开始前，研究者帮助幼儿明确绘画主题：现有的角色游戏区或想象中的角色游戏区。研究者先带领幼儿观察当前角色游戏区的主要特征，引导幼儿发散思维、大胆想象，然后让幼儿将自己的想法尽可能地画在纸上，让幼儿与同伴进行交流。以下为部分幼儿绘画作品及其分享记录：

案例一：

图 5-19 为中班幼儿 1 绘画作品。

图 5-19 中班幼儿 1 绘画作品

幼儿对绘画作品的描述（括号内为研究者语言）：

这个是娃娃，这两个是娃娃，这个框框是柜子，这个是项链，这是窗户和卧室。（为什么有爱心？）因为我喜欢爱心，我想让它在里面。（这是什么？）可以听故事的地方。这是煮饭的地方。上面吊的是叉子、勺子。这个也是勺子。（是厨房里的用具吗？）是。（我看你的娃娃家大大的。你希望娃娃家是很大的吗？）是。（为什么娃娃家里面没有人呢？）因为收玩具的时候就是没有人，还没有人进去玩呢！

小结：中班幼儿 1 的绘画作品在描绘现有娃娃家的基础上加入了她的想象。她认为，叉子、勺子这类厨房用具是可以吊起来的。同时，她的绘画作品体现出娃娃家的当时状态，因为当时是收玩具的时候，所以该区域中没有人。幼儿的这些思考更多地基于客观现实与已有的生活经验。

案例二：

图 5-20 为中班幼儿 2 绘画作品。

图 5-20　中班幼儿 2 绘画作品

幼儿对绘画作品的描述（括号内为研究者语言）：

这些全是假椰子，这是烂椰子。这高高的是椰子树。这是叶子，这是椰子。这是掉下来的。颜色已经被人擦掉了。（你希望娃娃家有椰子树，是吗？）是的。（你希望它是真的还是假的？）希望是真的。这个是死树，我就没有涂颜色。（你希望娃娃家还有其他东西吗？）我希望这个里面有水果，有好多水果。（是玩具水果还是真的水果？）玩具水果。（现在娃娃家里有没有玩具水果？）有啊，但是我没有见到杧果。（你希望有你喜欢吃的，对吗？）对，我喜欢吃杧果，可是我已经好久没吃了。

小结：这位幼儿的作品在现实中是不容易实现的。幼儿在作品中加入了很多自己的想法，因为他喜欢吃水果，所以想让娃娃家里有好多真水果或者玩具水果。同时，幼儿在作品中加入了自己的想象，画了一棵椰子树，表现了他所期望的娃娃家的样子。

案例三：

图 5-21 为中班幼儿 3 绘画作品。

图 5-21 中班幼儿 3 绘画作品

幼儿对绘画作品的描述（括号内为研究者语言）：

这个是城堡。（它是彩色的吗？）是。（城堡里面有什么啊？）有房间和小宠物。（右边涂了色的是什么？）小伙伴的小宠物。（左上角的框框呢？）是娃娃家的冰激凌杯。（中间的框框呢？）这个是手电筒，这个是鸡肉，这个是锅和盖子。这边是放毛绒玩具的。（中间这一个一个的是什么？）这是洗手间。（这是桌子吗？）是。桌子周围有我和其他小伙伴。（桌子周围都是你们小朋友，对吗？）对。（桌子上有什么？）好吃的。（为什么娃娃家里会有这些东西？）因为我帮它加工了一点东西。（这是你想象中的娃娃家，对吗？）对，我希望有这些。

小结：幼儿想象中的娃娃家有城堡、有伙伴、有小宠物，还有很多好玩的玩具。幼儿认为，娃娃家中不仅要有玩具，还要有伙伴和宠物。幼儿更注重的是情感交流与表达，如与同伴交流或与宠物玩耍。

3. 大班幼儿绘画及作品分享

大班幼儿绘画能力相对较强，想象力和创造力也逐渐发展，因此研究者对大班幼儿的绘画活动要求更高一些。本次活动以大班幼儿对角色游戏区的绘画为主要内容，让幼儿充分发挥想象力与创造力，让他们根据自己的兴趣与喜好画出全新的角色游戏区。本次活动共有 19 名幼儿参与。以下为部分幼儿绘画作品及其分享记录：

案例一：

图 5-22 为大班幼儿 1 绘画作品。

图 5-22　大班幼儿 1 绘画作品

幼儿对绘画作品的描述（括号内为研究者语言）：

我画的是美食区，里面有鸡腿，还有烧烤。（是谁在做烧烤呢？）是厨师在做。这里还有客人在排队吃东西。我在最后。（在你前面的都是小朋友吗？）前面的都是大人。只有我是小朋友。你看我画得比较小。（这是你想象中美食区的样子吗？）是的。（为什么要画这些内容呢？）因为我的生意很好啊。（你为什么喜欢美食区呢？）因为美食区里有很多好吃的。（你喜欢在美食区里扮演什么角色呢？）收银台的老板，因为有很多钱。（你喜欢钱吗？你觉得用钱可以干什么？）用钱可以买很多好吃的。（你在生活中去过烧烤店吗？店里是什么样子的？）他们那边有好多的人都在吃洋芋牌的烧烤。两个人围着一个小桌子吃东西。厨师烤好之后，他们去那个取餐口拿吃的东西。

小结：幼儿的作品融入了大量的已有生活经验。幼儿对作品中的人物有自己独特的看法，能通过绘画具体、生动地表现出基于生活经验想象出的角色游戏区。

案例二：

图 5-23 为大班幼儿 2 绘画作品。

图 5-23　大班幼儿 2 绘画作品

幼儿对绘画作品的描述（括号内为研究者语言）：

这是我的收银台，这是停车位，里面有车，有越野车和小轿车。这是梯子，有两层。这是烧烤串，这是葫芦架。还有凳子、冰箱、灯的按钮。（这是第二层，对吗？）对。（第二层是什么店？）火锅店。（那么第一层呢？）烧烤店。火锅店的火炉在这里，旁边有凳子，还有电视。第三层是电影院，有两层座位。这是电影。（是电影屏幕，对吗？）对。还有门。第四层是唱歌的地方。上面一串是灯。里面还有人在唱歌。这里有道门。还可以从这里上楼梯。最上面是游泳池。这里还有道门，是锁着的，人要一批一批地上去。（为什么要画这么多层？）因为我觉得好看。（老师看你刚开始只想画烧烤店，对吗？）对，但是想了想，画多一些好了。（是因为去过的烧烤店上面有这些店吗？）不是。是我自己想象出来的。我喜欢烧烤店。（为什么喜欢烧烤店呢？）因为烧烤店里的东西很好吃。我最喜欢在烧烤店里面当老板，想拥有很多店。（画里面有小朋友吗？）没有，因为画了人就乱了，不太好看。

小结：幼儿的绘画作品在表现本班现有的烧烤店的基础上，加了多层区域。可能在幼儿的认知里，人们日常吃饭的楼上会有不同的功能区，如电影院、游泳池等，所以幼儿才会把这些区域融入自己的绘画作品中。同时，幼儿会追求作品的美感，如认为在这幅画里加上人物就不太好看。

案例三：

图 5-24 为大班幼儿 3 绘画作品。

图 5-24　大班幼儿 3 绘画作品

幼儿对绘画作品的描述（括号内为研究者语言）：

> 我画的是娃娃家。×××当医生，我当护士。这是×××，他当的是病人。我在给他看病。（左边这些是什么？）这些是医生的工具。（什么工具呢？）有退烧盒，有打针的，还有退烧贴。那个是创可贴。（这些都是医生看病用的吗？）是的。（你为什么要画医院的游戏在娃娃家里面？）因为现在里面有人正在玩耍啊。（你喜欢玩这个游戏吗？）喜欢，我觉得当护士很好玩。（你知道护士要做些什么吗？）我妈妈跟我说过护士的工作。（你见过护士工作吗？）从电视上面看的护士都在照顾病人。

小结：幼儿对角色游戏区的认识主要来源于直接经验。幼儿 3 绘画作品的内容正是她当前观察到的正在进行的游戏。幼儿对角色游戏区的部分认识来源于间接经验。幼儿 3 通过妈妈的讲述，认识到护士的工作是怎样的。

二、儿童视角下幼儿园角色游戏区的总体特征分析

研究者通过对马赛克方法的具体实施，了解到幼儿对角色游戏区的总体认识与偏好，总结了幼儿眼中的角色游戏区具有的特征。本书主要从四个方面进行总

结：角色游戏区的功能与形式、角色游戏区的环境创设、角色游戏区中的人物关系与角色游戏区中的活动效果。

（一）幼儿眼中角色游戏区的功能与形式——玩什么

1. 角色游戏区——游戏场所

幼儿：我们可以在那里做游戏，当爸爸、妈妈、小医生或其他人物。（在这里做游戏）

在幼儿眼中，角色游戏区是他们可以进行游戏的地方，他们可以在这里进行各种各样的游戏。幼儿在角色游戏区中的状态体现了该区域的功能。幼儿扮演不同角色的行为体现了角色游戏区的游戏形式。幼儿把角色游戏区看作可以在室内进行游戏的场所。有时候，由于天气的影响或其他教学安排，教师会让幼儿进行区域活动，其中就包含角色游戏区活动。从区域创设的角度来看，角色游戏区的确满足了幼儿对游戏空间的需求。在这一空间内，幼儿可以进行多种游戏。在幼儿眼中，角色游戏区就意味着游戏，意味着在这里做游戏。

2. 角色扮演——假装游戏

幼儿：我喜欢在里面当医生、当病人、当老板、当服务员、当客人、当厨师、当饲养员、当弹钢琴的人、当舞蹈演员。（模仿、想象、创造角色）

幼儿喜爱角色游戏区的主要原因之一是幼儿可以在该区域中扮演不同的人物角色，通过对已有生活经验中人物特征的把握以及与材料的相互作用，以模仿的方式再现角色的形象与特征。随着幼儿年龄的增长与各方面能力的不断提升，幼儿塑造人物形象的方式由简单模仿逐渐发展为创造新的游戏角色。这一过程离不开幼儿想象力与创造力的发展，也符合幼儿的发展特征。

幼儿在角色扮演的过程中，虽然运用想象力与创造力，但依然离不开已有经验的支撑。这种经验既包括幼儿亲身感知的直接经验，又包括由他人传授的间接经验。比如，"（你知道护士要做些什么吗？）我妈妈跟我说过护士的工作。（你见过护士工作吗？）从电视上面看的护士都在照顾病人"。从这位幼儿的话语中可以看出，幼儿认为护士的主要工作是照顾病人，这在电视与生活中是可以通过眼睛观察到的，而幼儿知道护士的工作是什么，这种感性认识源于幼儿的亲人。直接经验和间接经验对幼儿认识护士、扮演护士起到了重要的支撑作用。

（二）幼儿眼中角色游戏区的环境创设——在哪里玩

幼儿评价或选择角色游戏区时，会充分考虑该区域的环境如何，了解角色游戏区的游戏空间、游戏材料（玩具）、游戏规则与游戏时间。这些因素在很大程度上决定了幼儿在哪里玩。

1.游戏空间：宽松、自由

教师：你想象中的娃娃家是什么样的？

幼儿：我喜欢游乐场那样的娃娃家。

教师：为什么是游乐场呢？

幼儿：因为游乐场里很好玩。

教师：哪里好玩？

幼儿：游乐场很大，我们可以在不同的地方玩。

幼儿对游戏空间的大小是有要求的。大多数幼儿喜欢空间很大的游戏环境，尤其对男孩子来说，足够的空间给了他们做游戏的场所，他们的很多游戏需要在较大的空间里开展。另外，幼儿认为，在空间大的游戏区域有一种自由感，这种游戏区会使他们更积极地投入游戏中。一部分女孩子却更喜欢小的游戏空间。她们认为，在小的空间做游戏更加方便，小空间也有利于与同伴交流，除非一些特殊的游戏需要在大的空间才能完成。总体而言，幼儿眼中角色游戏区的空间大小因人而异，因游戏内容而异。

幼儿：我不喜欢这个娃娃家，它有点儿挤。

教师：哪里有点儿挤？

幼儿：那个桌子那里。

幼儿更喜欢宽松、自由的游戏空间，而狭小、拥挤的空间会让幼儿感到不适，使幼儿产生放弃进入游戏区域的想法。幼儿会因为某一区域中游戏材料摆放不恰当、有阻碍他们游戏行迹的物体而放弃对这一区域游戏的选择。另外，幼儿在看到游戏区域中人数过多、空间不够时，往往会选择另一区域，尤其中班、大班幼儿。他们不仅希望可以玩自己喜欢的游戏，还希望能够单独、自由地玩游戏，即不被更多的人打扰。因此，宽松与自由的空间环境更受幼儿的青睐。

2.游戏材料：适宜性、美观性、经验性、结构性

（1）材料适宜性。

①安全系数。

教师：为什么大家都不喜欢烧烤竹签？

幼儿：因为它太尖了，一不小心就会戳到眼睛。我的手就被戳破过。

在幼儿操作材料时，危险系数较高的材料会使幼儿感到害怕与担忧。幼儿会拒绝这类材料，或在操作时格外小心。这是因为幼儿已具备一定的自我保护意识与安全意识，在游戏过程中倾向于选择安全性较高的游戏材料。

②数量。

幼儿：我喜欢化妆台，它有好多的玩具。我可以假装化妆。

游戏材料丰富会促使幼儿对材料产生兴趣与探究欲望。幼儿会被多种多样的材料吸引，在好奇心的驱使下主动地与材料相互作用，进行游戏。大部分幼儿喜欢丰富的材料。

③性别差异。

幼儿：我不喜欢化妆台。我是男生，男生是不化妆的。

幼儿：我不要穿女孩子穿的衣服。

教师：从哪里看出来是女生的衣服呢？

幼儿：因为它是裙子，而且是粉色的。

3～6岁的幼儿可以判断自己的性别，他们已经了解了不同性别的基本差异，如对颜色的不同喜好、服装的不同特点、性格的不同体现等。尤其大班幼儿，他们很想将自己与不同性别的幼儿区分开来。他们认为男生和女生就应该是不一样的，对自我与他人的认知水平都有了一定的提升。在游戏材料方面，幼儿喜欢符合自己性别特征的材料，不喜欢与自己性别不符的游戏材料。

（2）材料美观性。

①外观。

教师：你为什么要拍这个娃娃呢？

幼儿：因为它很好看。

幼儿在选择游戏材料时，往往会通过直接的感官感受来判断，可能仅仅因为材料的颜色或者形状而喜欢某种材料。尤其小班幼儿，他们喜欢某一材料往往是因为他们认为材料很好看。这也符合幼儿认识事物的直观具体性。

②完整性。

教师：为什么有人把拒绝票投给了电视机呢？

幼儿：因为它背后是空的，感觉是坏了。

幼儿对材料的结构完整性是有一定要求的。他们已有对材料的客观认识，能够发现材料结构的不完整。幼儿不喜欢坏了或少一部分的材料。他们认为，这种材料的美感是受到破坏的，这种材料相比于完整的材料在玩法、用途和价值上会有不足之处。因此，幼儿喜欢美观、完整的游戏材料。

（3）材料经验性。

①已有经验："我看过""我玩过"。

幼儿1：我喜欢玩医药包。我去过爸爸的医院，看过爸爸给病人打针。

幼儿2：我不喜欢医药包。我不喜欢去医院，以前害怕打针。

幼儿3：这些小蛋糕是我们在小班的时候自己做的，我很喜欢。

幼儿喜欢自己曾看过、玩过、操作过的材料。对于这类材料，他们更加熟悉，上手操作会更加快捷，会得心应手。另外，幼儿在扮演和塑造某一角色时，会依据对角色的已有认识，抓住角色的特点，选取符合角色形象的游戏材料。也就是说，幼儿游戏活动围绕幼儿的已有经验来开展。

②生活情境。

幼儿1：穿上这件衣服就更像真的医生。他像护士。我们要开门了。

幼儿 2：我画的是烧烤店。

幼儿喜欢更像真实事物的游戏材料，并且会考虑材料是否符合已有经验中的真实情境。幼儿最开始玩角色游戏，通常以模仿和扮演为主，他们会充分考虑自己模仿和扮演的人物像不像真的。这种对像与不像的理解取决于幼儿的已有生活经验。一般情况下，幼儿会将真实的生活情境带入假装游戏中，能够很好地完成游戏。

（4）材料结构性。

①高结构材料：玩法单一。

幼儿：我不喜欢它。它太简单了，只能这样玩。我觉得没意思。

高结构材料往往是现成的游戏材料，玩法比较固定和简单。只有一种玩法的材料无法满足幼儿的探究欲望。另外，高结构材料的玩法被幼儿掌握后，便不再具有挑战性。幼儿会认为这类材料比较无趣。

②低结构材料：玩法多样。

幼儿：我们喜欢收银台那里的电脑，用它可以打打字、玩游戏、查资料、结账、当老板收银。

电脑这一游戏材料是教师与幼儿共同设计与制作的收银台上的电脑，属于半成品材料。幼儿可以根据自己的需求与想象来决定这一材料的玩法。对于幼儿来说，这样的材料玩法多样，幼儿可以依据活动内容的改变来改变材料的用途。因此，玩法多样的低结构材料更能激发幼儿的兴趣。

3. 游戏规则：教师的要求、游戏的玩法、玩具的玩法

（1）游戏规则即教师的要求。

幼儿：老师说那个帐篷里面只能进去两个人。我玩不了（人满了）。

幼儿普遍认为，角色游戏区是有一定规则的。这些规则在很大程度上取决于教师的规定与要求。当帐篷里面有超过两位小朋友时，幼儿会认为这是不符合规定的，破坏了游戏规则，会使游戏变得不好玩。幼儿对教师提出的要求会尽力去遵守，但有时幼儿会无法控制自己的游戏欲望而做出违反规则的行为。

（2）游戏规则即游戏的玩法。

幼儿：娃娃家的衣服我不喜欢。因为我想一直穿着它，但是不可以。

幼儿在扮演角色时会抓住人物的主要特征与社会属性，并将表现人物特征与属性看作一种固定的模式，一种在游戏过程中一定要遵守的模式。比如，幼儿在扮演医生时，会将用听诊器检查作为照顾病人的必要程序与要求。幼儿认为，若没有使用听诊器，则意味着扮演的医生出现差错，或者扮演的不是医生。总之，幼儿会将自己的游戏玩法看作角色游戏区中的游戏规则。

（3）游戏规则即玩具的玩法。

幼儿1：玩冰激凌机要用很大的力气。我玩起来有些费劲。

幼儿2：是这样玩的，用手弹它。不弹它，就没有声音。

幼儿在与材料的相互作用中，非常注重材料的使用方法，会将材料的一般使用方法看作普遍的玩法。幼儿认为，若不按照材料使用方法来操作，就会使材料无法发挥出应有的价值，游戏便无法继续进行。幼儿认为，规则即玩具的玩法，玩具的玩法即玩具的一般使用方法。

4. 游戏时间：灵活、宽裕

幼儿：睡觉起来就可以去娃娃家里面玩了。（游戏时间固定）

由于研究对象处在小班阶段，每天下午都会进行一定时间的区域活动，所以他们普遍认为每天午休之后的活动时间就是区域游戏时间。因为该幼儿园角色游戏的时间是固定、统一的，所以幼儿才会对角色游戏时间有这样的认识。角色游戏时间对幼儿来说不是随机的时间。幼儿早有准备地在固定时间内进行角色游戏活动，但更希望有灵活的游戏时间。

教师：收玩具时，你有什么样的心情？

幼儿：有点儿不开心。

教师：为什么？

幼儿：因为我觉得时间太短了，我还想玩。（游戏时间短）

游戏是幼儿学习的主要形式。幼儿在游戏时会感到快乐，会有愉悦的情绪体验。游戏对幼儿来说是"享乐"的过程。因为游戏具有这种趣味性，所以绝大部分幼儿希望游戏时间越长越好。而班级中角色游戏区的游戏时间对幼儿来说远远不够，幼儿往往还没有玩尽兴，教师就叫停了，这是一种很普遍的现象。幼儿更喜欢游戏时间宽裕的角色游戏区。

（三）幼儿眼中角色游戏区的人物关系——和谁一起玩

研究者从幼儿摄影作品和幼儿绘画作品中可以看出：在角色游戏区中，幼儿自己是游戏的主人，游戏中最不可或缺的是幼儿自己；同伴是幼儿游戏的主要伙伴，幼儿通常会和同伴一起玩游戏；教师可以是游戏的参与者，幼儿都希望教师能和自己一起玩，并可以给教师设置适合本次游戏的角色。幼儿对角色游戏区中人物关系的理解主要从自己、同伴和教师这三种主体出发。基于对角色游戏区中人物关系的理解，幼儿决定和谁一起玩。

幼儿绘画作品如图 5-25、图 5-26 所示。

图 5-25　大班幼儿绘画作品　　　　图 5-26　中班幼儿绘画作品

图 5-25 所示作品的作者的描述（括号内为研究者语言）：

我画的是我当医生来治疗这些病人。他们在玩中国机长游戏。这里还有 3 个火车玩具。这是席果稻草人。再插 10 个席果稻草人。（你画的是哪个区域？）我画的是娃娃家。（你画的都是你的好朋友，对吗？）对。（在娃娃家里，你想让老师参与进来一起玩吗？）想。我想让老师当我的病人，我来给老师看病。

图 5-26 所示作品的作者的描述（括号内为研究者语言）：

这是我的小伙伴，这是我。（你们在做什么？）我们在玩娃娃家。这些是玩具柜。这是拉的。（拉的什么？）上边会吊些东西。这是帐篷。这些都是玩具。（你希望老师和你一起玩吗？）希望。老师可以扮演我们的妈妈。

从以上幼儿的绘画作品和幼儿对作品的描述中可以看出，在幼儿的游戏中往往会出现三种人物：自己、同伴和教师。不同的人物在角色游戏中的地位与形象是不一样的。

1. 幼儿是自己游戏的主人

幼儿1：我当老板，可以在这里收钱。××和××是今天的客人。

幼儿2：这是我。我在唱歌。

教师：没有其他小朋友吗？

幼儿2：没有。我想自己唱歌。（以自我为中心）

在幼儿眼中，游戏是"我"的游戏，是"我们"的游戏。幼儿可以进行独立游戏，也可以进行合作游戏，但重要的前提是保证自己在游戏中的参与和地位。幼儿一般会将自己放在游戏的中心位置，认为所有游戏的开展都要以"我"为出发点，围绕着自己来做游戏。幼儿允许在游戏中有除"我"以外的其他人，但其他人要尽可能地以完成"我"的游戏内容为主。这体现了幼儿自己作为游戏主人的中心性与特殊地位。

2. 同伴是幼儿主要的游戏伙伴

幼儿1：我喜欢和××一起玩。

幼儿2：因为××喜欢，所以我也喜欢去小舞台玩。（同伴在游戏中具有重要地位）

在幼儿的游戏创设中，除自己以外，还有一个重要的玩游戏的人就是同伴。同伴作为游戏的参与者之一，是以辅助幼儿游戏的形式参与进来的。同伴可以和幼儿玩同一种游戏，但同伴只能是游戏伙伴，或者是幼儿创设的游戏中的某一具体人物。在幼儿的绘画作品当中，绝大多数作品都有两个或两个以上的人物，都有幼儿自己和同伴。在幼儿眼中，游戏需要同伴，自己需要与同伴进行交流与合作。这不仅能促进游戏的开展，还能使幼儿感到愉快。很多幼儿喜欢某一游戏的原因是可以和好朋友一起玩。同伴作为幼儿主要的游戏伙伴，是幼儿游戏不可或缺的一部分。

3.教师是幼儿游戏的参与者

幼儿1：我不想让老师和我们一起玩，因为老师太大了，会把我们的玩具踩坏。

幼儿2：我不想让老师进来玩。我对老师有点害怕。

幼儿3：我想和老师一起玩。老师可以当病人、当客人、当观众。（教师参与与否）

教师对幼儿来说并不是游戏中不可或缺的。很多幼儿的游戏中是没有教师的，他们往往会忽视教师也可以作为游戏伙伴，甚至有个别幼儿不希望教师参与自己的游戏。幼儿的这些想法是对教师形象刻板印象的体现。但总体而言，绝大多数幼儿非常希望教师可以参与自己的游戏，并且可以给教师安排某一角色，让教师扮演角色，而非让教师仅作为观察者站在一旁观看游戏。

（四）幼儿眼中角色游戏区的活动效果——体验和收获了什么

从游戏的特征来看，幼儿游戏最本质的特征是好玩、有趣，可以满足幼儿的好奇心与探索欲望。从角色游戏区的游戏活动来看，角色游戏需要发挥其自身的作用与价值。也就是说，角色游戏区游戏活动的开展要有良好的效果，使幼儿能够在角色游戏区的活动中有所体验、有所收获。

1.幼儿对角色游戏的主观感受：好玩、有趣

幼儿1：我觉得娃娃家很好玩。

幼儿2：烧烤店很有意思，我们可以玩很多好玩的游戏。（好玩、有趣）

在马赛克方法实施过程中，研究者询问幼儿喜欢游戏的原因时，幼儿经常会回答"好玩""有趣""有意思"。这些感受就是幼儿基于游戏的形式与内容获得的一种对游戏特征的主观感受。虽然这些主观感受是具有个体差异的，但是这些感受的本质都是对游戏活动特征的把握。幼儿在角色游戏区中获得的最直观的感受源于角色游戏，源于游戏的好玩、有趣。

2.幼儿的情绪体验：愉悦的情绪、满足感与成就感

幼儿1：我当医生会很开心，我爸爸就是医生。

幼儿2：老板和厨师一样好，都很厉害。

幼儿3：我喜欢这个假发。我小时候没有戴过假发。（愉悦、满足，有成就感）

幼儿在角色游戏区中主要的情绪体验是开心。不同角色和材料带给幼儿的情绪体验是不一样的，但幼儿在做游戏的过程中都是愉悦的。幼儿会因为对材料的好奇而想要去尝试、探索。幼儿通过与材料互动而创新游戏来满足自己的探究欲望，从而获得满足感。幼儿在与具有一定操作难度的材料相互作用时，会将游戏看作挑战，认为游戏过程就是不断应对挑战的过程。游戏完成度会影响幼儿的游戏体验。在幼儿认为自己很棒、很厉害时，幼儿就会获得成就感。

三、师幼双方对幼儿园角色游戏区的观点的比较分析

幼儿的想法是一种理想的想法。教师需要将这种理想落实到现实教育当中，帮助幼儿跨越最近发展区。在运用马赛克方法了解幼儿对角色游戏区的总体观点之后，研究者运用半结构式访谈法对教师对角色游戏区的认识进行调查，分析幼儿和教师对角色游戏区有怎样相同的认识与不同的见解，从多角度出发探讨角色游戏区的创设。

（一）对教师的访谈结果的呈现与分析

研究者通过对8位幼儿园教师（分别对应幼儿对象班）的半结构式访谈来了解教师眼中的角色游戏区。本书共收集8份访谈记录，共计21 323个字符，时长约为127分钟。以下为教师眼中角色游戏区的总体特征：

1.角色游戏区是幼儿自主游戏的场所

角色游戏区符合幼儿的学习特点。教师普遍认为，幼儿学习最主要的方式是做游戏。角色游戏区是区域活动的场所之一。幼儿在活动区域中的所有学习行为都是以游戏的方式进行的。幼儿在角色游戏区中与材料相互作用，潜移默化地学习经验，获得认知发展。

角色游戏区可以满足不同幼儿的不同需求，是幼儿自主游戏的重要场所。幼儿的不同喜好、不同兴趣、不同需求都可以在角色游戏过程中得到体现和满足。

教师可以通过观察，了解每一位幼儿的发展水平与特点，从而更好地对幼儿进行个别指导。

角色游戏可以体现幼儿的独立人格。幼儿作为游戏的主人，可以自由地选择游戏内容，决定游戏形式。在角色游戏区中，幼儿的自主性与独立性能够得到最大限度的实现。

2.角色游戏区的活动是教学活动的延伸与补充

首先，教师利用角色游戏区，可以拓展教学活动的内容。幼儿园课程教学的目标要通过教学活动和游戏活动实现。角色游戏区作为区域活动的场所之一，可以帮助教师实现教学目标。具体来说，教师可将教学活动中未达到的目标或教学活动的延伸通过幼儿自主游戏来完成。其次，角色游戏区可以弥补教学活动的不足。教学活动在促进幼儿发展方面会有一定的局限性。比如，教师在教学活动中有时无法顾及每一位幼儿的感受与需要，这容易使幼儿丧失学习的积极性与主动性。角色游戏区为教师弥补教学活动的不足提供了可能。角色游戏区的活动作为教学活动的延伸与补充，是幼儿主动学习的途径之一。

3.通过角色扮演促进幼儿社会性发展

在角色游戏区中，幼儿对角色进行模仿与再现，这可以帮助幼儿更好地理解角色。幼儿往往通过角色扮演进行游戏，根据对角色的已有认识对角色进行想象、模仿与创造，再现人物形象特征，使游戏更加真实。在模仿与创造角色的过程中，幼儿对角色的理解会逐渐深刻与细致，这正是幼儿对社会角色的认知过程。

在角色游戏区中，同伴的交流与合作也可以促进幼儿社会性发展。幼儿在扮演角色时的已有经验多半来自社会生活。角色扮演可以使幼儿原有的社会经验得到巩固。角色与角色之间的互动（幼儿同伴之间的互动）可以促进他们的社会交往能力、语言表达能力等的发展。总之，在角色游戏区中，幼儿通过角色扮演来实现自身的社会化。

4.角色游戏区环境具有教育性

环境作为教育的媒介，可以在无形中发挥其教育价值。在教师眼中，角色游戏区的环境在材料、空间、规则等方面都有其独特的教育性。

（1）材料有趣，又有教育意义。教师普遍认为，角色游戏区的材料一方面可以吸引幼儿，激发幼儿的好奇心与探索欲望，使幼儿更快地进入游戏情境中，另一方面可以作为教育的工具，有一定的教育意义。好玩、有趣是幼儿游戏材料的基本属性。在此基础上，材料能否成为教育的有效工具，取决于材料是否具有教育意义。幼儿园的游戏材料一般既有趣，又有一定的教育价值。

（2）空间自由且界限分明。教师在谈到当前角色游戏区的空间布局是否合理时，会有不同的观点。有的教师会肯定当前游戏区域空间的合理性。也有教师认为游戏区域空间布局仍需更改。总体而言，幼儿的游戏空间要足够开放，能够满足幼儿的自由活动需要。教师要让幼儿明确不同区域的游戏空间是有限的。比如，角色游戏区包括娃娃家、小舞台、烧烤店、银行、超市、小医院等不同的区域，这些区域既要自由，也要界限分明。

（3）让幼儿遵守规则有助于幼儿良好习惯的养成。角色游戏区的规则一般指的是游戏规则或该区域的基本要求。教师认为，这些规则对幼儿来说是最基本的，是保证幼儿安全、有序地进行游戏的前提。幼儿遵守这些规则也有利于其自身良好习惯的养成。比如，有序地收放玩具，不仅是游戏的要求，还是幼儿在生活中要做到的。教师要注意培养幼儿良好的收纳习惯。

（4）时间充裕且可控。一般情况下，何时进行区域活动不是完全由教师决定的，区域活动时间要符合幼儿园一日教学活动的安排。但是，幼儿园给出的游戏时间相对固定、有限，有时候无法满足幼儿的需求。教师认为，虽然充足的游戏时间可以给幼儿带来多种发展可能，但游戏时间也要有一定的可控性。教师要让幼儿带着目标进行游戏，灵活地对游戏时间进行调整。

5.角色游戏区有利于促进幼儿全面发展

我国幼儿教育的总目标即培养"完整儿童"，促进幼儿体、智、德、美等方面的全面和谐发展。游戏活动作为幼儿教育的途径之一，也承担着培养"完整儿童"的任务。当然，角色游戏区作为游戏活动的场所之一，也具有这样的使命。在角色游戏区中，幼儿以角色扮演的形式进行游戏，这有利于促进幼儿语言智能、认知智能、运动智能、空间智能等多种智能的发展，促进幼儿全面发展。

（二）教师与幼儿对角色游戏区的观点的相同之处

1.角色游戏区是幼儿自主游戏的重要场所

首先，幼儿把在角色游戏区中进行的各种活动都看作游戏，角色游戏区为幼儿提供了游戏的场所。其次，幼儿在角色游戏中，可以自由、自主地拟定游戏主题、制订游戏计划、选择游戏材料、确定游戏内容、推动游戏过程等。这样，幼儿的主体性得到了充分体现。最后，角色游戏区的环境与材料为幼儿提供了游戏的氛围，让幼儿意识到在这里是可以进行游戏活动的。不论幼儿还是教师，都认识到了角色游戏区作为幼儿自主游戏活动场所的重要价值。

2.通过角色扮演再现社会人物形象

幼儿在角色游戏区中的主要游戏形式是角色扮演。幼儿通过对社会角色的模仿与再现，开展有关角色的游戏活动。在进行角色扮演的同时，幼儿对角色的认识会发生些许改变，从而获得新的关于角色的认知经验。在游戏的过程中，幼儿通过与材料和同伴的互动，可以很好地理解角色的形象特征，抓住角色形象特征，将人物形象夸张化、戏剧化，凭借自身想象力与创造力，丰富游戏内容，增强游戏体验。

3.角色游戏区的环境是幼儿游戏的重要支撑

环境是教育的重要媒介。本书中的角色游戏区的环境主要包括材料、空间、时间和规则这四个方面。幼儿经常会因为材料的美观性、适宜性、结构性等属性而喜欢上某一角色游戏区，这是幼儿关注游戏材料的表现。幼儿也会关注整体环境。比如，空间是否足够大、是否没有界限，他们是否可以在这一空间中随心所欲地做游戏，这些都是幼儿选择角色游戏区考虑的因素。教师也认识到环境的重要价值。教师在角色游戏区中为幼儿投放丰富的游戏材料，对不同角色游戏区进行合理的空间布局，站在幼儿和教育者的角度为幼儿制订游戏规则、争取游戏时间，从而满足幼儿对游戏环境的需要，实现角色游戏区环境的教育价值。

4.角色游戏区的材料为幼儿游戏提供多种可能

在幼儿与教师心中，材料对幼儿游戏起着关键的支撑作用。材料作为环境创设的重要内容，具有重要价值。在角色游戏区中，幼儿的游戏内容、游戏目标、游戏效果离不开对游戏材料的选择。选择不同的游戏材料，会产生不同的游戏内容、游戏目标，收到的游戏效果也是不一样的。比如，低结构的材料可塑性强。幼儿在操作这类材料的过程中会探索出多种玩法，使简单的模仿、扮演游戏转变为创造性游戏。但高结构的材料完整性强。幼儿在操作这类材料时，会厌倦这样单一的玩法。这会导致游戏快速结束或开始新游戏。总之，角色游戏区的材料至关重要，优质的游戏材料可以为幼儿游戏提供多种可能。

5.角色游戏区可以满足幼儿的生理发展需求与心理发展需求

角色游戏区是幼儿游戏的场所，其主要功能是满足幼儿的游戏需求，满足幼儿的生理发展需求与心理发展需求。生理发展需求主要指幼儿的运动能力发展需求，心理发展需求主要指幼儿情感需求。比如，幼儿说："我喜欢穿烧烤的那个（烧烤竹签）。它很好玩。"幼儿有这样的感受，一方面是由于幼儿在穿烧烤时不断重复动作，这会使幼儿得到生理满足，另一方面是由于这种动作带来的乐趣与成品带来的成就感会丰富幼儿的情绪体验，满足其情感需求。角色游戏区不仅可以让幼儿体会到操作的意义，还能让幼儿获得积极的情感体验。

（三）教师与幼儿对角色游戏区的观点的不同之处

1.角色游戏的游戏性与教育性

幼儿在角色游戏区中，会非常注重游戏内容、游戏材料、游戏过程以及游戏伙伴等因素。总体而言，幼儿考虑的主要是角色游戏是否具备游戏的特点，以及他们在游戏中能否获得积极的情绪体验。也就是说，幼儿更注重游戏活动的游戏性。而教师创设这样的角色游戏区，不仅是为了满足幼儿的游戏需求，还注重游戏的教育价值。幼儿在游戏中哪些方面的能力可以得到发展，是教师需要考虑的。教师要为幼儿的学习与发展提供支持，尽可能帮助幼儿跨越最近发展区。

同时，教师创设的角色游戏区应具有教育性。比如，有的幼儿很喜欢高结构材料，他们觉得这种材料好看、好玩、操作简单，他们可以在操作这种游戏材料的过程中感受到愉快。而教师会认为这类材料玩法单一，不能很好地促进幼儿创造力发展。因此，教师可能会忽略幼儿对这类材料的需求。幼儿和教师从不同的角度看待角色游戏区，会有不同的观点。幼儿重视材料的游戏性，而教师注重材料的教育性。除游戏材料以外，幼儿也注重游戏内容、游戏目标、游戏环境的游戏性，而教师更注重游戏内容、游戏目标、游戏环境的教育性。

2.角色游戏的目的性与生成性

角色游戏区虽然是幼儿自主游戏的场所之一，但也体现了教师的教育目的。班级内的角色游戏区大多由教师进行创设，材料投放、主题选择、空间设置等往往是教师提前准备好的。但更细节的方面，如游戏中材料的选择、游戏形式与内容等，都由幼儿做主。幼儿自主性的发挥是有限的。然而，绝大多数幼儿希望自己的游戏活动是灵活多变的。他们认为，自己是游戏的主人，要发挥出主人的价值。因此，幼儿在角色游戏中往往会依据个人意愿随时改变游戏内容与过程，脱离原有的游戏而灵活开展新的游戏活动，这是很常见的现象。而教师创设角色游戏区具有很强的目的性，相较于幼儿来说会比较刻板，因此幼儿在参与游戏的过程中只能在刻板中寻求灵活。

比如，幼儿在角色游戏区中也会进行其他方面的、与角色扮演游戏相关性很小的游戏。幼儿认为，这是符合游戏场所要求与特点的。而教师更希望幼儿在角色游戏区开展与角色、材料息息相关的游戏活动，因为幼儿开展的与角色扮演相关性小的游戏不一定具有教育价值。幼儿与教师观点的差异源于他们对游戏、对角色游戏区的不同认识。

3.知识的经验性与科学性

幼儿首先通过感知觉来认识世界。幼儿在这样的学习过程中，更多地获取的是经验性知识，知识获取方式更加直接。这种直接获取的经验性知识是否客观与科学是存在争议的。幼儿在学习时可能并不了解知识的科学性，而广泛、大量地获取知识。而从教师的角度看，教师传授给幼儿的知识要具有科学性。教师在强调知识科学性的同时可能会忽视幼儿学习的直接性与主动性的需求，经常采用间接的方式让幼儿学习知识。

比如，在角色游戏区中，教师考虑到幼儿行为的正确性，才会更多地进行指导，以保证幼儿获得良好的学习结果为目的。教师要强调幼儿获取的知识的科学性。幼儿在进行角色扮演时，可能会出现对角色特征把握不到位、对人物形象理解偏差等情况，也可能并不知道自己的扮演是否科学。这时，教师的干预在一定程度上影响了幼儿对角色形象的想象与创造。

四、对儿童视角下幼儿园角色游戏区创设的建议

研究者通过研究发现，儿童与教师视角下的幼儿园角色游戏区是存在差异的。教师完全基于幼儿的观点来创设角色游戏区，可能会忽视角色游戏区的教育意义；而完全基于教师的观点创设角色游戏区，可能会忽视幼儿作为游戏主人的主体地位。教师在创设角色游戏区时，应基于幼儿与教师自己的想法，使角色游戏区既满足幼儿需求，又具有教育价值。

幼儿教师要创设角色游戏区，首先应具备儿童观，要有尊重幼儿、理解幼儿的意识，愿意尝试运用多种方法了解幼儿的内心世界，重视幼儿的想法与建议；其次应将儿童观落实到自己的教育行为中，要注重幼儿的参与，运用适合幼儿的方式让幼儿参与角色游戏区的创设。教师这样做符合幼儿的喜好与兴趣，能调动幼儿做游戏的积极性与主动性，真正使幼儿成为游戏的主人。

（一）具备基于儿童观的教育理念

在创设角色游戏区时，教师要具备儿童观，因为拥有基于儿童观的教育理念，才能更好地进行教育教学。

1.认识到幼儿是游戏的主人

教师要认识到角色游戏区是幼儿进行自主游戏的场所。幼儿在角色游戏区中不仅可以体验到游戏带来的乐趣，还能巩固已有的社会经验，不断丰富社会认知，提升社会交往技能。教师要认识到幼儿在游戏中的主体性，将主动权与话语权交给幼儿，结合幼儿的兴趣与需要来创设角色游戏区。教师应倾听幼儿的语言，尊重幼儿的意见，重视幼儿作为独立个体在游戏中的主体地位。同时，教师不能忽视幼儿，尤其不能忽视幼儿的游戏。

2.准确理解教师的多种身份

教师扮演的角色因活动形式与活动内容而异。在角色游戏区中，教师通常是观察者与指导者，而非游戏活动的主导者。角色游戏是幼儿的游戏。教师应在尊重幼儿主体性的前提下，对幼儿游戏时的具体行为、表情等进行观察与记录，并运用恰当的方式对幼儿进行间接指导，从而体现角色游戏的教育性。教师要把握好不同身份的特征，做好多重身份转换的准备，要充分理解教师不同身份的内涵与价值。

3.重视幼儿的想法与建议

儿童视角越来越受到研究者的重视，原因在于成年人尤其教师对幼儿世界的了解有助于他们更好地对幼儿实施教育，使这种教育更符合幼儿的特点与内在需求。对儿童观与儿童视角的重视可以使教师避免在教育过程中有过多的主观因素，从而使教育更加适合幼儿的发展。很多教师试图站在儿童的角度看待问题，却未曾发现这样的角度只是成人视角下的儿童视角，并非真正的儿童视角。因此，教师在创设角色游戏区时，要注重幼儿对内心世界的表达，重视幼儿的想法与建议，留意幼儿的兴趣、需要。只有这样，教师看问题的视角才能足够接近真正的儿童视角，使幼儿在角色游戏区中充分发挥自主性。

（二）基于儿童观的教育行为

基于儿童观的教育理念需要教育行为来落实与体现，需要教师做出具体的行为并重视幼儿的想法。教师在创设角色游戏区时，要具备基于儿童观的教育行为。

1.根据幼儿需求提供游戏材料

材料在角色游戏区中具有举足轻重的作用。材料的适宜性、结构性、经验性、美观性都在一定程度上影响幼儿的游戏效果。教师在创设角色游戏区时，要为幼儿提供丰富、有层次的操作材料，以满足幼儿的不同需求。教师提供的材料应具备这些特征：材料要美观，符合幼儿的审美特点；材料要安全、多样，符合幼儿的性别差异；不同结构性的材料要满足不同发展水平幼儿的操作需要；材料要贴近幼儿的生活，让幼儿在已有生活经验的基础上进行操作。总体而言，教师进行材料投放，要以幼儿的需求为基础，充分考虑幼儿对材料的看法。

2.尊重幼儿的游戏规则

一般而言，教师在创设角色游戏区之前，就已制定好该区域的游戏规则，但这种规则往往是对幼儿游戏最基本的要求。比如，不可以使尖锐的玩具面向小朋友，进入游戏区域前要脱鞋并将鞋摆放整齐，每个区域只能进入规定数量的幼儿，要将玩完的玩具放回原位，等等。幼儿在遵守这些基本游戏规则的同时，通常会有自己关于游戏的规则。比如，材料操作的顺序、使用材料的方法、参与游戏的人数、如何扮演人物角色等。教师要充分尊重幼儿的游戏规则，因为幼儿制定的游戏规则更符合他们的游戏特征。

3.关注幼儿的游戏过程与体验

教师如果一味注重游戏结果，往往就会忽视幼儿对游戏过程的体验。对于幼儿来说，玩是主要的，学是次要的。然而一些教师把角色游戏区中活动的教育性放在了首位，忽略了游戏活动的游戏性与趣味性的特点，忽略了幼儿在游戏过程中情感方面的发展。尤其在角色游戏区中，教师如果过多地强调幼儿的社会经验获得、社会性发展，就会使原本充满趣味的角色游戏变得相对枯燥与刻板。幼儿想体验的是角色扮演的趣味性，而非通过角色扮演获得社会性发展。因此，教师不应只注重教育结果，而应关注幼儿的游戏过程与体验。

4.尽可能地与幼儿共同创设环境

幼儿作为游戏的主人，是有权利参与游戏区域创设的。只是幼儿的发展水平有限，他们无法像成人一样进行成熟的表达与操作，参与创设角色游戏区对他们来说是有一定难度的。但是，这并不代表幼儿不能够参与游戏区域创设。教师只需采用恰当、有效的方式，即可让幼儿参与角色游戏区创设。比如，教师可以让幼儿动手制作角色游戏区的一些装扮材料，或者将幼儿日常做的手工作品、绘画作品作为装饰材料来装饰游戏区域环境，这也是让幼儿参与游戏区域创设的方式之一。总之，教师要了解幼儿关于角色游戏区的想法，并让幼儿参与游戏区域创设。

5.教师作为观察者要适当进行间接指导

在幼儿进行角色扮演游戏时，教师的身份通常是观察者和指导者。但有些教师只扮演好观察者的角色，而不对幼儿的游戏进行指导，这样无法发现幼儿在游戏过程中遇到的问题，幼儿遇到困难时无法得到及时、有效的帮助。此外，也有部分教师过多地进行指导，影响了幼儿的游戏进程，破坏了幼儿的角色代入，对幼儿自主游戏产生了消极影响。在幼儿进行角色游戏时，教师要在观察的基础上，对幼儿进行适当的间接指导。教师可以通过改变游戏材料来启发幼儿，也可以扮演游戏中的某一角色，参与幼儿的游戏活动，对幼儿进行适当指导。总之，教师要把握好不同身份的不同职责，并采用恰当的方式来指导幼儿做游戏，使幼儿在教师的指导和帮助下获得发展。

第六章　唤醒理论视角下幼儿园建构区材料投放策略研究

一、陕西省晋中 E 幼儿园建构区材料投放的现状调查

在区域活动中，幼儿的知识与能力的获得是通过幼儿与环境、材料的相互作用实现的。材料是区域活动的载体，幼儿的主动学习离不开有价值的材料。由于幼儿在区域活动中通过操作材料进行主动学习，所以活动材料带来的问题就成为区域活动无法顺利进行的主要的影响因素。想要得出建构区材料投放的有效策略，就必须了解建构区材料投放的现状。

（一）各年龄段建构区材料投放类型与数量

在研究过程中，研究者发现，晋中 E 幼儿园把整体建构区分为建构区和大型积木区。建构区的材料无论在哪个年龄段的班级都只有插塑玩具，有 5～6 筐，在晨间活动或区域活动时使用。建构区没有其他木质或低结构的材料。幼儿在使用建构区材料时，每天都重复同样的操作。研究者对比小班、中班、大班的建构区材料发现，这些班级的材料大同小异。多数班级的建构区材料从小班一直用到大班，个别班级会根据幼儿的发展水平更换建构区材料。

研究者通过对幼儿教师进行访谈发现，幼儿园的建构区的材料以插塑玩具为主，不同年龄阶段的班级基本没有更换和增减。其他材料都没有涉及，在小班、中班、大班都是如此。这说明幼儿园的建构区材料较为单一，而且没有区分年龄段。

图 6-1、图 6-2、图 6-3 分别是小班、中班、大班的建构区的材料投放。

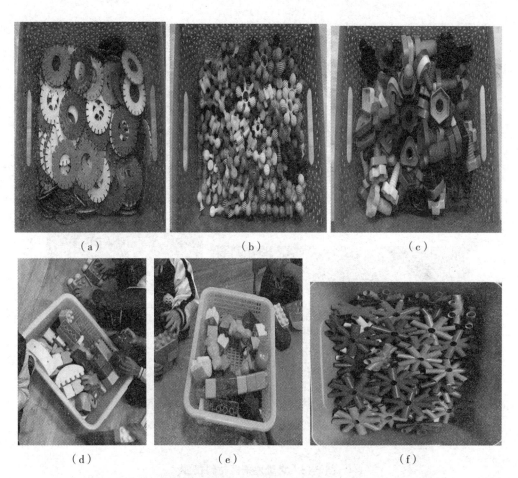

（a）　　　　　　　　（b）　　　　　　　　（c）

（d）　　　　　　　　（e）　　　　　　　　（f）

图 6-1　小班建构区材料投放

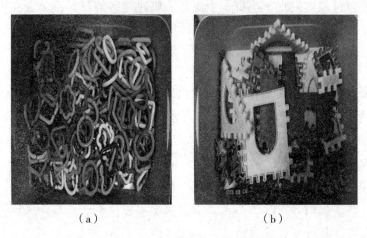

（a）　　　　　　　　　　　（b）

图 6-2　中班建构区材料投放

图6-3 大班建构区材料投放

　　研究者通过观察发现，小班、中班、大班建构区的材料都放置在搭建区外围的柜子上，并且都有5～6筐，供幼儿区域活动时使用。建构区的材料都是积塑玩具。研究者根据发现对幼儿教师进行了访谈：

　　研究者：您好，我是来自大理大学的研究生。今天来，是想了解一下贵幼儿园建构区材料投放的情况。首先，我想了解一下建构区的材料来源。

　　教师：我刚刚带过大班，所以把之前孩子留下来的材料拿来了。材料不够了，我就与家长协商购买。

　　研究者：不同年龄段幼儿的材料是一样的吗？

　　教师：其实他们只是玩法不同。小班孩子玩得简单一点儿，大班孩子搭建能力更强一点儿。材料应该没影响。

研究者：每个班的材料都一样吗？

教师：不一样，幼儿园没有规定，但是应该大同小异。

研究者：无论哪个年龄段的孩子，只要由同一个教师带领，建构区材料就一直用下来吗？

教师：是的，基本没有更换。小班孩子都喜欢玩一样的。他们搭建能力不高，所以教师把同样的材料多准备一些就好了。材料最好是大块的，方便小班孩子玩。中班孩子能自己玩了，有想法了。大班孩子更能自己玩了。

研究者：您在孩子每天玩的时候观察过吗？您觉得材料的数量和种类能满足幼儿需求吗？

教师：我们投放材料时，基本上让几个孩子一组，给每组一筐材料，主要是让孩子玩得高兴。

（二）建构区材料来源

研究者通过在晋中 E 幼儿园实地调查以及对一线教师进行访谈发现，建构区的材料基本是前一届的幼儿留下的。除非材料数量不够或材料有缺损，否则幼儿园不会专门更换材料。在需要购买新的材料时，教师会根据网上搜索以及与其他班级相互借鉴购买需要的材料。在材料的来源和选择上，教师没有固定的理念以及标准。表 6-1 为研究者访问的小班、中班、大班各 3 个班的建构区材料投放状况。

表6-1　幼儿园建构区材料投放状况表

班级	种类	数量/筐	来源	是否更换	是否有低结构材料
小1班	5	5	上届幼儿留下的	基本不	有
小2班	4	5	借鉴邻班购买	偶尔	无
小3班	6	6	根据网上搜索购买	基本不	无
中1班	5	5	上届孩子留下的	基本不	无
中2班	4	5	借鉴邻班购买	偶尔	无
中3班	6	6	根据网上搜索以及借鉴邻班购买	常更换	有

班级	种类	数量/筐	来源	是否更换	是否有低结构材料
大5班	5	5	小班时购买	基本不	无
大6班	5	5	借鉴邻班购买	基本不	无
大7班	4	6	根据网上搜索以及借鉴邻班购买	基本不	有

通过访谈，研究者了解到目前建构区材料来源很广，"一部分来源于之前遗留的，一部分来源于小班时买的，还有的是看其他班用得好，跟着买的"（来自B老师）。通过观察及访谈，研究者发现，多数班级建构区的材料都是幼儿教师之前带的班遗留的材料。若材料不够，教师就到网上购买，较少添加低结构材料以及自制的材料。教师购置材料的想法一般依据活动主题确定，材料的来源不是固定的，往往比较灵活多样。

（三）示范班与非示范班建构区材料投放的对比

晋中E幼儿园在开展区域活动之后，对幼儿园整体进行了评课活动以及教研活动，认定了几个班为区域活动的示范班。在研究过程中，研究者专门对示范班和非示范班进行了观察、对比。示范班教师专门做了提示卡，提示卡的作用是告诉幼儿怎样使用建构区的材料。教师每次购买新的材料后，都会专门指导幼儿操作建构区材料。示范班的教师也注重了解班级幼儿的需求，根据幼儿需求准备建构区材料。示范班建构区材料比非示范班建构区材料多，种类也更丰富。非示范班教师对幼儿操作材料的指导较少且比较随意。这些教师认为，孩子到一定年龄后自然就会玩了，因此他们在材料投放上也没有特别的要求，认为其他班有的建构区材料自己班也有就行。

中3班是该幼儿园区域活动示范班。这个班经常为来自各地的参观人员展示其区域活动。研究者对该班教师进行了访谈。以下是此次访谈记录：

研究者：您好，我是来自大理大学的研究生。今天来，是想了解一下中班建构区材料投放的情况。首先，我想了解一下建构区的材料来源。

教师：材料的来源是我们在展示活动之前全部新换的材料。大部分是从网上搜索的。

研究者：直接搜索中班幼儿建构区材料，是吗？

教师：对。也会根据老师的经验购买材料，各班相互参考。

研究者：那么，每个班的材料都一样吗？

教师：不一样。

研究者：建构区的材料会更换吗？您更换材料有依据吗？

教师：会更换的。我们会定期观察孩子，看他们玩的水平怎么样。我们会撤掉操作太简单或太难的材料。

研究者：我看每个盒子里都有一个卡片，是吗？卡片有什么作用吗？

教师：对，那是提示卡。有的是购买玩具的时候玩具自带的，有的是我们做的。提示卡会提示孩子搭建什么样的东西。中班孩子都有搭建能力了，所以我们会指导孩子先搭完卡片上的，再尝试搭别的。

研究者：您会控制材料数量和搭建活动时间吗？

教师：我们基本根据孩子数量准备材料，让五六个孩子一组，让每组拿一筐材料。搭建活动时间根据日活动时间安排来定。

研究者：您觉得建构区的材料投放有困难吗？

教师：有，我们比较难把握什么样的材料适合幼儿。

研究者：您考虑过自制材料，或者提供一些低结构材料吗？

教师：我们有时候也会给孩子自制材料，在积木区投放的辅助材料会多一些。

以下是研究者对非示范班教师的访谈记录：

研究者：您好，我是来自大理大学的研究生。今天来，是想了解一下中班建构区材料投放的情况。首先，我想了解一下建构区的材料来源。

教师：材料是上一届幼儿留下的。

研究者：建构区的材料会更换吗？您更换材料有依据吗？

教师：基本上不更换。孩子长大了，搭建水平就提高了，这跟材料是否更换关系不大。

研究者：您会控制材料数量和搭建活动时间吗？

教师：我们基本根据孩子数量准备材料，让五个孩子一组，给每组一筐材料。搭建活动时间根据日活动时间安排而定。

研究者：您觉得建构区的材料投放有困难吗？

教师：我们基本不会很关注这个问题。孩子玩得开心就行。

幼儿园对建构区材料的重视程度会对幼儿园建构区材料投放产生影响。如果幼儿园对建构区材料的关注度高，那么教师可能会更深入地思考如何投放材料更好，并更科学地投放材料。通过对一些班级教师的访谈，研究者发现，他们对区域活动的理论都进行了一定的学习，具有相应的理论基础，示范班教师较非示范班教师来说显得更加专业。当然，教师投放的材料并不是越多越好。对于建构区材料投放，教师会有自己的理念和想法。

（四）使用材料的时间

幼儿园无论哪个年龄段的孩子使用建构区材料的时间都是统一安排的。教师投放材料的时间是不固定的，他们会根据自己的观察确定更换材料的时间。但在幼儿操作建构材料的时间安排上，教师主要遵照教学安排的时间要求。教师会试着等待幼儿完成手头的作品，以鼓励幼儿。研究者观察发现，幼儿使用建构区材料的时间还是不足，有时候幼儿没有玩尽兴，材料就被教师收起来了。教师应适当调整幼儿操作建构区材料的时间，在幼儿达到最佳唤醒水平时，给予幼儿支持，使幼儿充分发挥搭建能力。

案例：

区域活动时，壮壮选择了在建构区进行活动。他拿到一筐玩具，思来想去不知道拼什么。过了一会儿，他对旁边的小朋友说："我来拼个坦克吧。你要跟我比比吗？"他旁边的小朋友说："好啊。"随即他们开始拼坦克，拼了没一会儿，D老师走过来说："小朋友们收玩具了。接下来我们去户外活动。"壮壮说："拼坦克太麻烦了，下次不拼这个了。"

时间不充足会影响幼儿的积极性。幼儿兴趣高涨时，活动戛然而止，会让幼儿失去在建构区搭建的兴趣。比如，壮壮在拿到材料后的前几分钟，思考自己拼什么，刚刚想好，但没完成拼坦克活动，就被教师的命令打乱了。在平时的游戏活动中，教师应注重以幼儿为主体，减少对幼儿的掌控，加强对幼儿自主活动能力的锻炼。同时，教师作为材料投放的主体，要把握好材料投放时机，让幼儿充分操作材料。

二、建构区材料投放策略的预设与实施

不管是新的刺激，还是幼儿熟悉的刺激，都会对幼儿的唤醒水平产生影响（见图 6-4）。经过为期 3 个月在幼儿园的观察与实验，结合唤醒理论的指导，研究者对建构区材料投放策略进行预设，之后还做了相关实验，对这些策略的效果进行检验，通过分析实验结果得出了相应的结论。

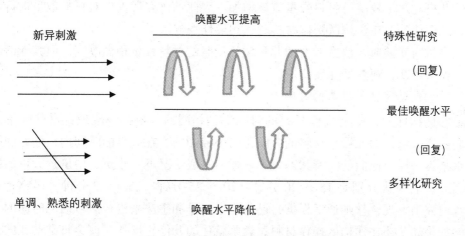

图 6-4 外部刺激对唤醒水平的影响

（一）建构区材料投放策略预设

1. 及时更换建构区材料

研究者在日常的观察以及与教师的交流中发现，建构区的材料几乎没有更换。而唤醒理论认为，人不仅有饮食、睡眠等生理需要，还有探索、寻求刺激和理解等非生理性的、认知的需要。在外部刺激下，这些非生理性的认知需要会产生相应的内驱力。这种内驱力能够调动人的积极性。研究者认为，对建构区材料进行更换，会对幼儿产生新的刺激，有利于幼儿在建构区积极地进行活动。

根据唤醒理论，建构区的材料不能一成不变。当幼儿面对建构区材料没有探究的欲望时，幼儿就达不到他们的最佳唤醒水平。但新异的刺激也不宜太多。教师应该多观察本班幼儿，根据幼儿的发展水平投放建构区材料，使幼儿达到最佳的搭建状态，如使幼儿的注意力、好奇心等达到最佳状态。同时，教师应该适时更换建构区材料，即根据幼儿的反应以及场景的布置等更换材料。

在进行实验介入时，研究者需要保持其他条件不变，只对材料进行更换，然后观察幼儿反应。

2.控制建构区材料数量

材料数量会影响幼儿的建构水平。材料的多少对幼儿来说代表了刺激的多少。3～5名幼儿操作一筐材料和1名幼儿操作一筐材料的状态是不一样的。建构区材料的投放应该根据进区人数的变化而变化。当进入建构区的人数增加，材料的数量也应该适当增加。不同年龄阶段的幼儿需要的材料的数量不一样。小班的幼儿搭建水平较低，材料数量可以不太多，但材料种类应该丰富。中班、大班的幼儿搭建水平较高，材料数量应该增加。因此，研究者提出对材料数量进行控制，从而使幼儿在建构区操作材料时达到最佳唤醒水平。

在进行实验时，研究者对幼儿日常活动时的材料数量稍做改变，但其他活动条件保持不变，观察幼儿反应。

3.控制幼儿操作材料的时间

在建构区中，幼儿操作材料的时间都是相同的。根据唤醒理论最佳唤醒水平的曲线来看，幼儿操作材料的时间是需要控制的。在一定的时间内，幼儿的操作水平不一样，他们的唤醒状态就不一样。一般情况下，小班、中班、大班的区域活动时间应该分别是15～20分钟、20～25分钟、25～30分钟。研究者在调查研究中发现，教师通常根据自己的教学安排和想法来进行区域活动时间的设置。如果幼儿还在建构区操作材料，教师就让幼儿停止操作，就会打乱幼儿的计划，这对幼儿的建构水平有一定的影响。幼儿如果没完成建构就要换材料，下一次就得重新开始建构，就很难实现建构目标。在幼儿进行建构活动时，教师应该对幼儿的活动进行观察和了解，把控好幼儿操作材料的时间，可适当延长他们操作材料的时间，让幼儿能很好地完成建构的作品。

（二）建构区材料投放策略效果预想

根据唤醒理论中关于新异刺激以及最佳唤醒水平的理论，研究者认为，在观察和访谈之后提出的建构区材料投放策略会对幼儿的建构水平产生影响。研究者利用质性研究，对这些策略的有效性进行了评估。

（1）当研究者加入新的材料时，幼儿应该会更多地关注新的材料，但他们对新材料的操作水平可能不高。

（2）建构区的材料数量增加对幼儿的影响应该是使幼儿产生更多的想法，或者使幼儿之间的互动更频繁。

（3）适当延长幼儿操作材料的时间，应该能够提高幼儿的搭建水平。

（三）建构区材料投放策略效果检验

实验是在小班、中班、大班实施的。每个班有半个月的适应和观察期，剩下半个月进行实验。

1. 对更换材料的实验

实验对象：

小 3 班、中 5 班、大 7 班。

实验时间：

2017 年 12 月。

实验过程：

早上在幼儿到幼儿园之前，研究者带了两筐积木放在建构区，对幼儿反应进行远距离观察并拍摄相应视频。

在 30 分钟里，研究者发现幼儿对新更换的材料表现出浓厚的兴趣，在选择材料期间（活动的前 5 分钟内），幼儿对新材料进行讨论，然后几人一组开始玩耍。

材料共有 5 筐。研究者更换了其中两筐，剩下 3 筐与更换的两筐作对比。相比于之前的 3 筐材料，幼儿对两筐新材料的关注度更高，有的幼儿直接问教师新材料的使用方法，并且幼儿对新材料的关注时间比对旧材料的关注时间更长。

实验结果：

从幼儿反应来看，新材料更能引起幼儿的兴趣，新材料能使幼儿的注意力和兴趣达到更高的唤醒水平。在拿到新材料之后，小班、中班、大班的幼儿反应几乎一致。幼儿先对新材料进行了同伴之间的讨论，然后用新材料尝试搭建作品，之后再用之前使用过的材料搭建。但个别已经有计划的幼儿（中班、大班的幼儿）依旧选择了之前使用过的材料进行搭建。研究者对他们进行访谈之后发现，他们选择旧材料的原因主要是他们喜欢旧材料。

实验完成后，研究者把没有更换材料时的记录视频和实验的记录视频给幼儿园的园长和教研主任看。他们根据两份视频的内容，对更换材料前后幼儿表现的评分如表 6-2、表 6-3 所示。

表6-2　更换材料前幼儿表现评分表

班级	注意力	参与度	材料需求度	同伴交往	作品完成度	好奇心
小 3 班	7	6	6	4	4	7

班级	注意力	参与度	材料需求度	同伴交往	作品完成度	好奇心
中 5 班	8	6	5	4	3	8
大 7 班	6	6	7	8	5	9

表6-3　更换材料后幼儿表现评分表

班级	注意力	参与度	材料需求度	同伴交往	作品完成度	好奇心
小 3 班	6	7	5	5	3	7
中 5 班	8	5	6	5	3	8
大 7 班	7	6	5	6	6	9

2. 对建构区材料数量的控制实验

实验对象：

小 3 班、中 5 班、大 7 班。

实验时间：

2017 年 12 月。

实验过程：

在幼儿进行区域活动时，教师要求建构区的幼儿一人拿一筐材料进行活动。研究者进行远距离观察和录像。

研究者观察发现，在用数量较多的材料进行活动时，小班幼儿的反应与之前材料较少的时候相比几乎没有变化，只是以物代物。而中班、大班的幼儿搭建的内容更复杂，并且搭建持续的时间比材料少的时候更长。建构区材料数量增加之后，研究者观察发现，幼儿的注意力持续时间更长。

实验结果：

在研究者改变了材料的数量之后，小班幼儿的表现没有明显的变化，而中班、大班的幼儿则对材料更感兴趣。比如，小董（中班幼儿）在材料增加之前只拼了一把枪，在材料增加之后，他又多拼了几种样式的枪，并邀请小伙伴和他一起玩。大班幼儿对建筑物的搭建更感兴趣，在材料增加之后，他们搭建的建筑物的高度和复杂度有了提升。

观看该实验前记录视频和该实验记录视频的两位专家型教师对幼儿表现的评分结果如表 6-4、表 6-5 所示。

表6-4　增加材料数量前幼儿表现评分表

班级	注意力	参与度	材料需求度	作品完成度	好奇心
小 3 班	5	6	5	4	5
中 5 班	6	7	5	3	6
大 7 班	8	7	7	8	5

表6-5　增加材料数量后幼儿表现评分表

班级	注意力	参与度	材料需求度	作品完成度	好奇心
小 3 班	4	5	5	4	5
中 5 班	6	5	7	3	5
大 7 班	7	5	9	8	5

3.对幼儿操作材料的时间控制实验

实验对象：

小 3 班、中 5 班、大 7 班。

实验时间：

2017 年 12 月。

实验过程：

研究者事先与幼儿教师制订好计划，在区域活动中掌控幼儿在建构区活动的时间，等待幼儿完成手头的作品，或者适当延长一段时间，观察幼儿的搭建水平及反应。

对幼儿活动时间的控制需要依赖幼儿教师。幼儿教师要随时观察幼儿的行为，将活动时间适当延长。

实验结果：

适当延长幼儿操作材料的时间后，研究者发现幼儿的搭建水平与积极性明显提高。部分幼儿不仅能完成自己手头的作品，之后还能进行角色扮演等其他游戏。但是，活动时间也不能太长，否则幼儿可能会去做其他事。

观看该实验前记录视频和该实验记录视频的两位专家型教师对幼儿表现的评分结果如表 6-6、表 6-7 所示。

表6-6　延长幼儿操作材料的时间前幼儿表现评分表

班级	注意力	参与度	材料需求度	同伴交往	作品完成度	好奇心
小3班	5	5	5	5	4	7
中5班	5	5	5	6	8	6
大7班	6	6	7	7	8	5

表6-7　延长幼儿操作材料的时间后幼儿表现评分表

班级	注意力	参与度	材料需求度	同伴交往	作品完成度	好奇心
小3班	5	5	5	6	4	7
中5班	5	6	5	6	8	6
大7班	6	7	7	7	9	5

对于建构区材料投放策略实施效果的检验，研究者选择了两名专家型的教师来根据研究者拍的视频中幼儿的反应做质性评价。其中一名专家型教师是幼儿园园长，另一名是教研主任。研究者与两名专家型教师沟通、交流后，一致认为本书提出的建构区材料投放的三个策略会对幼儿的建构水平产生影响，而且认为这三个策略是幼儿教师需要重视的三个方面。

三、建构区材料投放策略总结

唤醒理论认为，游戏材料应是幼儿熟悉的，并具有一定的新异性，通过不断更新，对幼儿产生相应的刺激，这种刺激能促进幼儿不断学习，并使幼儿获得一定的愉悦感。投放游戏材料的主体是幼儿教师，但区域活动的主体是幼儿。教师在教学中所有的举措都是为了更好地为幼儿服务。

（一）及时更换建构区的活动材料

幼儿园的游戏材料投放一定时间后，需要及时更换，且每次更换的游戏材料的数量不应过大。教师通过少量更换游戏材料，能够培养幼儿的洞察力。幼儿在游戏过程中会发现缺少了哪些材料，新加了哪些新的材料，应该如何将新的材料与旧的材料搭配，等等。游戏材料的细微变化不仅不会使幼儿在游戏过程中产生焦虑，还能激发幼儿的游戏欲望。教师应及时了解游戏材料的使用频率，及时更换使用频率较低的游戏材料，投放更加吸引幼儿操作的材料。

幼儿园中，每个班级的游戏材料都不一样，同阶段班级可以相互调换材料。一成不变的材料会让幼儿感觉无趣，不能很好地调动其积极性。教师应该在幼儿区域活动时间多观察幼儿的行为，适当调换材料，使幼儿达到最佳唤醒水平。

（二）自己制作游戏材料

《幼儿园教育指导纲要（试行）》指出："幼儿园应为幼儿提供健康、丰富的生活和活动环境，满足他们多方面发展的需要，使他们在快乐的童年生活中获得有益于身心发展的经验。"幼儿园也要参与游戏材料的投放，可根据本幼儿园的特点制作相应的游戏材料，创设良好的游戏材料投放环境。唤醒理论认为，游戏的发生基于幼儿对游戏材料熟悉。如果幼儿对游戏材料完全陌生或者幼儿园的硬件条件不足，教师可以利用生活中常见的材料自己制作游戏材料。教师这样做既能满足幼儿的游戏需求，又能降低材料成本。教师也可以和幼儿一起制作游戏材料，从而培养幼儿的动手操作能力和学习能力，并促使幼儿相互帮助，促进幼儿不断进步。幼儿制作游戏材料的过程也是不断思考、不断创造的过程。幼儿要根据材料的特点（形状、功能等）来制作出想要的游戏材料。这不仅能使幼儿获得愉快的体验，帮助幼儿在制作游戏材料的过程中了解材料，还可以增强他们对自己制作的游戏材料的保护意识。

（三）多观察幼儿反应，及时调整建构区材料数量

教师作为区域活动材料投放的主体，应该为幼儿服务。教师在建构区投放材料之后，应该多观察幼儿的反应。各个年龄阶段的幼儿对材料的需求是不一样的。小班幼儿更喜欢同样的材料，而中班、大班幼儿随着搭建水平的提高，对材料的需求增加，需要足够的材料搭建较大的物品。另外，每天进入建构区的幼儿数量不一样。当建构区幼儿数量增加时，教师应该增加建构区材料的数量。建构区材料应具有动态性。教师应及时更换建构区材料，并及时调整建构区材料数量，使材料能满足幼儿的需要，使幼儿达到最佳唤醒状态，逐渐提高幼儿的建构水平。也就是说，教师应根据幼儿的发展水平以及建构区幼儿的数量来调整建构区材料数量，或者根据幼儿的偏好和材料的操作难易程度，适当增加一些材料，从而让幼儿能根据自己的兴趣更好地在建构区进行活动。

（四）根据幼儿反应，调整建构区活动时间

原则上，幼儿园小班区域活动时间为 15～20 分钟，中班区域活动时间为20～25 分钟，大班区域活动时间为 25～30 分钟。在区域活动时，教师应该根据幼儿的实际情况把控活动时间。教师可以在区域活动结束之前，适当提醒幼儿活动即将结束。如果有的幼儿即将完成作品，那么教师可以适当等一等幼儿，让

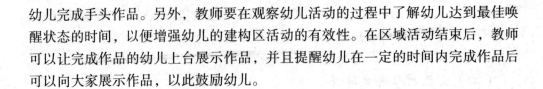

幼儿完成手头作品。另外，教师要在观察幼儿活动的过程中了解幼儿达到最佳唤醒状态的时间，以便增强幼儿的建构区活动的有效性。在区域活动结束后，教师可以让完成作品的幼儿上台展示作品，并且提醒幼儿在一定的时间内完成作品后可以向大家展示作品，以此鼓励幼儿。

第七章　5～6岁幼儿数学入学准备调查研究

一、幼儿数学入学准备测评

研究者经过对5～6岁幼儿的数学入学准备现状调查各方面需求进行分析，选择了刘焱编制的"幼儿数学入学准备评价测评工具"[①]。该测评工具主要包括数运算、量的比较、图形与空间、数学关系这幼儿数学教育四大领域的内容，全面对幼儿的数学水平进行测试，综合分析幼儿数学入学准备现状。研究者将此测评工具作为幼儿数学入学准备现状调查研究的主要工具。

研究者依据"幼儿数学入学准备评价测评工具"中的评分标准，对测试结果进行赋分。本书的测验采用计分制，其中第28题有两个问题，所以第28题的分值为2分，其余各题各1分，总分为29分。根据测评工具的标准，4个维度单项测试正确率达到60%为单项合格。总分超过17.4分基本达到数学入学准备要求。具体的测试评分标准如表7-1所示。

表7-1　幼儿数学入学准备测试评分标准

维度	每道题分值／分	合格分值（60%）／分	分项总分值／分	合格分项总分值（60%）／分
数运算（第1～10题）	1	0.6	10	6
量的比较（第11～15题）	1	0.6	5	3

① 刘焱：《中国幼儿园教育质量评价量表（全三册）》，北京师范大学出版社，2019，第78页。

续　表

维度	每道题分值/分	合格分值（60%）/分	分项总分值/分	合格分项总分值（60%）/分
图形与空间（第 16～21 题）	1	0.6	6	3.6
数学关系（第 22～28 题）	1（第 28 题 2 分）	0.6（第 28 题合格分值为 1.2 分）	8	4.8

二、幼儿数学入学准备现状

本部分主要分析大理市幼儿园幼儿数学入学准备现状。本部分的数据来源于研究者对 S 幼儿园的 124 名幼儿的测验调查。被测验幼儿均为 5～6 岁大班幼儿。其中，男孩儿 68 人，女孩儿 56 人，平均年龄 5.65 岁。在测验时，研究者将幼儿分为两组：5 岁到 5 岁半的幼儿组成 A 组（50 人），5 岁半到 6 岁的幼儿组成 Q 组（74 人）。本部分从幼儿数学教育四大领域（数运算、量的比较、图形与空间、数学关系）的维度分析幼儿数学入学准备现状。幼儿数学入学准备测验情况如表 7-2 所示。

表7-2　幼儿数学入学准备测验情况表

维度	测验点	题号
数运算	（1）对数量与数字的关系的掌握情况 （2）对数运算基础知识的掌握情况 （3）对数的守恒的掌握情况	1、2、3、4、5、6、7、8、9、10
量的比较	（1）对量的比较的掌握情况 （2）对数量和物体的认知情况	11、12、13、14、15
图形与空间	（1）对图形守恒定律的掌握情况 （2）对以自身为中心左右方位、上下方位的掌握情况	16、17、18、19、20、21
数学关系	（1）对整体与部分关系的掌握情况 （2）对按数量配对和按大小配对的掌握情况 （3）将已有数学经验应用到实际生活中的情况	22、23、24、25、26、27、28

（一）幼儿数学入学准备中对数运算的掌握现状分析

1. 数运算的测验概述

幼儿数运算指的是 10 以内的加减运算。幼儿通过实物、表象和符号来理解运算的实际意义，并能运用简单的运算理解和描述生活中的情景。

研究者选取了计数和加减运算两个方面对幼儿进行数运算测试。数运算测试的知识点如表 7-3 所示。

表7-3　幼儿数学入学准备数运算测试知识点

测验点	题号	知识点
对数的守恒的掌握情况	1、2	物体数目不因物体外部特征和排列形式等的变化而变化
对数量与数字的关系的掌握情况	3、4、5	数量与数字的对照，数字的含义与比较
对数运算基础知识的掌握情况	6、7、8、9、10	加减运算

2. 幼儿数运算准备现状

（1）幼儿计数准备现状分析：幼儿的计数能力在学前教育阶段的幼儿数学学习中起到了一定的作用。幼儿从小班开始接触唱数。幼儿唱数能力的发展为其计数能力发展打下了基础。幼儿在学习数运算时，表现出明显的学习规律和学习倾向。教师了解幼儿的学习规律和特点，有利于更好地促进幼儿的学习和发展。研究者对幼儿计数水平进行测试，主要是为了了解幼儿对数的比较和按物点数的掌握情况。针对不同年龄阶段的幼儿的计数测试难度不同。幼儿按物点数的基本水平测试采用 5 以内的题型，幼儿按物点数能力准备是否充分的测试采用 10 以内的题型；幼儿数字比较能力的基本水平测试采用 10 以内的题型，幼儿数字比较能力准备是否充分的测试采用 20 以内的题型。计数测验的主要目的是测试幼儿计数准备情况。幼儿计数准备情况的描述性统计如表 7-4 所示。

表7-4　幼儿计数准备情况的描述性统计

分组	小组人数	最小值（M）	最大值（X）	平均值（E）	标准偏差
Q_1	74	1	1	1.00	0.000
A_1	50	0	1	0.90	0.303

分组	小组人数	最小值（M）	最大值（X）	平均值（E）	标准偏差
Q_2	74	0	1	0.57	0.499
A_2	50	0	1	0.42	0.499
Q_3	74	0	1	0.80	0.405
A_3	50	0	1	0.74	0.443
Q_4	74	0	1	0.62	0.488
A_4	50	0	1	0.34	0.479
Q_5	74	0	1	0.49	0.500
A_5	50	0	1	0.38	0.488

　　测试结果显示，5 岁到 5 岁半和 5 岁半到 6 岁两个年龄阶段的大班幼儿 5 以内的测验结果差别不大，他们大体没有出现失误。10 以内的计数测验结果出现了较为明显的两极分化，5 岁半到 6 岁的幼儿答题正确率明显高于 5 岁到 5 岁半的幼儿，且整体正确率明显低于 5 以内的计数测试。

　　①第 1 题测试结果分析：本测验第 1 题是 5 以内的计数测验。本题检测幼儿 5 以内按物点数的发展水平。本题的作答情况受年龄影响不大，所以研究者将 Q 组和 A 组幼儿测试结果合并分析。由第 1 题的测试结果可以看出，Q 组与 A 组两个年龄段的幼儿 5 以内的按物点数能力都较强。在测试中，研究者发现幼儿解答第 1 题时往往通过目测得出结果。在日常学习和生活中，只有少数幼儿采用按物点数方式计数，目测是大班幼儿 5 以内计数的主要方法。两组幼儿中，Q 组幼儿的计数正确率为 100%，A 组幼儿的计数正确率为 90%。这说明幼儿的计数能力随着年龄的增长会得到进一步提升。

　　②第 2、3 题测试结果分析：第 2 题对幼儿进行 10 以内的按物点数比较测试，第 3 题对幼儿进行 5 以内的按物点数比较测试。Q 组和 A 组得分存在明显差距，因此研究者对测试数据进行了具体分析。

　　幼儿对第 2、3 题的作答情况如表 7-5 所示。

表7-5　幼儿对第2、3题的作答情况表

题号	答题情况	选择正确答案的人数	选择正确答案的人数占本组总人数的百分比
2	Q 组 10 以内的按物点数比较（BD）	42	56.76%
	Q 组 10 以内的按物点数比较（其他）	32	43.24%
	A 组 10 以内的按物点数比较（BD）	21	42.00%
	A 组 10 以内的按物点数比较（其他）	29	58.00%
3	Q 组 5 以内的按物点数比较（A）	59	79.73%
	Q 组 5 以内的按物点数比较（其他）	15	20.27%
	A 组 5 以内的按物点数比较（A）	37	74.00%
	A 组 5 以内的按物点数比较（其他）	13	26.00%

由表 7-5 可知，对于第 2 题 10 以内的按物点数比较的作答，两组都存在明显问题，Q 组选择正确答案的有 42 人，占该组总人数的 56.76%；A 组选择正确答案的有 21 人，占该组总人数的 42.00%。对于第 3 题 5 以内的按物点数比较，两组作答情况都较好，Q 组选择正确答案的有 59 人，占该组总人数的 79.73%；A 组选择正确答案的有 37 人，占该组总人数的 74.00%。

③第 4、5 题测试结果分析：第 4 题和第 5 题是文字题，采用问答的方式对幼儿进行测试，测试幼儿对 10 以内、20 以内数字比较的掌握情况。幼儿对第 4、5 题的作答情况如表 7-6 所示。

表7-6　幼儿对第4、5题的作答情况表

题号	答题情况	选择正确答案的人数	选择正确答案的人数占本组总人数的百分比
4	Q 组 10 以内的数字比较（8）	46	62.16%
	Q 组 10 以内的数字比较（其他）	28	37.84%
	A 组 10 以内的数字比较（8）	17	34.00%
	A 组 10 以内的数字比较（其他）	33	66.00%
5	Q 组 20 以内的数字比较（15）	36	48.65%
	Q 组 20 以内的数字比较（其他）	38	51.35%

续 表

题号	答题情况	选择正确答案的人数	选择正确答案的人数占本组总人数的百分比
5	A组20以内的数字比较（15）	19	38.00%
	A组20以内的数字比较（其他）	31	62.00%

由表7–6可知，对于第4、5题，两组的作答情况存在明显差异。对于第4题，Q组选择正确答案的有46人，占该组总人数的62.16%；A组选择正确答案的有17人，占该组总人数的34.00%。对于第5题，Q组选择正确答案的有36人，占该组总人数的48.65%；A组选择正确答案的有19人，占该组总人数的38.00%。

④幼儿计数能力现状分析：研究者通过对1～5题的测试结果进行分析，发现幼儿对按物点数的掌握情况优于对数字比较的掌握情况。总体来说，5～6岁幼儿的认知以形象思维为主。因此，研究者在进行计数比较测试时，采用的是图片与文字相结合的测试方式，进行数字比较测试时，选用文字题。由第1、3题测试结果可以看出，两组幼儿在5以内按物点数、5以内按物点数比较方面并无太大差别，且得分远远高于及格线。这说明5～6岁幼儿对5以内的数字掌握得较好。相对于5以内按物点数比较而言，两组对第2题10以内的按物点数比较的作答结果差距较大。由此可以看出，幼儿对10以内的按物点数比较还没有完全掌握。第4、5题的测试结果明显低于幼儿数学入学准备的标准，其中10以内数字比较的正确率明显高于20以内的数字比较的正确率，且Q组幼儿答题的正确率高于A组幼儿答题的正确率。由此可以看出，Q组幼儿对数字比较的掌握能力高于A组。经过测试，研究者发现，幼儿计数能力并不达标，只达到幼儿数学教育中对3～4岁幼儿计数能力发展的要求，这说明幼儿计数能力发展不足。

（2）幼儿加减运算情况分析：5～6岁幼儿在学习加减运算时表现出明显的学习规律和学习倾向。教师作为幼儿学习、发展的引导者和支持者，了解幼儿学习的规律和特点，有利于更好地促进幼儿的学习和发展。幼儿加减运算准备情况的描述性统计如表7–7所示。

表7–7 幼儿加减运算准备情况的描述性统计

分组	小组人数	最小值（M）	最大值（X）	平均值（E）	标准偏差
Q_6	74	0	1	0.76	0.423

续 表

分组	小组人数	最小值（M）	最大值（X）	平均值（E）	标准偏差
A_6	50	0	1	0.54	0.503
Q_7	74	0	1	0.77	0.424
A_7	50	0	1	0.60	0.495
Q_8	74	0	1	0.68	0.471
A_8	50	0	1	0.46	0.503
Q_9	74	0	1	0.53	0.503
A_9	50	0	1	0.40	0.495
Q_{10}	74	0	1	0.57	0.499
A_{10}	50	0	1	0.44	0.501

①第6～10题测试结果分析：测试中第6、7、8题主要考查幼儿对10以内加减运算的掌握情况，其中第6题和第8题考查幼儿减法运算能力，第7题考查幼儿加法运算能力。加减运算测试为了便于幼儿理解，采用举例的形式，由测试者进行口述。幼儿对第6、7、8题的作答情况如表7-8所示。

表7-8　幼儿对第6、7、8题的作答情况表

题号	答题情况	选择正确答案的人数	选择正确答案的人数占本组总人数的百分比
6	Q组（3）	56	75.68%
	Q组（其他）	18	24.32%
	A组（3）	28	56.00%
	A组（其他）	22	44.00%
7	Q组（10）	57	77.03%
	Q组（其他）	17	22.97%
	A组（10）	30	60.00%
	A组（其他）	20	40.00%
8	Q组（2）	50	67.57%
	Q组（其他）	24	32.43%

题号	答题情况	选择正确答案的人数	选择正确答案的人数占本组总人数的百分比
8	A 组（2）	23	46.00%
	A 组（其他）	27	54.00%

由表 7-8 可知，对于第 6 题，Q 组幼儿的作答正确率为 75.68%，A 组幼儿的作答正确率为 56.00%；对于第 7 题，Q 组幼儿的作答正确率为 77.03%，A 组幼儿的作答正确率为 60.00%；对于第 8 题，Q 组幼儿的作答正确率为 67.57%，A 组幼儿的作答正确率为 46.00%。

测试中第 9、10 题主要考查幼儿对 20 以内加减运算的掌握情况，其中第 9 题考查幼儿减法运算能力，第 10 题考查幼儿加法运算能力。幼儿对第 9、10 题的作答情况如表 7-9 所示。

表7-9　幼儿对第9、10题的作答情况表

题号	答题情况	选择正确答案的人数	选择正确答案的人数占本组总人数的百分比
9	Q 组（11）	39	52.70%
	Q 组（其他）	35	47.30%
	A 组（11）	20	40.00%
	A 组（其他）	30	60.00%
10	Q 组（14）	42	56.76%
	Q 组（其他）	32	43.24%
	A 组（14）	22	44.00%
	A 组（其他）	28	56.00%

由表 7-9 可知，对于第 9 题，Q 组幼儿的作答正确率为 52.70%，A 组幼儿的作答正确率为 40.00%；对于第 10 题，Q 组幼儿的作答正确率为 56.76%，A 组幼儿的作答正确率为 44.00%。

②幼儿加减运算能力现状分析：随着年龄的增长，5 岁以上的幼儿可以利用

已有经验进行加减运算。由表7-8、表7-9的测试结果可以看出，Q组幼儿的加减运算能力明显高于A组幼儿。Q组幼儿减法运算测试的平均正确率为65.32%（保留两位小数，便于与其他数据比较，下同），A组幼儿减法运算测试的平均正确率为47.33%；Q组幼儿加法运算测试的平均正确率为66.90%，A组幼儿加法运算测试的平均正确率为52.00%。由此可知，学前阶段幼儿加法运算能力高于减法运算能力。幼儿往往运用定向思维进行加法计算。幼儿进行加法运算时，相加的大数和小数的顺序往往也影响最终的计算结果。比如，幼儿计算"8+2"的正确率高于计算"2+8"的正确率。减法运算往往用到逆向思维。幼儿的逆向思维能力不是很强，因此进行减法运算时，更容易进行偏小减数的减法运算。比如，幼儿计算"9-3"的正确率高于计算"9-6"的正确率。

（3）小结：由以上数运算两部分内容的测试结果可知，幼儿数运算能力总体上低于评分标准。其中，幼儿10以内的按物点数、按物点数比较、加减运算水平略高于评分标准，20以内的按物点数、按物点数比较、加减运算水平低于评分标准。测验结果表明，5～6岁幼儿的数学认知以形象思维为主，在学习数运算时表现出明显的学习规律和学习倾向。学前阶段幼儿往往利用实物进行计数和加减运算。5～6岁幼儿已经会通过目测来进行小范围内的点数，这促使幼儿的心算得到发展，但幼儿心算发展水平远低于用实物运算的发展水平。在学前阶段幼儿的数运算能力培养方面，教师可重点培养幼儿的形象思维能力。从Q组和A组两个年龄阶段幼儿的测验结果来看，被试幼儿基本符合幼儿数运算入学准备的要求，A组幼儿数运算入学准备不充分。

（二）幼儿数学入学准备中对量的比较的掌握现状分析

1.量的比较的测验概述

5～6岁的幼儿会用目测的方法来对物体进行比较，如能够通过不同物体的外部差距对物体的大小、粗细等进行比较，按照物体的大小、粗细、轻重等特点对物体进行排序。5～6岁的幼儿已经有了初步的守恒概念，知道物体的量不因外部环境的变化而变化。研究者通过测试，对幼儿量的比较能力现状进行分析。量的比较测试包括第11～15题，主要检测幼儿对量的比较的掌握情况、对数量和物体的认知情况，涵盖的主要知识点是辨别物体的大小、长短、粗细、轻重。

2.幼儿量的比较准备现状

通过测试，研究者发现在量的比较测试中幼儿得分较高的是物体长短和粗细比较，物体大小和轻重比较得分较低。幼儿量的比较准备情况的描述性统计如表7-10所示。

表7-10　幼儿量的比较准备情况的描述性统计

分组	小组人数	最小值（M）	最大值（X）	平均值（E）	标准偏差
Q_{11}	74	0	1	0.65	0.481
A_{11}	50	0	1	0.54	0.503
Q_{12}	74	0	1	0.92	0.275
A_{12}	50	0	1	0.68	0.471
Q_{13}	74	0	1	0.94	0.240
A_{13}	50	0	1	0.88	0.329
Q_{14}	74	0	1	0.76	0.432
A_{14}	50	0	1	0.70	0.463
Q_{15}	74	0	1	0.68	0.471
A_{15}	50	0	1	0.66	0.476

（1）幼儿对物体大小、长短比较掌握情况分析：第11题测试幼儿对物体大小比较的掌握情况，第12题测试幼儿对物体长短比较的掌握情况。测试结果如表7-11所示。

表7-11　幼儿对第11、12题的作答情况表

题号	答题情况	选择正确答案的人数	选择正确答案的人数占本组总人数的百分比
11	Q组（C）	48	64.86%
	Q组（其他）	26	35.14%
	A组（C）	27	54.00%
	A组（其他）	23	46.00%
12	Q组（C）	68	91.89%
	Q组（其他）	6	8.11%
	A组（C）	34	68.00%
	A组（其他）	16	32.00%

由表7-11可知，对于第11题，Q组幼儿的作答正确率为64.86%，A组幼儿的作答正确率为54.00%；对于第12题，Q组幼儿的作答正确率为91.89%，A组幼儿的作答正确率为68.00%。由第11、12题的测试结果可以看出，幼儿在物

体长短比较方面的得分率远远高于在物体大小比较方面的得分率。物体大小和长短比较是幼儿在小班时需掌握的知识。幼儿在 3～4 岁时会用观察和比较的方式区别大小和长短不同的物体。但研究者通过对 S 幼儿园幼儿的测试发现，在物体大小比较测试中，幼儿得分率偏低。研究者通过分析发现，测试幼儿对物体大小比较掌握情况的第 11 题的题干涉及对左右方位的辨别，而 5～6 岁幼儿以自我为中心分辨左右方位的能力较差，因此此题的得分率偏低。幼儿对物体长短比较掌握情况良好，且两组差别不大。

（2）幼儿对物体粗细、轻重比较的掌握情况分析：第 13 题测试幼儿对物体粗细比较的掌握情况，第 14、15 题测试幼儿对物体轻重比较的掌握情况。测试结果如表 7-12 所示。

表7-12　幼儿对第13、14、15题的作答情况表

题号	答题情况	选择正确答案的人数	选择正确答案的人数占本组总人数的百分比
13	Q 组（B）	70	94.59%
	Q 组（其他）	4	5.41%
	A 组（B）	44	88.00%
	A 组（其他）	6	12.00%
14	Q 组（小花）	56	75.68%
	Q 组（其他）	18	24.32%
	A 组（小花）	35	70.00%
	A 组（其他）	15	30.00%
15	Q 组（黄）	50	67.57%
	Q 组（其他）	24	32.43%
	A 组（黄）	33	66.00%
	A 组（其他）	17	34.00%

由表 7-12 可知，对于第 13 题，Q 组幼儿的作答正确率为 94.59%，A 组幼儿的作答正确率为 88.00%；对于第 14 题，Q 组幼儿的作答正确率为 75.68%，A 组幼儿的作答正确率为 70.00%；对于第 15 题，Q 组幼儿的作答正确率为 67.57%，A 组幼儿的作答正确率为 66.00%。测试中，比较物体粗细的题目采用的是图片形式，比较物体轻重的题目采用了文字论述形式。测试结果表明，5～6 岁的幼儿对物体粗细的认知程度高于对物体轻重的认知程度。不论比较物体粗细

的题目还是比较物体轻重的题目，Q组幼儿的得分率都高于A组幼儿。这说明，幼儿对物体粗细和轻重的认识水平随着年龄的增长而提高。

（3）小结：通过测试，研究者发现，测试形式在很大程度上影响了测试结果，图片题的得分率基本高于文字叙述题。这说明，幼儿不能脱离实物进行思考。测试结果表明，两组幼儿掌握得最好的是对物体的长短和粗细的比较、判断，幼儿对物体大小、轻重比较的掌握次之。一部分原因是量的比较的测试没有统一选用文字题，而包括文字题和图片题；另一部分原因是幼儿量的比较的能力发展水平不同也会影响测试结果。年龄差在测试中也有较为明显的体现，A组幼儿对物体长短比较这一题的作答正确率虽已达标，但远远低于Q组幼儿，这说明5岁半到6岁的幼儿对物体长短比较已有明确的认识。Q组幼儿量的比较能力测试正确率为78.92%，A组幼儿量的比较能力测试正确率为69.20%，两组的正确率远高于评分标准。Q组幼儿量的比较能力高于A组幼儿量的比较能力，这说明幼儿量的比较能力随着年龄的增长而不断发展。

（三）幼儿数学入学准备中对图形与空间的掌握现状分析

1. 图形与空间的测验概述

研究表明，在学前阶段的学习过程中，幼儿在小班阶段就能够辨别上、下方位，对图形的轮廓有简单的了解。进入中班后，幼儿慢慢认识前、后方位，对图形的特性有了初步认识。进入大班后，幼儿渐渐能够以自身为中心来辨别左、右方位，能够正确认识圆形、长方形、正方形等。为对幼儿当前图形与空间能力有明确的认识，研究者对5～6岁的幼儿对图形与空间的掌握情况进行测试，测试的知识点如表7-13所示。

表7-13　幼儿数学入学准备图形与空间测试知识点

测验点	题号	知识点
对图形守恒定律的掌握情况	16、17、18、19	图形守恒、图形认知、图形整体组合标准
对以自身为中心的左右方位、上下方位的掌握情况	20、21	左右、上下方位的辨别

2. 幼儿对图形与空间的掌握现状

幼儿对图形与空间的掌握情况的描述性统计如表7-14所示。

表7-14 幼儿对图形与空间的掌握情况的描述性统计

分组	小组人数	最小值（M）	最大值（X）	平均值（E）	标准偏差
Q_{16}	74	0	1	0.94	0.240
A_{16}	50	0	1	0.89	0.313
Q_{17}	74	0	1	0.27	0.447
A_{17}	50	0	1	0.20	0.404
Q_{18}	74	0	1	0.53	0.503
A_{18}	50	0	1	0.72	0.454
Q_{19}	74	0	1	0.69	0.466
A_{19}	50	0	1	0.68	0.471
Q_{20}	74	0	1	0.62	0.488
A_{20}	50	0	1	0.60	0.495
Q_{21}	74	0	1	0.66	0.476
A_{21}	50	0	1	0.64	0.485

（1）幼儿对图形的掌握情况分析：第16题测试幼儿对图形认知的情况，第17题测试幼儿对图形恒常性的掌握情况。第16、17题测试结果如表7-15所示。

表7-15 幼儿对第16、17题的作答情况表

题号	答题情况	选择正确答案的人数	选择正确答案的人数占本组总人数的百分比
16	Q组（D）	70	94.59%
	Q组（其他）	4	5.41%
	A组（D）	45	90.00%
	A组（其他）	5	10.00%
17	Q组（12）	20	27.03%
	Q组（其他）	54	72.97%
	A组（12）	10	20.00%
	A组（其他）	40	80.00%

由表7-15可知，对于第16题，Q组幼儿的作答正确率为94.59%，A组幼

儿的作答正确率为90.00%；对于第17题，Q组幼儿的作答正确率为27.03%，A组幼儿的作答正确率为20.00%。第16题测试了幼儿对长方形的认识情况。幼儿在学前阶段对图形的认知顺序一般是最先认识圆形，在生活中对圆形的东西（如篮球、足球等）感兴趣，进入中班后认识正方形、三角形、长方形。3岁以下的幼儿无法分辨正方形和长方形。之后幼儿在已有经验的基础上认识半圆形和椭圆形，再认识梯形。

由测验结果可以看出，第16题的得分率较高，Q组幼儿得分率为94.59%，A组幼儿得分率为90.00%；第17题得分率较低，Q组幼儿得分率为27.03%，A组幼儿得分率为20.00%。答对第17题的幼儿较少。第17题不仅考查了幼儿对图形守恒的掌握情况，还考查了幼儿的逆向思维能力。由第16、17题的测验结果可以看出，Q组幼儿比A组幼儿的得分率稍高。这说明，幼儿的图形认知水平随着年龄的增长而提高。但对幼儿的图形掌握情况的测试进行总体分析可知，Q组的第16、17、18、19题的平均得分率为60.91%，A组的第16、17、18、19题的平均得分率为62.50%，年龄偏小的A组幼儿在图形认知方面的能力略高于Q组幼儿。这说明，在学前阶段，5～6岁幼儿的图形认知水平不会因年龄增长发生明显变化。幼儿对图形的掌握程度达到幼儿数学入学准备评价标准。

（2）幼儿对空间的掌握情况分析：第20题测试幼儿对左、右方位的掌握情况，第21题测试幼儿对上、下方位的掌握情况。幼儿对第20、21题的作答情况如表7-16所示。

表7-16　幼儿对第20、21题的作答情况表

题号	答题情况	选择正确答案的人数	选择正确答案的人数占本组总人数的百分比
20	Q组（圆形）	46	62.16%
	Q组（其他）	28	37.84%
	A组（圆形）	30	60.00%
	A组（其他）	20	40.00%
21	Q组（小兔）	49	66.22%
	Q组（其他）	25	33.78%
	A组（小兔）	32	64.00%
	A组（其他）	18	36.00%

由表7-16可知，对于测试幼儿对左、右方位掌握情况的第20题，Q组幼

儿得分率为62.16%，A组幼儿得分率为60.00%。对于测试幼儿对上、下方位掌握情况的第21题，Q组幼儿得分率为66.22%，A组幼儿得分率为64.00%。从测试结果可以看出，5～6岁的幼儿对左、右方位的辨别能力低于对上、下方位的辨别能力，但两组幼儿均达到合格标准。幼儿认识空间方位的顺序一般是先认识上、下，再认识前、后，然后认识左、右。所以，幼儿对上、下方位的掌控程度高于对左、右方位的掌握程度。

（3）小结：大班阶段的幼儿处于身心快速发展的阶段。这一阶段的幼儿可以简单地用抽象思维来解决问题，能控制自己的行为，具备认识图形和方位的基本能力。这一阶段的幼儿以自身为中心辨别方位，通常以头为上、以脚为下、以面为前、以背为后，将拿勺子的手定为右手，将端碗的手定为左手，在此基础上，再辨别物体相对于自己身体部位所处的方位。

5～6岁的幼儿在日常生活和学习中还是以形象思维为主，但随着大脑的发育、经验的积累，其抽象思维能力也逐渐发展。5～6岁的幼儿对图形的认知从平面认知逐渐过渡到立体认知。此次研究侧重对幼儿对图形和空间的掌握情况进行测试，因此测试没有涉及立体图形的知识点。通过测试，研究者发现幼儿在面对问题时，已经开始用抽象思维对问题进行分析，当然幼儿认知还处于前运算阶段，他们的分析结果往往出现较大偏差。大部分幼儿可以掌握"前、后""左、右"这种较为抽象的方位概念，能以自我为中心对空间区域进行划分，如左、右、前、后的区域。5～6岁的幼儿虽然能做到以自我为中心辨别左右，但尚不能完全做到以客体为中心来辨别左右。

（四）幼儿数学入学准备中对数学关系的掌握现状分析

1. 数学关系的测验概述

5～6岁的幼儿对周围世界抱有积极的探索态度，会在日常生活中积累数学经验。对于幼儿来说，在日常生活中学习尤为重要，因为这是幼儿数学经验的重要来源之一。5～6岁的幼儿能够根据物体的材质、颜色等对其进行分类，形成对客观事物进行分类的标准。幼儿数学入学准备数学关系测试知识点如表7-17所示。

表7-17　幼儿数学入学准备数学关系测试知识点

测验点	题号	知识点
将已有数学经验应用到实际生活中的情况	22、23	（1）对日常生活用品的分类 （2）根据类别找物品（找不同、找包含）

续　表

测验点	题号	知识点
对按数量配对和按大小配对的掌握情况	24、25、26	按数量、大小配对
对因果关系的掌握情况	27、28	对因果关系的认知

2.幼儿数学关系准备现状

研究者对 5 ～ 6 岁的幼儿对数学关系的掌握情况进行测试。幼儿对数学关系的掌握情况的描述性统计如表 7-18 所示。

表7-18　幼儿对数学关系的掌握情况的描述性统计

分组	小组人数	最小值（M）	最大值（X）	平均值（E）	标准偏差
Q_{22}	74	0	1	1.38	0.488
A_{22}	50	0	1	0.22	0.418
Q_{23}	74	0	1	0.47	0.503
A_{23}	50	0	1	0.66	0.479
Q_{24}	74	0	1	0.86	0.344
A_{24}	50	0	1	0.80	0.404
Q_{25}	74	0	1	0.74	0.440
A_{25}	50	0	1	0.76	0.431
Q_{26}	74	0	1	0.62	0.488
A_{26}	50	0	1	0.54	0.503
Q_{27}	74	0	1	0.85	0.358
A_{27}	50	0	1	0.64	0.485
Q_{28}	74	0	2	1.43	0.723
A_{28}	50	0	2	1.36	0.693

（1）幼儿对分类、排序的掌握现状分析：

①分类测试结果：第 22 题测试根据物品性质对物品进行分类，第 23 题测试按照物品颜色、大小对物品进行分类。这两题为开放题，幼儿回答得有根据即可得分。第 22、23 题测试结果如表 7-19 所示。

表7-19　幼儿对第22、23题的作答情况表

题号	答题情况	答题正确的人数	答题正确的人数占本组总人数的百分比
22	Q组（正确）	28	37.84%
	Q组（其他）	46	62.16%
	A组（正确）	11	22.00%
	A组（其他）	39	78.00%
23	Q组（正确）	35	47.30%
	Q组（其他）	39	52.70%
	A组（正确）	33	66.00%
	A组（其他）	17	34.00%

　　由表 7-19 可知，对于第 22 题，Q 组幼儿的作答正确率为 37.84%，A 组幼儿的作答正确率为 22.00%；对于第 23 题，Q 组幼儿的作答正确率为 47.30%，A 组幼儿的作答正确率为 66.00%。通过对测试结果进行分析，研究者发现，5～6岁的幼儿能够根据事物的本质属性，按照客观事物分类标准，对事物进行初步的概括、分类。测试中第 22、23 题考查幼儿对日常用品进行分类的能力，幼儿可以根据物品的材质、颜色、大小等对物品进行分类。

　　②按数量、大小配对测试结果：第 24 题对按数量配对进行测试，第 25 题对按大小排序进行测试，第 26 题对按大小配对进行测试。第 24、25、26 题测试结果如表 7-20 所示。

表7-20　幼儿对第24、25、26题的作答情况表

题号	答题情况	答题正确的人数	答题正确的人数占本组总人数的百分比
24	Q组（正确）	65	87.84%
	Q组（其他）	9	12.16%
	A组（正确）	40	80.00%
	A组（其他）	10	20.00%
25	Q组（正确）	64	86.49%
	Q组（其他）	10	13.51%
	A组（正确）	31	62.00%
	A组（其他）	19	38.00%

题号	答题情况	答题正确的人数	答题正确的人数占本组总人数的百分比
26	Q 组（正确）	46	62.16%
	Q 组（其他）	28	37.84%
	A 组（正确）	27	54.00%
	A 组（其他）	23	46.00%

由表 7-20 可知，对于第 24 题，Q 组幼儿的作答正确率为 87.84%，A 组幼儿的作答正确率为 80.00%；对于第 25 题，Q 组幼儿的作答正确率为 86.49%，A 组幼儿的作答正确率为 62.00%；对于第 26 题，Q 组幼儿的作答正确率为 62.16%，A 组幼儿的作答正确率为 54.00%，两组幼儿得分均在评分标准之上。按数量配对题的作答正确率高于按大小排序题和按大小配对题的作答正确率。

（2）幼儿对因果关系认知现状分析：第 27、28 题对幼儿已有生活经验和对因果关系的认知进行测试。第 27、28 题测试结果如表 7-21 所示。

表7-21　幼儿对第27、28题的作答情况表

题号	答题情况	答题正确的人数	答题正确的人数占本组总人数的百分比
27	Q 组（正确）	46	62.16%
	Q 组（其他）	28	37.84%
	A 组（正确）	27	54.00%
	A 组（其他）	23	46.00%
28	Q 组（正确）	52	70.27%
	Q 组（其他）	22	29.73%
	A 组（正确）	34	68.00%
	A 组（其他）	16	32.00%

由表 7-21 可知，对于第 27 题，Q 组幼儿的作答正确率为 62.16%，A 组幼儿的作答正确率为 54.00%；对于第 28 题，Q 组幼儿的作答正确率为 70.27%，A 组幼儿的作答正确率为 68.00%。Q 组幼儿答题的平均正确率为 66.22%，A 组幼儿答题的平均正确率为 61.00%，都达到幼儿入学准备评分标准，且 Q 组幼儿对因果关系的认知水平高于 A 组幼儿。

（3）小结：由测试结果可以看出，幼儿在按数量、大小配对和对因果关系的认知方面发展不错，在对事物进行分类方面发展待提高。人们在观察事物或现象的时候，常常寻找它与其他事物或现象的不同之处，并根据一定的目的把各个相似的但又不完全相同的事物或现象组成一类，这就是模式识别。模式识别在学前教育阶段对幼儿数学教育有很大影响。幼儿通过模式识别，可以解决日常生活中出现的很多数学问题。模式识别涉及分类、排序、计数、概括、推理等智力活动。教师在教学过程中，应认识到模式的可预测性，引导幼儿对模式的发展进行预测，使幼儿把握事物的本质和规律、预测事物的发展，培养幼儿的逻辑思维能力，提高幼儿解决问题的能力，增强幼儿行为的目的性和计划性，这也是幼儿数学教育的重要目标。

（五）幼儿数学入学准备的总体性分析

幼儿数学入学准备总体性分析结果如表 7-22 所示。

表7-22　幼儿数学入学准备总体性分析

维度	幼儿人数	最小值（M）	最大值（X）	平均值
数运算	124	0 、	1	0.601
量的比较	124	0	1	0.742
图形与空间	124	0	1	0.621
数学关系	124	0	1	0.574

通过上述四个维度的现状调查可知，幼儿数学入学准备总体得分为 18.61 分，高于幼儿数学入学准备标准。总的来说，大理市 S 幼儿园数学入学准备达到幼儿数学入学准备的基本要求。由表 7-22 可知，数运算、量的比较、图形与空间这三部分的平均值都在 0.6 分以上，表明幼儿在这三方面发展相对较好，其中量的比较平均分最高，数学关系的平均值最低，为 0.574 分。表 7-22 呈现的结果与大班幼儿的年龄特点和学习习惯是大致吻合的。幼儿在大班时期的直观思维发展较为良好，对于日常生活中的物体、图形等能够进行直观的比较，因此量的比较得分最高。幼儿在大班时期正处于抽象思维发展的初期，对分类、排序、因果关系没有较为清晰的认识，大多依赖形象思维，因此数学关系得分最低。

三、支持 5～6 岁幼儿做好数学入学准备的教育建议

（一）教师应提高自己的数学教学能力

幼儿教师应在教学活动结束之后对教学进行反思、总结，不断总结数学教学经验，努力提高教学水平。为了提高数学教学能力和教学效率，教师可运用游戏和其他方式来增强教学趣味性。比如，教师可以将美术活动和数学活动相融合，也可以在数学教学中融入音乐，还可以将手工制作融入数学教学，从而增强数学教学的趣味性。加强数学教育和艺术教育的联系，有助于教师提高对数学教育的认识，有助于教师积累教学经验、提高教学能力。

（二）教师应注重培养幼儿的思维能力

数学作为一门培养思维能力的基础学科，对于个体思维能力发展有很大作用。研究表明，3 岁是幼儿数组及加法学习的关键时期；5 岁开始，幼儿的抽象逻辑思维能力开始萌芽。所以，3～6 岁是幼儿数学学习能力和思维能力发展的黄金阶段。在本阶段，适时地对幼儿实施数学教育，能够培养幼儿的思维能力，对幼儿终身发展有至关重要的作用。

《幼儿园教育指导纲要（试行）》指出："引导幼儿关注周围环境中的数、量、形、时间、空间关系，发现生活中的数学；在解决问题的过程中帮助幼儿理解基本的数学概念，发展思维能力。"教师在让幼儿掌握数学知识的同时，应有意识地把幼儿的兴趣引导到对数的概念的认识和运用上，发展幼儿思维，培养幼儿解决问题的能力。因为在幼儿思维发展的关键时期，培养其良好的思维习惯非常重要。

（三）教师应重视幼儿个体差异

幼儿教育应该促进每一个幼儿发展和进步。教师在教育教学过程中应注意幼儿在学习过程中表现出的个体差异，如学习方式的差异、学习速度的差异以及解决问题时认知的差异。面对不同的幼儿，教师应该确立不同的教学目标，尽可能制作不同层次的、多样的教具，使每个幼儿都能获得发展。

（四）幼儿家长应充分认识幼小衔接的重要性

1.为幼儿提供良好的家庭数学教育

良好的家庭教育是幼儿教育的开端。家庭是幼儿最初的学习环境，家庭教育是幼儿的起点教育，家长对幼儿数学教育应有正确的认识。幼儿数学教育需要家园配合。幼儿在家里的时间远远多于在幼儿园的时间，很多数学知识是幼儿在家里学习的。因此，家长应创设有利于幼儿学习数学的家庭环境，通过日常生活

增强幼儿的数学感知能力，提升幼儿解决数学问题的能力。虽然幼小衔接主要集中在从幼儿园大班到小学一年级这段时间里，但是很多准备工作贯穿整个幼儿阶段，如培养幼儿的良好习惯、良好性格、各种能力等。要真正做好幼小衔接，不能等到幼儿园大班下学期，家长需要从幼儿入园甚至更早的时候开始做准备。

2.从各个方面为幼儿数学入学准备打下基础

（1）激发幼儿的入学愿望，培养其良好的学习习惯。在幼儿的学前阶段，家长在与幼儿相处过程中，要让幼儿为进入小学阶段做好心理准备。在日常生活中，家长要与幼儿谈论有关进入小学的话题，对于幼儿针对学习提出的问题要耐心、细心地解答。家长要对幼儿进行积极的引导，激发幼儿对小学的好奇心，减少幼儿对小学的陌生感，从而使幼儿从心底产生对上学的欲望。在做数学入学准备的过程中，家长应使幼儿养成良好的阅读习惯，培养幼儿的逻辑思维能力。在幼儿日常阅读方面，家长应为幼儿选择图文并茂的图书，可以多为幼儿选择跟数学相关的图书。这有助于幼儿进入小学后学习数学知识、提高阅读理解能力。

（2）提高幼儿的自理能力，锻炼幼儿的数学思维能力。幼儿入学准备中知识的积累很重要，良好习惯的养成也很重要，好的生活、学习习惯对幼儿的入学准备有很大帮助。幼儿入学准备不仅包括知识的准备，还包括生活和心理准备。在日常生活中，家长要培养幼儿的自主意识，让幼儿做自己力所能及的家务事，让幼儿学会合理安排自己的时间，增强幼儿的自我管理意识、规则意识、任务意识等，培养幼儿的自理能力。家长还应通过日常生活对幼儿进行数学教育，让幼儿利用数学思维思考问题、感知世界，锻炼幼儿的数学思维能力。对于即将进入小学的大班幼儿来说，数学思维和数学计算能力都很重要。

（五）幼儿园应加强对数学教育教学的支持

1.幼儿园应提供丰富的教学资源

学前阶段的幼儿以形象思维为主，主要通过对材料进行操作获得数学知识。在开展数学教学活动时，教师需要为幼儿提供大量的操作材料，同时借助一些有趣的教学用具，激发幼儿兴趣，帮助幼儿更好地理解教学内容。幼儿园应为教师提供充足的操作材料和教学用具。另外，目前幼儿园所用的教材是幼儿园自编的教材，主要提供教学内容的案例以及案例的教学重难点分析，并没有更多数学方面的知识。幼儿园不仅应为教师提供硬件设施，还应为教师提供丰富的数学教学资源，从而保障幼儿做好数学入学准备。

2.幼儿园应积极开展教师数学教育培训

幼儿园应当重视幼儿教师培训。幼儿园应定期对幼儿教师进行培训，根据幼儿教师每年的工作需求对其开展相应的培训，立足长远，促进幼儿教师的发展。在数学教育培训方面，幼儿园应根据本幼儿园的实际情况，选择合适的培训方式，优化数学教育培训流程，鼓励幼儿园的教师积极参与，并在培训之后积极地听取教师的反馈意见。幼儿园还可成立数学研讨小组，让教师针对数学教学进行研讨，从而使教师更好地进行教学设计。另外，幼儿园在数学教育培训的过程中可以融入其他领域的培训，促进教师的多元化发展，满足幼儿教育的多元化需求。

3.家园共育，提升数学教学质量

幼儿园应当注重家园共育，不可忽视家庭对数学教育的积极影响，应定期开展亲子活动，对家长适当进行访谈。教师在幼儿学习和生活出现问题时要积极和家长进行沟通。家园合作应是一个连续的过程，不能只是表面工作。幼儿园应定期与家长沟通，设计家长参与幼儿园活动的环节，定期邀请家长入园参与活动，加深家长对幼儿教育的认识，帮助家长了解幼儿在幼儿园的实际情况，共同促进幼儿数学能力的发展。

参 考 文 献

[1] 赫德，加拉赫.小学科学教育的新方向 [M].刘默耕，译.北京：文化教育出版社，1980.

[2] 张文新.儿童社会性发展 [M].北京：北京师范大学出版社，1999.

[3] 罗宾.童年友谊 [M].李月琴，译.沈阳：辽海出版社，2000.

[4] 李幼穗.儿童社会性发展及其培养 [M].上海：华东师范大学出版社，2004.

[5] 张俊.幼儿园科学教育活动指导 [M].2 版.北京：人民教育出版社，2009.

[6] 刘焱.儿童游戏通论 [M].2 版.北京：北京师范大学出版社，2008.

[7] 张明红.学前儿童社会教育 [M].上海：华东师范大学出版社，2008.

[8] 王冬兰.学前儿童科学教育 [M].上海：华东师范大学出版社，2010.

[9] 林聚任.社会网络分析：理论、方法与应用 [M].北京：北京师范大学出版社，2009.

[10] 诺伊，姆尔瓦，巴塔盖尔吉.蜘蛛：社会网络分析技术 [M].林枫，译.北京：世界图书出版公司北京公司，2012.

[11] 科萨罗.我们是朋友：走进儿童内心世界 [M].张京力，单桐，译.北京：科学普及出版社，2012.

[12] 喻小琴.幼儿同伴关系问题及交往能力培养的思考 [J].基础教育研究，2006（7）：49–51.

[13] 瞿霭堂.思维·思想和语言 [J].民族语文，2004（3）：1–8.

[14] 刘揖建.论幼儿语言环境对幼儿语言发展的影响 [J].语文建设，2013（15）：19–20.

[15] 李恩江 . 思维和语言表达的逻辑性刍议 [J]. 编辑学报，1991（2）：94–95.

[16] 姚平子，熊易群，王启苹，等 . 幼儿观察力发展的实验研究 [J]. 心理发展与教育，1985（2）：18–23.

[17] 杨子珺，张婷婷，刘豹 . 3–6 岁学龄前儿童共情能力现状研究 [J]. 科教导刊（上旬刊），2019（28）：187–188，192.

[18] 张凤英 . 3—7 岁幼儿友谊观发展调查 [J]. 内蒙古教育学院学报，1993（增刊1）：106–109，74.

[19] 吕芳，刘云艳 . 4 岁～ 5 岁儿童合作对象与合作策略认知特点的调查研究 [J]. 早期教育（教师版），2009（9）：8–9.

[20] 孙贺群，陶晓丽 . 幼儿合作学习的影响因素 [J]. 幼儿教育，2010（Z1）：11–13.

[21] 张文新，林崇德 . 儿童社会观点采择的发展及其与同伴互动关系的研究 [J]. 心理学报，1999（4）：418–427.

[22] 曹中平 . 中班幼儿角色游戏中合作能力发展的初步观察研究 [J]. 学前教育研究，1994（2）：43–46.

[23] 邹泓 . 青少年同伴关系的发展功能及其影响因素的研究 [J]. 体育教学，2006（5）：54.

[24] 张野 . 3–12 岁儿童个性结构、类型及发展特点的研究 [D]. 大连：辽宁师范大学，2004.

[25] 王智莉 . 幼儿园中的"好朋友们"：大班留读幼儿朋友圈同伴文化研究 [D]. 成都：四川师范大学，2018.

[26] 佘翠花 . 幼儿同伴冲突问题解决策略的发展及其与父母教养方式关系的研究 [D]. 济南：山东师范大学，2007.

[27] 王英 . 中班幼儿同伴交往的社会网络分析 [D]. 南充：西华师范大学，2016.

[28] 雷小雪 . 游戏活动中幼儿同伴合作策略研究 [D]. 开封：河南大学，2009.

[29] 中华人民共和国教育部 . 幼儿园教育指导纲要（试行）[Z]. 北京：北京师范大学出版社，2001.

[30] 中华人民共和国教育部 . 3 ～ 6 岁儿童学习与发展指南 [Z]. 北京：首都师范大学出版社，2012.